| 中非高校 20+20 合作项目成果文库 |

丛书主编◇罗林

# 杨孝柏著译文集

杨孝柏◇著译
杨　晔◇整理

世界知识出版社

图书在版编目（CIP）数据

杨孝柏著译文集 / 杨孝柏著译；杨晔整理. —北京：世界知识出版社，2017.12
（中非高校20+20合作项目成果文库 / 罗林主编）
ISBN 978-7-5012-5623-5

Ⅰ. ①杨… Ⅱ. ①杨… ②杨… Ⅲ. ①阿拉伯语—教学研究—文集②阿拉伯国家—文学—作品综合集 Ⅳ. ①H37-53②I11

中国版本图书馆CIP数据核字（2017）第276892号

| | |
|---|---|
| 责任编辑 | 龚玲琳 |
| 文字编辑 | 蔡楚娇 |
| 责任出版 | 王勇刚 |
| 责任校对 | 马莉娜 |
| 书　　名 | 杨孝柏著译文集<br>Yang Xiaobo Zhuyi Wenji |
| 著　　译 | 杨孝柏 |
| 整　　理 | 杨　晔 |
| 出版发行 | 世界知识出版社 |
| 地址邮编 | 北京市东城区干面胡同51号（100010） |
| 电　　话 | 010-65265923（发行）　010-85119023（邮购） |
| 网　　址 | www.ishizhi.cn |
| 经　　销 | 新华书店 |
| 印　　刷 | 河北赛文印刷有限公司 |
| 开本印张 | 787×1092毫米　1/16　22¼印张 |
| 字　　数 | 330千字 |
| 版次印次 | 2018年11月第一版　2018年11月第一次印刷 |
| 标准书号 | ISBN 978-7-5012-5623-5 |
| 定　　价 | 66.00元 |

版权所有　侵权必究

# 丛书序

"德行言语，敦睦天下"，道出北京语言大学（简称"北语"）的荣光使命。回望历史，中华人民共和国成立初期，在周恩来总理的亲切关怀下，北语于1962年正式创办，1964年定名为北京语言学院，1974年毛泽东主席亲自为学校题写校名，1996年更名为北京语言文化大学，2002年简化为"北京语言大学"。无论校名如何更迭，北语始终不忘初心，坚持以言传德，以推动世界和平和发展为宗旨，致力于中外人文交流。

春华秋实，56年弹指一挥间，北语一代代教师兢兢业业，孜孜不倦，谨记自己肩负的使命与责任。在他们的努力下，北语成为中国唯一一所以对来华留学生进行汉语、中华文化教育为主要任务的国际型大学。"小联合国"成为形容北语最好的标签，"万国墙"上刻下的183个国家见证了北语的成长。迄今为止，北语已经为世界上近两百个国家和地区培养了近20万名懂汉语、了解中华文化的留学生。原联合国副秘书长、联合国日内瓦办事处总干事卡塞姆·托卡耶夫，埃塞俄比亚总统穆拉图·特肖梅·沃图，哈萨克斯坦共和国国家安全委员会主席卡里姆·马西莫夫，俄罗斯外交部副部长伊戈尔·莫尔古洛夫，德国汉学家顾彬，美国物理学家、诺贝尔奖获得者埃里克·康奈尔等都是其中的佼佼者。

为更好地培养对华友好人士，深化中国与各国的友好情谊，20世纪中后期，北语在开展对来华留学生汉语教育的同时，向第三世界国家派遣援外教师，提供技术支持和教育服务，开展对外汉语教学工作。北语的教育援外工作不仅载入学校史册，也见证了北语阿拉伯语专业从无到有，由弱变强的发展。

北语的阿语专业最早由李占经老师于1964年建立。作为北语阿语专业的奠基人，李老师怀着对阿语教学的热爱，对中阿人民友好的情谊，积极配合对外汉语教学工作，以培养对外汉语师资为主要任务。赵金铭、刘英林、李润新、郭志良等前辈都是从北语阿语首届培训班中走出的对外汉语教学大家。

自20世纪70年代初，为响应国家援外号召，北语阿语专业教师走出国门，带着一腔热情与一身的才华投入对阿拉伯国家的援外项目中。也门，这个位于阿拉伯半岛最南部的国家，是阿拉伯古代文明摇篮，阿拉伯世界最贫困的国家之一，也是北语阿语专业教师援外最主要的目的地国家。1956年中国与也门建交后，为帮助也门发展教育，援建了萨那中等工业技术学校，即萨那技校。1970年，时任北语阿语专业教师的封哲如来到萨那技校开始筹备工作。随后，李占经、赵培森、韩家瑞、种国胜、朱立才、高彦德、杨孝柏、李振中、施光亨、郭志良等北语阿语专业前辈都曾前往萨那技校，参与援外工作。

塔伊兹技校的援外项目开始于20世纪90年代，李占经、韩家瑞、种国胜、朱立才等老师也都多次前往学校，参与教育援外工作，让中也两国人民的友谊在普通的教育援外工作中绽放美丽的花朵。萨那古泰白·本·穆斯里木模范中学是北语阿语专业教师参与援外工作的又一重要项目。1990年，我从北大毕业后来北语工作，两年后，即参与了古泰白中学援外项目。在也门工作的四年中，我经历过1994年的也门内战。虽然烽火连天，但我在战火中与也门人民结下了深厚友谊，把最美好的青春岁月献给新中国的教育援外事业，至今仍以此为傲。

除也门外，北语阿语专业的老师还曾被派往埃及艾因·夏姆斯大学汉语系和突尼斯布尔吉巴大学等阿拉伯国家教育机构工作，推动中国与阿拉伯国家的友好交往，深化中国与阿拉伯各国的兄弟情谊。

北语阿语专业至今已有54年的历史，半个多世纪的坚持，虽经历风风雨雨，但从未放弃前行。如今，北语的阿语专业已成为国内阿语专业的佼佼者，以阿语专业为依托的教育部国别和区域基地北语阿拉伯研究中心于2012年4月成立，国别和区域研究院于2017年1月成立，成为培养推动"一带一路"建设的人才基地，服务国家发展的高校智库。这背后是北语阿语专业教师对阿语教学的热爱，对中阿人民友谊的执着，也是对本专业教师前辈对阿拉伯国家援外工作最崇高的敬意。他们用质朴的热情、实际的行动践行着"德行言语，敦睦天下"的使命，是北语阿语专业发展史最辉煌的印记，更是我们未来前进之路的基石。

为纪念北语阿语专业历时半个世纪的教育援外历程，北语阿拉伯研究中心特出版李占经、杨孝柏、赵培森、李振中、王德新等前辈的著译文集，以兹纪念。

是为序。

丛书主编：罗林①<br>2018年11月1日于北语

---

① 罗林，教授，博士生导师，北京语言大学国别和区域研究院院长，中东学院院长，阿拉伯研究中心主任，教育部外国语言文学类专业教学指导委员会副主任委员，阿拉伯语专业教学指导分委员会主任委员。

# 目 录

## 第一篇　精华集萃

安达卢西亚的歌声 / 003

阿拉伯侨民文学 / 008

蒙昧时期（475—622年）文学概况 / 013

伊斯兰教初期和伍麦叶王朝时期（622—750年）
　　文学概况 / 017

阿拔斯王朝时期（750—1258年）文学概况 / 021

奥斯曼王朝时期（1258—1798年）文学概况 / 025

法蒂玛王朝的兴衰 / 027

最后的王朝 / 031

贾希兹和他的《吝人趣话》 / 035

神医拉齐 / 039

诗坛三友 / 043

沙比和《生命之歌》 / 048

## 第二篇　中阿诗苑

雨 / 055

情人远去 / 058

永不背誓盟 / 061

悼友人陶拜 / 062

斑鸠啼唱 / 064

春色 / 066

狱中吟 / 068

祈求 / 070

祖国颂 / 072

毛泽东的微笑 / 077

雷霆之歌 / 081

奇怪的戏剧 / 083

风雨 / 085

野有蔓草 / 087

饮酒 / 089

闺怨 / 091

送友人 / 093

浪淘沙 / 095

蝶恋花 / 097

苏幕遮 / 099

浣溪沙 / 101

蝶恋花 / 103

卜算子 / 105

菩萨蛮 / 107

## 第三篇  译海拾珠

他乡客归时  [阿尔及利亚]马立克·本·纳比著 / 111

思恋  [埃及]穆斯塔法·萨迪格·拉斐仪著 / 114

乡村检察官手记（节选）　　[埃及]陶菲格·哈基姆著 / 117

罪恶的心（节选）　　[埃及]伊赫桑·阿卜杜·库杜斯著 / 124

墓地的呼声　[黎巴嫩]纪伯伦·哈利勒·纪伯伦著 / 141

笑靥与泪水　[黎巴嫩]纪伯伦·哈利勒·纪伯伦著 / 151

溺水者　[利比亚]赖买丹·阿卜杜拉·布希特著 / 153

37号病人　[利比亚]赖买丹·阿卜杜拉·布希特著 / 156

一块木头　[利比亚]赖买丹·阿卜杜拉·布希特著 / 160

童年的回忆　[摩洛哥]阿卜杜·麦基德·宾吉隆著 / 164

仇敌　[叙利亚]扎克里亚·塔米尔著 / 168

棕榈树　[苏丹]塔依布·萨利赫著 / 181

扎比芭与国王（节选）　　[伊拉克]著述人著 / 190

## 第四篇　小说随笔

回忆当年天方行 / 203
　　——访盛成教授

一棵苍翠的雪松 / 215
　　——纪念纪伯伦诞辰一百周年

阿曼河畔春意浓 / 232

尼罗水沏苏丹红 / 236

沙特—中国 / 240

绿色的梦幻 / 244

阿拉伯人汉语情 / 251

欲挽天河洗膏血 / 256
　　——试析萨达姆式的爱情小说《扎比芭与国王》

爱心，中阿诗歌之魂 / 261

原创小说——尼罗河之恋（节选）/ 266

## 第五篇　阿语私塾

方言解析（节选）/ 289

《美》的翻译和翻译的美 / 297

关于《大学阿拉伯语》课文提要 / 304

半变尾名词 / 305

复数定语 / 309

两种结构的异同 / 310

名词作定语 / 311

正偏组合的类型 / 312

字母的代号 / 314

阿译汉中词量的增减 / 316
　　——高年级翻译理论讲授的一个课题

亦师亦友，如父如兄 / 338
　　——追忆杨孝柏老师

后记 / 341

# 第一篇 精华集萃

## 安达卢西亚的歌声

安达卢西亚，这片由后伍麦叶王朝统治着的西班牙土地，自阿卜杜·拉赫曼二世（822—852年在位）接任埃米尔起，便进入了繁荣时期。那时，国泰民安，国库充盈，阿拉伯东方的诗人学者纷纷涌入，使安达卢西亚文化逐渐形成了自己的特色。

当聪明、果断、年方23岁的阿卜杜·拉赫曼三世（912—961年在位）即位，并于即位七年后将自己升格为哈里发时，后伍麦叶王朝从此便成为后伍麦叶哈里发王朝，并进入了鼎盛时期。而其首府科尔多瓦则变得与君士坦丁堡和巴格达齐名，成为当时世界文化中心之一。

当时，科尔多瓦有居民11.3万户左右，城内铺砌的道路延绵数里，道旁房舍中的灯光，在夜晚将繁华的大街照得通明。英国历史学家约翰·W.德雷珀（John W. Draper）在1910年所著书中评价当时的情况说："700年后的伦敦，还连一盏路灯都没有，"就是"在巴黎，过了好几百年后，雨天如有人敢出门走走，大街上的泥泞还会使他的脚陷到踝骨。"德国一个撒克逊的修女则说，科尔多瓦是"世界的明珠"！

阿卜杜·拉赫曼三世在科尔多瓦清真寺里创办了科尔多瓦大学。大学的门上写着："世界有四根支柱：哲人的学问，伟人的公道，善人的祈祷，勇士的功劳。"他的后继者哈克木二世（961—976年在位）不仅扩建了这所大学，请来了许多学者，而且还创办了27所免费学校。

科尔多瓦当时已有70多所图书馆。哈克木本人就是位藏书家，他请人从亚历山大、大马士革、巴格达等地收集来40多万册珍贵书籍，藏在大图书馆中，并为之编了44册之多的目录。

为从巴格达著名作家伊斯法哈尼（897—967年）那里获得他的名著《诗

歌集成》第一部的手稿,哈克木给他寄去了1000金币。从此,繁华的安达卢西亚,响遍了诗歌与乐声。

《诗歌集成》里,除收录了阿拔斯王朝第五任哈里发哈伦·拉希德(786—809年在位)命当时著名的歌手兼乐师易卜拉欣·摩苏利(742—804年)从宫廷乐班中汇集的100首歌词外,还收集了其他诗人、文学家、歌唱家创作的词赋及民间流行歌曲的歌词。因此,这本书流入安达卢西亚后,使本来就歌舞升平的科尔多瓦街头更是歌乐不断。安达卢西亚著名诗人伊本·阿卜迪·拉比(860—940年)在诗中写道:

> 这聚会集百花绚丽辉煌,
> 一曲胜一曲,令人神荡。
> 竟不知自己在这里欢会,
> 还是已身处于乐园天堂。
> 待拨响琵琶的二三琴弦,
> 百鸟便啼啭出一片晨光。
> 百鸟啼啭,顽石歌唱,
> 琵琶更应和以鸟语悠扬……

自阿拉伯著名的歌乐大师齐尔亚卜(?—845或852年)从巴格达赶来科尔多瓦后,安达卢西亚再次掀起一股歌的狂潮。

齐尔亚卜原名艾布·哈桑·阿里,因肤色黝黑,嗓音优美,故人们将一种长着黑色羽毛会唱歌的鸟的名字——齐尔亚卜代替了他的本名。齐尔亚卜最早时师承哈伦·拉希德宫廷乐班的名家易卜拉欣·摩苏利,后又成为易卜拉欣之子伊斯哈格的门生。

一日,哈里发哈伦·拉希德命伊斯哈格带一名新手去宫中弹琴歌唱。"我想听一些新鲜的东西!"他说。当齐尔亚卜被师傅伊斯哈格带到哈伦·拉希德面前并被问及会些什么时,他说:"我完全能像别人一样歌唱,但我还会别人所不能的。只有像陛下这样精通歌唱艺术的人才能理解我独具一格的歌声。陛下如若应允，我将在圣驾前唱一支从未有人唱过的歌。"

师傅伊斯哈格在一旁听他如此说，心中大为不悦。但依然勉强地将自己那把珍贵的阿拉伯琵琶递给了他，以表示自己的大度。不想齐尔亚卜接过去后，不屑地看了一眼，说道："陛下若欲听我师傅唱的那种歌，那我便弹这把琵琶。陛下若欲听我独创的歌，那我必须弹我自制的琵琶了呢！"

哈伦·拉希德原想求新，于是齐尔亚卜便拿起自己的琵琶弹奏起来。琴弦拨动，珠落玉盘，雀鸣林间，一时宫中似有百鸟朝凤，千江汇海。歌声乍起，似在幽谷回荡，旋即鹰击长空，千回百转，终于停落在峭壁险峰，复随飞瀑倾泻而下，流进汩汩清泉，静静湖面，只留下一丝涟漪……

哈伦·拉希德听得如醉似痴。伊斯哈格拿过徒弟的琵琶，见他在传统的四根琴弦外于正中又加了根弦。而他弹琴用的拨子，并不是传统的木片，竟是一根鹰翎！"看来，这厮欲取我而代之了……"他想。

回家后，他对齐尔亚卜训斥道："你是想在哈里发面前取代你师傅了吧！我给你钱，快给我远离此地，否则当心你的小命！"随后又向哈伦·拉希德禀报道："可怜的孩子他疯了，竟以为世上唯他最能，而陛下却未赐他足够的报酬，所以远走高飞了……"

齐尔亚卜携带家小来到安达卢西亚，受到阿卜杜·拉赫曼二世的热情接待，成为科尔多瓦王宫中最有名的歌手乐师。齐尔亚卜记忆力极强，能背记1000首歌曲，自己又能作词，独创了一种风格。一时间，整个安达卢西亚都开始效法他的歌唱，甚至连穿戴饮食，也对他亦步亦趋。于是，安达卢西亚特有的可用来歌唱的复韵体诗开始形成，并对阿拉伯诗坛产生了巨大的影响。

安达卢西亚著名诗人伊本·泽顿（1003—1071年）在一首名为"科尔多瓦复韵诗"中写道：

大雨润湿着亲人的故乡，
为它缝出五彩缤纷的衣裳。

花枝上满缀着点点星光，
绽开了一枚枚少女的娇像。
风物旖旎，时光若少年。

我热恋那高大华贵的倩影，
迷醉于袖口溢出的麝香芳馨。
虽诉衷情也无人聆听，
毫不妄想能有些许亲近。
明眸秀丽，梦中难相见。

云儿为楼阁遍洒雨丝，
白鸽吟唱在高树低枝。
迷人的科尔多瓦是我故里，
贵人聚居不需护身标志。
出生此地，名门是家园。

欧高卜昔日岁月多么繁华，
那里的游乐令人应接不暇。
洁白的颈项乌黑的秀发，
婀娜行来锦衣斑斓似花。
无须训斥，已不知羞惭。

河谷旁小桥边多少景色美妙，
座下有红花黄英装点绿草。
斟酒的人儿羚羊般苗条，
胜似我病弱体的是那细腰。
目光凝视，竟如投利箭！

告诉岁月幸福日子已经消湮，
昼夜更迭美景成断壁颓垣。
多少次晚风轻吹再送爱怜，
夜空又有无数的星星闪现。
恋人情痴，为你道平安！

　　从这首诗中可看出复韵诗的一些特色。即每节诗除本身的韵脚外，所有结句的上半句为一个韵，如旎、丽、地、斥、视、痴；下半句为另一个韵，如年、见、园、惭、箭、安。有的诗开头还有与结句同韵的起句。在配上音乐后，起句与结句便成了合唱部分，反复吟咏，而将主体留给了领唱。

　　复韵诗语言朴实、诗律丰富、韵脚多变，易于上口，唱来娓娓动听，余味无穷，受到广大百姓的欢迎，很快便从安达卢西亚传遍了所有的阿拉伯国家，并进一步推动了民歌艺术的发展，歌声响彻了阿拉伯的城市村庄。

〔选自《世界文化史故事大系——阿拉伯卷》，上海外语教育出版社2003年版。〕

# 阿拉伯侨民文学

在绚丽多彩的阿拉伯现代文苑里,有一朵芳香浓郁、光彩照人的奇葩。它虽然生长在异国的土地上,却吸收着故土的滋养,并把那沁人的芳香,又送回阿拉伯的心房。这一朵异国奇葩,就是各种论述阿拉伯现代文学的书籍都要为它专写一章的"侨民文学"。由于这里所说的"侨民",主要是指包括黎巴嫩、叙利亚、巴勒斯坦在内的泛叙利亚地区侨居美洲的阿拉伯人,所以也称为"叙美派文学"。

贝鲁特美国大学阿拉伯文学名誉教授艾尼斯·马格迪西在《现代阿拉伯世界的文学倾向》一书中指出:叙利亚人,尤其是黎巴嫩人,"自19世纪中叶(或更早)便开始单独地或成批地漂洋过海,到美洲或其他地方去侨居,以致你很少发现哪个黎巴嫩家庭是没有人在那里的,有的甚至一家有好几个或全部都在那里"。在谈到出走的原因时,他说:"主要是谋求生计,其次是为逃避苛政和罪恶的势力。"

著名侨民文学家、黎巴嫩作家米哈伊勒·努埃曼回忆道:"我七岁差几个月时,父亲从国外回来了……一连好几天,我们家都挤满了来问候的人,他们中几乎没有人不向我父亲打听他们在侨乡那些亲人的下落的。母亲打听她在厄瓜多尔的儿子,丈夫打听他在阿根廷的妻子……他们没有想到,我父亲所在的侨乡加利福尼亚,离那些地方有多远!"

为什么会有这么多阿拉伯人离乡背井,不畏颠簸,穿海越浪,流落到大西洋彼岸美洲大陆去谋生,甚至定居呢?黎巴嫩诗人艾敏·纳赛尔丁是这样说的:

孩子们在这里已无生计,

有骨气的人再也无事可干。
见亲人在此受尽煎熬，
便决心挥泪别离家园。
逆风劈浪，泛舟而去，
痛苦燃炽着心田。
并非是他们甘心将你离弃，
只因为这里的生路已断。

18世纪末19世纪初，阿拉伯国家一方面仍处在土耳其奥斯曼帝国的残暴统治下，另一方面面临着西方殖民者的大举入侵。土耳其政府在一次对农民暴动的镇压中，一位长官竟命令他的近卫兵："割下俘虏的肢体，一块块烤来吃！"残忍恐怖，不可名状。

与此同时，西方资本加紧了对这一地区的经济掠夺。1841年，英、法商人相继开办了纺织厂。1863年，法国又承建了从贝鲁特到大马士革的公路。阿拉伯的资源被大量掠走，阿拉伯地区生灵涂炭，民不聊生。

西方文化也开始向这里渗透，1834—1860年，美国教会在叙利亚和黎巴嫩相继建立了30多所学校，1866年又建立了贝鲁特美国大学，并设立奖学金，将一部分有才华的青年吸引到了美洲大陆。

许多侨民，原以为在新的天地里能得到他们梦寐以求的幸福，能到处看见俯拾即是的宝藏，可他们立即发现，这里的生活同样十分艰辛。侨民诗人马斯奥德·塞马哈写道：

多少次，我逡巡在凄凉的荒原，
背上的包裹，几乎把腰压断。
多少次，我挨户叩打门环，
历尽辛苦，顾不得酷暑严寒。
多少次，黑夜里栖身丛林，

没有阳光，不见月华，唯有闪电。

多少次，我头枕胳膊石块，

胸上还怀有我的那柄短剑……

从一个苦难落入另一苦难的困窘，对祖国与亲人的怀念，交织在这些流落异乡的侨民心中，似滚滚波涛，为侨民文学的产生与发展冲积出一块沃土。

1894年，在巴西圣保罗州坎皮纳斯城，出版了名为《辽原》的第一份阿拉伯文报纸。从此，在美国、阿根廷、巴西、墨西哥等地相继出版了百余种阿文报刊，为侨民文学提供了生长的园地。1910年，还是在巴西圣保罗州，出现了以阿拔斯王朝著名诗人艾布·阿拉·麦阿里命名的第一个阿拉伯侨民文学沙龙，对后来南北美洲两个著名的阿拉伯侨民文学团体的出现起到了先导的作用。

1920年4月20日晚上，在纽约阿拉伯文杂志《旅行者》编辑部里，一些文学青年正热烈地讨论着阿拉伯文学革新的问题。只听其中有一位年轻人激动地说道：

"我们为什么不组织一个文学团体，以自己的作品来推动阿拉伯文学的革新运动？"

这一倡议，立即得到了热烈响应。一个星期后，"笔社"正式成立了。黎巴嫩著名作家纪伯伦任主席，米哈伊勒任顾问，此外还有伊里亚·艾布·马迪等八名成员。当时，谁也没有料到，这个只有十人组成的社团，竟在极短的时间内就对阿拉伯文学界产生了巨大的影响，不仅形成了美洲阿拉伯侨民文学的北部学派，而且也成了整个侨民文学的代表。

"笔社"的社徽是纪伯伦绘制的。一幅圆形的图案，中间画着一本打开的书，书页上写着《圣训》中的一句话："真主在地下埋有宝藏，诗人的唇舌便是钥匙。"书的上端升起一轮红日，下端是一盏灯，左面有个插了支笔的墨水瓶。图案下面，分别用英阿两种文字写着"笔社"两字。

米哈伊勒·努埃曼为"笔社"起草的纲领中提到：

"并不是任何用墨写在纸上的东西都是文学，也不是任何能作文吟诗的人都是文学家。只有那种从生活的土壤、阳光、空气中汲取养料的文学，才是我们所认为的文学；只有感觉敏锐、思想深邃、目光远大的作家，才是我们所尊敬的作家。

这种活动的精神，旨在使我们的文学摆脱僵化的状态和传统的束缚。为了我们所追求的自由，我们要团结一致，积极对文学在形式和内容上加以创新……"

无疑，以纪伯伦为首的"笔社"，开始向阿拉伯世界陈旧的文学传统进行挑战了！

"笔社"成立后，《旅行者》陆续发表了成员们的作品，每年还加印一期文学特刊。1921年，《笔社诗文选》在纽约出版，收集了纪伯伦、努埃曼等人写的散文、诗歌共约43篇。这些作品，以及后来纪伯伦、努埃曼等人陆续发表的许多脍炙人口的作品，以鲜明的主题和新颖的风格，震动了阿拉伯世界。尤其是纪伯伦，在世界文坛上也享有盛誉。

"笔社"活动的全盛时期共延续了11年，纪伯伦逝世后，米哈伊勒随即离美返回黎巴嫩，"笔社"失去了它的支柱。其他成员虽然还继续活动，南美的侨民文学家虽然后来也成立了以"安达卢西亚联盟"为名的文学团体，但比起纪伯伦时代，阿拉伯旅美侨民文学的影响已日益减退了。

纪伯伦生前，和另一位十分著名的阿拉伯侨民文学家艾敏·雷哈尼之间始终存在着一些分歧和隔阂。1931年4月10日晚，纪伯伦在纽约逝世后，他立即摈弃了一切个人成见，怀着极大的悲痛，为这位侨民文学的代表人物写下了一篇深情的悼词：

"纪伯伦，我的兄弟，我的同志，我的亲人。

盛名一时，悲痛一时，余者全献给了黎巴嫩，献给了那可爱、尊贵、慈祥的山岭。

它今天拥抱了你，明日也将把我搂入怀中。

明天，我在法里凯村的黄土，将向你在卜舍里山谷的坟地倾诉衷情。

穿过覆盖我墓地的松林，微风将朝朝夕夕带着亲吻，送到雪松下你的坟茔……"

[ 选自《世界文化史故事大系阿拉伯卷》，上海外语教育出版社2003年版。]

## 蒙昧时期（475—622年）文学概况

阿拉伯学者把伊斯兰教产生以前阿拉伯人所处的历史阶段称为蒙昧时期，是根据《古兰经》中的有关经文确定的。

《古兰经》第三章"仪姆兰的家属章"第154节中提到："他们像蒙昧时期的人一样，对真主妄加猜测……"此外，《古兰经》还在另外三章中提到"蒙昧时期"这样一个概念。

从文学史的角度看，虽然把伊斯兰教产生以前的漫长历史时期都称为蒙昧时期，但这一时代初期阿拉伯人创作的口头文学早已失传，保留下来可供研究赏析的，只是5世纪末—7世纪上半叶这段时期里的一些作品。也就是说，阿拉伯文学史所界定的"蒙昧时期"，是指伊斯兰教产生前约一个半世纪这一历史阶段，即约于475年起，622年止。

在这个历史阶段里，阿拉伯半岛西南部的也门地区由于雨量比较充足，居民开始过着定居的生活，进行农田耕作；而半岛上的绝大部分地区，除少数绿洲外均为沙漠。居民都是逐水草而居的贝都因人，亦即游牧人。但不管是定居的还是游牧的阿拉伯人，全都处于氏族部落的社会阶段。氏族的族长或部落的酋长掌管着对内对外的全部事务。

5世纪时，阿拉伯半岛上的纳季德地区出现了一个以南部阿拉伯肯达族为首的部落联盟，形成了一个年轻的阿拉伯国家——肯达王国。与此同时，与罗马的势力范围相比邻的大叙利亚地区，由迦萨尼族人成立了迦萨尼王国；与波斯势力范围相比邻的伊拉克地区，由莱赫米人成立了希拉王国。都城设在君士坦丁堡的拜占庭罗马帝国，力图通过对迦萨尼王国的影响把自己的势力渗入阿拉伯半岛的北部，而与之相敌对的萨珊波斯王国，则竭力支持希拉王国，使之有力地统治着阿拉伯半岛的一部分，特别是纳季德的巴克尔·本·瓦依勒地区。

阿拉伯各部落之间，常因争夺水草、牧场和牲畜发生残酷的战争。"血亲复仇"的习俗更使得这种部落间的战争绵继不断。例如，因一位名叫珀苏丝的女子引起的巴克尔和泰格里卜两个有亲缘关系的兄弟部落之间的战争一直延续了四十年之久，这就是阿拉伯历史上著名的珀苏丝战争。

同时，已形成鼎足之势的三个阿拉治国家——迦萨尼王国、希拉王国和肯达王国，相互间的战事也连续不断。

蒙昧时期的阿拉伯文学，与这一时期阿拉伯人的生活方式、氏族制度、连年征战是分不开的。

这一时期阿拉伯文学的源泉、是以诗歌为主的丰富的民间口头创作。当贝都因人驱赶着骆驼去寻觅草场和水源时，驼蹄的节奏、驼铃的叮当把引领驼队的牧人的吆喝变成了美丽动人的歌声。这种歌声的旋律虽然比较单调，词句虽然十分简朴，但无疑形成了阿拉伯诗歌最早的韵律。以后的各种诗歌格律都是在这个基础上发展起来的，也都是可以伴着琴声吟唱，易于进行口头传播的。

从内容上看，贝都因诗人除了歌唱沙漠、骆驼、骏马、旷野等大自然的景色外，还十分醉心于描写他们纯洁的爱情和饮酒作乐的豪放生活。部落间的争斗使他们的诗中充满了对自己和自己部落的矜夸，对敌对部落的讽刺和抨击，对可以依靠的权贵的颂扬和奉承，对战争中死去的亲友的悲痛和哀悼。

早期的经济贸易活动对文学的发展也起了很大的推动作用。蒙昧时期，位于麦加附近的塔伊夫、纳赫莱、祖勒麦迦兹三个地区之间，有一个著名的阿拉伯集市——欧卡兹集市。每年11月1日至20日，半岛上各个阿拉伯部落的商人都会集在这里进行贸易交流活动。而许多著名的诗人也赶到这里，在集市众多的人群中吟诵自己的新作，并与其他部落的诗人竞技比美。

蒙昧时期，每个部落都希望能拥有一个杰出的诗人或演说家来作为自己部落的发言人，以便歌颂本部落的荣耀，鼓起同盟者的激情，揭露敌对者的弱点。因此，当这样的诗人或演说家一旦脱颖而出时，便在部落中享有了极高的地位。

而在当时，每个诗人又有他自己的传诗人——拉维。实际上，拉维就是诗人的学生。当诗人在吟诵自己的诗作时，拉维把一字一句都牢牢记住并四处传播。蒙昧时期的作品就是这样通过口耳相传保留下来的。在经过一段时间的学习熏陶后，拉维也成了著名的诗人并又有了自己的"拉维"。

蒙昧时期最著名的文学作品，是一般译作《悬诗》的诗集——《穆阿莱葛特》。据说这些诗被公认为当时的杰作从而用金水抄于布上悬挂起来，因此又名《描金诗》。法国的东方学者则把它译成《串珠集》。也有人称之为《项圈诗》。可以看出，学者们对《穆阿莱葛特》的解释并不一样。

关于悬诗的篇目，意见也不尽一致。大部分认为是七首，即包括乌姆鲁勒·盖斯、塔拉法·本·阿卜德、祖海尔·本·艾比·苏勒玛、赖比德·本·拉比尔、阿慕鲁·本·库勒苏姆、安塔拉·本·舍达德、哈里斯·本·希利宰这七位诗人的杰作。另一部分人认为，在此基础上还应加上纳比埃·朱布亚尼的悬诗，即悬诗共为八首。第三种人认为，除此之外，还应加上艾尔萨、阿比德·本·艾布拉斯二人的悬诗，即悬诗共有10首。

除悬诗的作者外，还有以描写游侠生涯而闻名的草莽诗人塔阿巴塔·舍拉和尚法拉等，以及以表达哀思而闻名的女诗人韩莎等。

蒙昧时期的散文，较之诗歌稍显逊色，主要是一些演说词和遗嘱之类的文章。而寓言、民间故事之类的口头文学作品，则大多已经失传，只有少量情节，还能散见于以后的作品中。

有幸保留下来的蒙昧时期文学作品，大部分是8—10世纪的文人学者根据口头流传的版本收集整理的。其中哈马德·拉维叶（？—771或774年）辑录了七首悬诗。穆法德勒·本·穆罕默德（？—780？年）在称之为《穆法德里亚特》的诗集中辑录了67位诗人的126首诗歌（亦说128首），其中包括蒙昧时期的诗人47人，跨代诗人14人，为后人研究蒙昧时期的文学提供了宝贵的材料。

除此之外，艾布·泰玛姆（788—846年）汇编的《激情诗选》、艾布·法尔吉·伊斯法哈尼（897—967年）汇编的《诗歌集成》和尹本·古太柏（828—889年）汇编的《诗歌和诗人》等作品里，也收录了大量蒙昧时期的诗歌作品。

应该说，保留下来的这部分文学作品，只是蒙昧时期阿拉伯文学的一小部分。而且，经过许多诗人转述后辑录成集的作品，诗句的顺序和多寡、词语的选择运用以及后人的种种注释，各种版本都有很大不同。但总的来说，这些作品的确真实地反映了蒙昧时期阿拉伯人的生活方式、思想感情和历史事件，这不但为研究阿拉伯古代的语言和文学提供了十分珍贵的资料，而且也是研究阿拉伯古代历史的重要依据。

［选自《阿拉伯古代诗文选》，北京语言文化大学出版社1996年版。］

# 伊斯兰教初期和伍麦叶王朝时期（622—750年）文学概况

6世纪末时，随着经济和贸易的发展，阿拉伯半岛上的希贾兹、也门等地区兴起了一些像麦加、麦地那、萨那这样粗具规模的商业和小手工业城市。贵族、商人和小业主们通过东西方的贸易活动，获得了丰厚的利润。

572年，波斯人占领也门，割断了阿拉伯人的通商要道。也门和希贾兹地区的商队贸易迅速衰落，商业资本以重利盘剥的方式转向牧区和农村，加深了贵族、商人、业主和牧民、农民、奴隶之间的矛盾。氏族部落狭隘的血缘关系及相互间连年不断的复仇斗争，更进一步影响了阿拉伯半岛的发展。

610年前后，穆罕默德开始传布伊斯兰教，号召人人平等，释放奴隶。由于遭到麦加古莱氏贵族的强烈反对，于622年和他的追随者一起离开麦加迁徙到对他十分支持的麦地那城。这一年便成为伊斯兰历纪元的开始。630年，经过几大战役以后穆罕默德占领麦加，把大部分阿拉伯部落统一在伊斯兰教的旗帜之下，并在麦加建立了政教合一的政权。

632年，穆罕默德去世。相继由艾布·伯克尔·绥迪格、欧麦尔·本·赫塔布、奥斯曼·本·阿凡、阿里·本·艾比·塔立布接任伊斯兰政权的领导地位，在历史上称为四大正统哈里发。

四大哈里发经过多年努力，把分散、仇杀、落后的阿拉伯部族统一在伊斯兰教的大旗之下，并由著名将领艾布·奥贝达和哈立德·本·瓦利德率领圣战者的大军，把伊斯兰阿拉伯的版图扩大到伊拉克、叙利亚、埃及和北非等地，实现了阿拉伯社会的巨大进步。

第四任正统哈里发阿里继位时，围绕哈里发权位的继承问题产生了十分严重的分歧，出现了持不同意见的什叶派、祖拜尔派、海瓦利捷派、伍麦叶派等种种派别。

661年，阿里遇害。叙利亚和埃及的贵族一致拥立原叙利亚总督、伍麦叶部落的贵族穆阿威叶为继任的哈里发，从而建立了由家族世袭的伍麦叶王朝，定都大马士革。

伍麦叶王朝实行中央集权，哈里发为政治与宗教的最高领袖，下设总管全国事务的宰相和分管各类事务的大臣。全国划成五个行政省，省的行政长官称为埃米尔，一般译为总督。

伍麦叶王朝的历任哈里发，在加强对内统治的基础上，继续扩大版图，建立了东起北印度，西至西班牙，北达阿塞拜疆的阿拉伯帝国。随着疆域的扩大和经济的发展，宫廷贵族开始追求奢华的生活，竞相享乐。贫富差距进一步扩大，内部矛盾日益加深。伍麦叶王朝终于在750年被推翻。

阿拉伯文学史上的"伊斯兰教初期和伍麦叶王朝时期"（622—750年），包括了伊斯兰教初期（622—661年）和伍麦叶王朝时期（661—750年）两个历史阶段。

伊斯兰教初期的诗歌作品，除继承了蒙昧时期诗歌的古朴风格以外，加进了许多对伊斯兰教和穆罕默德赞颂的内容和对几次著名战役的描写。这一时期著名的诗人有：哈珊·本·萨比特、卡尔布·本·祖海尔、侯特埃、艾布·祖埃布·胡宰里、纳比埃·吉尔迪等。由于这些诗人大多出生于蒙昧时期，因此，一般学者们还称他们为"跨代诗人"。对"跨代诗人"中个别人所处时代的划分，各文学史著作也不尽相同。

《古兰经》的出现，对这一时期及以后的阿拉伯文学产生了不可估量的影响。《古兰经》共114章，含有教义、教法、教律、教规、训谕、警言、天文、地理等包罗万象的内容。《古兰经》的行文和语言修辞艺术，达到了无可比拟的程度。

《圣训》是一本记录穆罕默德言行的典籍，由于文字精练，表达新颖，对语言和文学也有着巨大的影响。

伍麦叶时期的诗人基本上可以分为三种类型：

## 一、抒情诗人

随着伍麦叶王朝的巩固和经济的发展,阿拉伯半岛上的文化生活有了进一步的提高。以麦地那为中心的歌唱和音乐艺术出现了一片繁荣的景象,抒情的诗歌从沙原到城镇在整个阿拉伯世界传唱。

蒙昧时期的诗歌,抒情部分只是作为一首长诗的起兴手段,吟唱的对象可能并不实际存在。到了这个时期,抒情诗歌已成为一种具有独立内容的创作,内容也大多确属有感而发。因此,感情真挚,语言流畅,音律清新,而且大多比较简短,适于吟唱。

伍麦叶王朝的抒情诗歌又可分为纯情诗和言情诗两类。纯情诗歌最早产生于游牧的贝都因人之中,牧民们以十分朴实的语言来歌唱他们纯洁的爱情,而其中尤以欧兹拉部族的诗人最为著名。所以,又叫作贝都因纯情诗或欧兹拉纯情诗。最杰出的纯情诗人有:加米勒·本·穆阿迈尔、盖斯·本·札利哈、莱依拉·艾赫里娅以及人称为"莱依拉的痴情郎"的盖斯·本·穆拉威哈。这些纯情诗人本人都有一个十分动人的爱情故事,因此,不仅他们的诗歌到处传唱,他们的故事也已成为文学创作的重要题材。

除纯情诗外,还在生活相对比较奢华的城镇里出现了一种直接表现对异性追求的言情诗,即所谓的哈达拉言情诗或城镇言情诗。这种诗描写的对象多半是高贵的女子、美丽的女婢或侍酒女郎等。由于描写细腻,韵律优美,感情奔放,所以也取得了较高的成就,并为阿拔斯朝浪漫派诗歌奠定了基础。

著名的言情诗人有欧麦尔·本·艾比·拉比尔、艾哈沃绥、沃利德·本·叶齐德等。

## 二、宫廷诗人

一般阿拉伯学者认为,艾赫塔勒、法拉兹达格和哲利尔是伍麦叶王朝的三位大诗人。这三位诗人的共同特点是为哈里发和王公贵族写赞歌,夸耀自己所属的部落和宗派,讥嘲与之敌对的人。在这三位诗人,尤其是法拉兹达格和哲利尔之间，还以诗歌的形式开展对攻、辩驳、论战，使几乎所有的人分成了两派，是一种以诗歌手段为政治目的服务的典型表现。但这三位诗人，尤其是出身贫寒的哲利尔，也写了一些言志咏物、激情洋溢的诗篇，显示了他们的巨大才华和艺术造诣。

### 三、派系诗人

由于在哈里发权位问题上持不同政见，各种派系早已产生，随着伍麦叶政权日趋严酷的统治，派系之争越发剧烈。而每一个派系，又都有他们代表自身利益的诗人。其中较著名的有：海瓦利捷派的蒂尔玛赫·本·哈基姆、什叶派的库美特·艾赛迪、祖拜尔派的奥贝杜拉·本·盖斯等。

由于《古兰经》和《圣训》的出现，这一时期诠注经文的著作相继问世。此外，许多著名的演说词及政界、宗教界互致的批文、信件由于文体优美、言简意赅，成了这一时期散文艺术的一种体现。

[选自《阿拉伯古代诗文选》，北京语言文化大学出版社1996年版。]

# 阿拔斯王朝时期（750—1258年）文学概况

伍麦叶王朝后期，哈里发政权内部的派系斗争日趋激烈，王室生活奢靡不堪，百姓负担十分沉重，统治的支柱开始动摇。

此时，穆罕默德伯父阿拔斯·本·阿卜杜·穆泰里卜（？—653年）的后裔艾布·阿拔斯·阿卜杜拉·本·穆罕默德·赛发哈联合什叶派和由奴隶出身的艾布·穆斯利姆领导的平民武装，以伍麦叶哈里发继承权的不合法性为由，向伍麦叶王朝发动了进攻。

750年4月，艾布·阿拔斯的部队击溃了伍麦叶王朝的统治，杀戮了搭配王室成员，建立了阿拔斯王朝。定都于伊拉克安巴尔城，旗帜为黑色。

阿拔斯朝首任哈里发艾布·阿拔斯·赛发哈统治四年后（750—754年），由其弟艾布·佐法尔·曼苏尔（754—776年）继承哈里发席位。

曼苏尔继位初期，面临各种势力的挑战。年轻的哈里发凭借自己的胆识和卓越才能，平息了各教派的暴动，稳定了国内局势。并于762年，建都巴格达，最终奠定了阿拔斯王朝的基石，把辽阔的阿拉伯帝国完全统一在黑色大旗之下。

曼苏尔执政期间，广揽人才，博采众长。效法波斯的政权体制，吸取波斯、印度、希腊的优秀文化，为阿拔斯王朝后来的全面发展打下了良好的基础。

8世纪中叶，阿拔斯王朝统治的阿拉伯帝国，辽阔疆域已最后形成，东起印度河流域，西临大西洋，地跨欧、亚、非三洲。自8世纪中叶—9世纪中叶，帝国的政治、经济和文化均处于鼎盛阶段，为阿拔斯王朝的黄金时期。

在政治、经济方面，这一时期大规模的对外扩张已经停止，人民得到休养生息。政局稳定，国内外形成了相对和平的环境。经济有了巨大的发展，海外贸易活动十分发达，开辟了东西方贸易的通道。

在科学、文化方面，由于阿拉伯民族古老的文化与被征服的叙利亚、埃及、美索不达米亚和波斯大片土地上的古老文明的融合，加上大量吸收希腊和印度文化，使阿拉伯的科学、文化在这一时期内进入了十分光辉灿烂的阶段。对医学、天文学、数学、历史学、地理学、化学、哲学、伦理学、教义学、美术、音乐、建筑等方面的研究，均达到了极高的水平，创造出了中世纪灿烂的阿拉伯文化。

10世纪开始，阿拔斯王朝的统治势力逐渐削弱，王室内部及各种教派的矛盾加剧，宫廷生活穷奢极侈，平民百姓困苦不堪。各行省群雄割据，哈里发大权旁落，巴格达的中央地位形同虚设。终于，以旭烈兀率领的蒙古军队，于1258年攻破了巴格达城，处死了最后一任哈里发穆斯台尔绥木（1242—1258年），结束了阿拔斯王朝对阿拉伯帝国的统治。

自750年建朝，至1258年消亡，阿拔斯王朝共有37位哈里发相继执政，前后历时五百多年。

阿拔斯王朝时期的文学创作，充分反映了这一时期经济、文化的极度繁荣，同样处于阿拉伯古代文学史中的黄金时期。阿拔斯王朝的文学，可以从时间、空间、内容、形式等各个角度来分析。

从时间的角度看，大致可分成三个时期，每一时期都有由其历史背景所决定的独特的发展倾向，从而影响了文学所反映的内容及表现形式的变化。

第一个时期，文学史家称之为革新时期，自阿拔斯王朝建朝起至9世纪初止。

在这个时期里，阿拉伯帝国处于持续上升的阶段，诗人和作家生活在新旧交替的时代。面对日新月异的环境，许多人起来摆脱旧传统的束缚，用文学的形式来反映新的观念和对现实生活的见解。

其中，有人写诗揶揄权贵，抨击阿拉伯的传统，倾泻对社会的不满；有人写诗歌颂美酒和爱情，反对禁欲主义；有人写诗反映平民百姓的痛苦生活及他们的希望与要求；也有人写出了许多宣扬出世思想的诗歌。除此之外，论述修身养性，劝善惩恶，处世之道，治国之理的文章、寓言故事也脱颖而出。

这一时期的代表作家有：诗人柏萨尔·本·布尔德、艾布·努瓦斯、艾布·阿塔希叶、穆斯里姆·本·沃利德、阿巴斯·本·艾哈奈夫及文学家伊本·穆格法等。

第二个时期，自9世纪初—10世纪初，文学史家称之为反革新时期。

在第七任哈里发麦蒙时代（813—833年）结束后，阿拉伯社会庄重的气氛重新主宰了生活的各个方面。人们开始离弃对表面繁华的追逐，返回至稳重的现实。因经济的进一步发展，带来了与外界科学文化的交流。严肃的科学研究受到重视，著书立说成为文学家持之以恒的活动，修辞艺术成为诗人们的毕生追求。

诗人又开始探求古人宝贵的文学遗产，在作品中恢复雄浑古朴的风格，并把希腊的哲理、波斯的文采，运用到自己的诗篇中去。与此同时，由于放弃了前一时期打破传统束缚的明快妍丽的风格，过分雕文饰辞，脱离生活现实，从而形成了一种反革新的潮流。

这一时期的代表作家有：诗人艾布·泰玛姆、布赫图里、伊本·鲁米、伊本·穆阿塔兹及文学家贾希兹等。

第三个时期，自10世纪至阿拔斯王朝消亡，文学史家称之为稳定及停滞时期。

在这一历史时期里，一方面，科学、哲学、文学、艺术等都取得了丰盛的硕果，出现了大量的学术著作，涌现了大批诗人和文学家；另一方面，随着王朝内部矛盾的日益加深，阿拉伯帝国开始解体，群雄称霸，形成了四分五裂的局面。经济和社会状况都逐渐恶化。反映到文学上，复古倾向更加强烈，模仿剽窃日趋严重，文学才思受到束缚，创新发展变得停滞。而诉怨、伤时、反叛的声音都在文学的停滞中响出了它独特的韵律。

这一时期的代表作家有：诗人艾布·塔依伯·艾哈迈德·侯赛因、艾布·菲拉斯·哈姆达尼及艾布·阿拉·麦阿里等。

从空间的角度看，阿拔斯的文学又可分为四个地域性的文学。即：

第一，以伊拉克的巴格达为中心的阿拔斯人及布韦希人文学。

第二，以叙利亚的大马士革为中心的哈姆达尼人文学。

第三，以开罗为中心的代表埃及和北非地区的法特梅人文学。

第四，以西班牙的科尔多瓦为中心的安达卢西亚文学。

各地域文学，除在横的方面各具自己的特色外，在纵的方面，很显然地带有三个历史时期的特性。文学所反映的内容，同时受到了纵横两个方面的影响。

阿拔斯王朝期间，文学的主要形式依然是诗歌，但格式有了许多创新。尤其是在安达卢西亚，出现了不同于传统格律、音乐性更强、用词更通俗的复韵诗。在散文方面，出现了玛卡梅体亦即骈文体的短篇故事。而作家伊本·穆格法的寓言故事集《卡里来和笛木乃》、贾希兹的《吝人趣话》、民间平话故事《安塔拉传奇》及蜚声全世界的阿拉伯民间故事集《一千零一夜》，都是在阿拔斯王朝时期出现的优秀文学作品。

［选自《阿拉伯古代诗文选》，北京语言文化大学出版社1996年版。］

# 奥斯曼王朝时期（1258—1798年）文学概况

从历史的角度，这一时期又可分为两个主要的阶段。第一阶段为旭烈兀攻克巴格达、阿拔斯王朝彻底灭亡从而开始的蒙古人统治阿拉伯诸国时期（1258—1516年）；第二阶段为土耳其奥斯曼人统治的时期，由奥斯曼九朝的君主赛里姆一世于1516年攻占埃及和叙利亚起，至1798年法国拿破仑侵入埃及为止。

所以，习惯上也把这段时期称作为蒙土时期或土耳其奥斯曼时期，或称"衰败时期"。

此外，在北非及埃及等阿拉伯各国，自1252年起便一直处在马穆鲁克王朝的统治之下。旭烈兀攻占巴格达以后，曾试图继续向西推进，去攻克叙利亚、埃及和北非。但马穆鲁克第三朝的国君古突兹，率领以凯特贝高和贝白尔斯为首的大军，于1260年，在沙姆地区的艾因·加鲁脱，击败了西进的蒙古军，并将叙利亚等地置于自己的统治之下。

1512年，土耳其奥斯曼王朝向外扩张，征服了伊拉克两河流域和波斯的一部分土地。1516年8月，奥斯曼军与马穆鲁克部队在叙利亚阿勒颇北部的达比克草原交战，获得全胜。1517年1月攻克开罗，1518年进入阿尔及利亚，1534年占领突尼斯，1547年攫取也门，1551年攻占阿曼和利比亚。自此，大部分阿拉伯国家便进入了奥斯曼王朝统治时期。

蒙古人入侵以后，对巴格达进行了七天的掳掠，屠杀了数十万人，焚烧了图书馆，毁掉了大量珍贵的典籍，并强迫成批的文人学士迁离他们统治的地区，对阿拉伯文学的继承和发展起到了毁灭性的破坏作用。

土耳其人统治时期，进行独裁专制，横征暴敛，民不聊生。还明令规定，以土耳其语为官方文件和行政文书中的通用语言。大量土耳其语汇入阿拉语，进一步阻碍了阿拉伯文学的发展。

在这个黑暗的时代里，人们出现了两种同样都是十分消极的极端倾向：一种人绝望之余沉湎于酒色，纵欲无度，追求短暂的刺激；另一种人心灰以后寄望于来世，看破红尘，陷入苦行的修炼。

这两种十分消极的倾向，反映到文学创作上，便使作品矫揉造作，雕文饰词，内容空泛，毫无光彩。

只是在马穆鲁克人统治下的北非及埃及、叙利亚等地，王朝尚能顾及阿拉伯民族的宗教、文化和民族感情，并能在开罗、亚历山大、大马士革等许多城市中建立图书馆、清真寺和各类学校，创造了一个比较宽松的文化环境，成为文人学士一度会集之地，产生了一些较好的文学作品。但在马穆鲁克王朝消亡以后，在土耳其奥斯曼王朝的统治下，这宽松的文化环境又受到了极大的抑止，形成了"衰败时期"。

在这一时朝里，除了蒲绥里、伊本·赫尔顿、伊本·白图泰留下了一些十分有价值的作品外，其他名著，可谓是凤毛麟角了。

在奥斯曼王朝的残暴统治下，阿拉伯人民纷纷起来反抗。西方殖民主义势力趁机进入中东和北非地区。法国拿破仑于1798年率兵侵入埃及，为西方殖民主义者侵略阿拉伯国家作了先锋，为阿拉伯各国近代史揭开了序幕。

随着阿拉伯人民轰轰烈烈的民族解放运动的兴起，随着阿拉伯学者为保卫和继承古典文学的优秀传统，以激励人民民族主义和爱国主义精神所做的巨大努力，随着西方文化和先进技术的影响日益增加，报纸、期刊、出版物大量涌现，优秀的文学创作和翻译作品不断产生，一场轰轰烈烈的阿拉伯文艺复兴运动开始了，阿拉伯的文学运动又迎来了一个新的高潮！

［选自《阿拉伯古代诗文选》，北京语言文化大学出版社1996年版。］

## 法蒂玛王朝的兴衰

1046年，统治着埃及的法蒂玛王朝在政治和经济上还未完全衰落。一位名叫纳赛尔·胡斯罗（Nasir Khusraw，1003—1061年）的波斯著名诗人来到王朝的首府开罗。王朝第八任哈里发穆斯坦绥尔（1035—1094年在位）将他奉为上宾，予以册封。纳赛尔在开罗住了三年，离开时宣布：

"我不能给那个国家的财富估定一个最高限额，也无法加以约算，我在任何地方也没有见过那样的兴盛！"

他说："在哈里发穆斯坦绥尔的皇宫里，就住有3万人，其中1.2万人是奴隶，1000人是禁卫军，包括骑兵和步兵。"

在一个节日里，纳赛尔看到这位年轻的哈里发身穿白袍，头戴缠巾，风度翩翩地骑骡出巡。随从们前呼后拥，手持伞盖，高举在他的头顶。那伞盖上缀满的各色珠宝，在阳光下熠熠生辉，令人眩目。众百姓躲闪两旁，满街伏拜，齐声称颂，队伍好不威风！

的确，在法蒂玛王朝前后共14位哈里发之中，数穆斯坦绥尔最为富足，他从前辈们那里继承了巨额产业，过着奢华的生活。在尼罗河畔，停着他的七艘豪华游艇；在开罗市里，他拥有砖石结构五六层楼的两万幢住宅和两万个商店，每月收取月租。在他的皇宫中，有名贵宝石、水晶器皿、镶金铜盘、象牙紫檀墨盒、琥珀酒杯、麝香药罐、金银棋子、带金银手柄的伞盖、镶珠宝把手的宝刀、短剑和名绣华毯等各种珍宝奇货，数之不尽。他可以随手将其中一件价值连城的艺术珍品赏给手下的突厥族军官，以收买他们的忠心。

穆斯坦绥尔还在他的皇宫中盖了一座克尔白天房式的亭子，整日里在那儿饮酒作乐。身旁管乐奏鸣，莺歌燕舞，完全沉醉在声色之中。

当时的开罗，却也十分繁华。主要的街市两旁货摊林立，上架凉棚。日间人来车往，熙熙攘攘，夜晚街灯通明，游人依然摩肩接踵，十分热闹。店员们虽十分精明，但还是按官府的定价出售货物，若有欺行霸市，缺斤少两，哄抬价格之举，民众举报官府，就会被抓起来，骑驼游街示众。只见那奸商，一面自己用手摇着铃铛，一面喊道："我有罪，我忏悔，祈求真主宽恕！"以至于当时宫廷虽然腐败，民风依然淳朴，甚至连珠宝、钱币商店都可夜不闭户。

那时，在开罗的旧区已建有七座清真寺，在新区又建有八座清真寺，全国都呈现出一片太平和繁荣的景象。穆斯坦绥尔依靠前任们所装满的国库，安坐哈里发之位近60年。但也就是在他统治的后期，法蒂玛王朝出现了骚乱，政治和经济都急剧衰退。1070年，他竟不得不将自己的妻儿送到巴格达去逃避饥荒！

法蒂玛王朝，于909年初建于突尼斯。当时，虽然阿拉伯世界正处于阿拔斯王朝的统治之下，但其势力所不及的北非东部地区，却一度由柏柏尔人和阿拉伯人组成的艾格莱卜王朝（800—909年）独霸一方。而在阿拔斯王朝内部，什叶派为与在朝的逊尼派抗衡，已开始四处宣传自己派系教义的活动。

9世纪末，突尼斯艾格莱卜王朝的一些部落头人赴麦加朝觐，遇见了来自也门萨那的什叶派伊斯玛仪支派的传道师艾布·阿卜杜拉·侯赛因，听他讲得有理，便邀他赴突尼斯传道。侯赛因在那里赢得许多信徒拥戴，伊斯玛仪派遂又派传道师赛义德·本·侯赛因从叙利亚出发，乔装商人，远赴北非。但赛义德一到突尼斯，便被官府擒获，投入监狱。艾布·阿卜杜拉·侯赛因组织信徒，将他援救出狱，并一举推翻了艾格莱卜王朝。此时，赛义德却将艾布·阿卜杜拉杀害，自称是穆罕默德女儿法蒂玛及堂弟阿里之子侯赛因后裔伊斯玛仪的子孙，建法蒂玛王朝，自己则改号为欧贝杜拉·麦赫迪，成为该王朝的首任哈里发。

王朝建立后不久，他就将自己的统治扩张到全部北非地区。914年，攻占亚历山大。916年，侵入尼罗河三角洲。920年，在突尼斯海岸边建新都麦赫迪亚。法蒂玛王朝在政治上与阿拔斯王朝抗衡；在宗教上以什叶派伊斯玛仪支派为国教，聚礼时为阿里祝福；在军事上奉行对外扩张政策，不断扩展王朝的版图。

第二任哈里发卡义姆（934—946年在位）曾派出舰队进攻法兰西海岸，并一度占领热那亚，掠夺了许多奴隶及战利品。第四任哈里发穆伊兹（952—975年在位）派舰队攻击西班牙海岸，远征大西洋的舰队官兵将他们在大海中捕获的鱼养在罐内，呈献给哈里发。穆伊兹执政后期，派大将昭海尔·绥基利率海陆军多次西征。967年，肃清了西班牙科尔多瓦后伍麦叶王朝对北非的影响。968年，昭海尔率十万大军东征埃及，将埃及、叙利亚、巴勒斯坦和希贾兹地区全都纳入了法蒂玛王朝的版图。970—972年，新都开罗建成，穆伊兹于973年6月离开突尼斯的麦赫迪亚，迁都开罗。从此，王朝中心移至埃及。到第五任哈里发阿齐兹（975—996年在位）时代，法蒂玛王朝进入极盛时期，成为版图横跨亚非两洲的强大的伊斯兰王国，同巴格达的阿拔斯王朝和科尔多瓦的后伍麦叶王朝形成三足鼎立之势。

阿齐兹哈里发对发展文化极为重视，他本人既是诗人，又酷爱科学。正是他，把他父亲穆伊兹的大将昭海尔于972年建成的开罗清真大寺改成了爱兹哈尔大学，使之成为埃及伊斯兰教的古老高等学府，也是世界上规模最大、地位最高、最负盛名的伊斯兰宗教大学。从此，开罗取代了巴格达的学术、文化地位，变为伊斯兰世界的文化中心。

阿齐兹还在开罗建立了皇家图书馆。据说，图书馆的最大藏书量曾达到20万巨册，收藏的用金泥书写的《古兰经》便有2400册。在所藏的珍品中，有伊本·穆格莱等书法名家的真迹，有历史学家泰伯里著作的手稿等。

990年，阿齐兹着手兴建一座仅次于爱兹哈尔清真寺的大寺。该寺在996年阿齐兹去世时尚未竣工，由他的儿子和继承者——第六任哈里发哈基姆（996—1021年在位）于1012年最后建成，命名为哈基姆清真寺。寺院的建设，显示了法蒂玛王朝时期的艺术特征。

法蒂玛王朝最著名的文化建设之一，是哈基姆于1005年所创立的"科学馆"。哈基姆为这个机构设立了每月257第纳尔的一项基金，用以誊抄手稿、修缮设施等开支。科学馆与皇宫相连，内设一个图书馆和几个会议室。在科学馆里研讨的科目，除伊斯兰教义学外，还有医学和天文学。

哈基姆本人就对天文学颇感兴趣，在穆盖塔姆山上，有他专为自己架设的一座观象台。他往往会在黎明之前，骑着一匹灰驴到观象台去，用他架在两座塔上的铜质星盘，测量星座，观察天体。

哈基姆时代，法蒂玛王朝涌现出了一批著名的科学家。天文学家阿里·伊本·尤努斯（1009年卒）依据浑天仪等天文仪器实测的结果，创制了哈基姆历法，对当时通用的历法作了修正。伊本·海赛姆（1039年卒）写有百余种有关数学、天文学、哲学、医学和物理学的著作，其中《光学宝鉴》一书，成为中世纪所有光学家论证的依据。在某些实验中，他在理论上已接近发现300年后才在意大利制造出来的放大镜。阿玛尔·摩苏利（1010年卒）所著《眼科医方撮要》中，则叙述了一种治疗软性白内障的重要外科手术。

虽然阿齐兹和哈基姆执政时期法蒂玛王朝处于极盛时代，并留下大量财富，使直到穆斯坦绥尔出任哈里发时还保持着波斯诗人纳赛尔所看到的表面繁荣，但实际上，自阿齐兹去世后，王朝便开始由顶峰逐渐衰微。1043年以后，王朝所属非洲各行省陆续停止向开罗进贡，甚至公开独立或恢复与巴格达阿拔斯王朝的隶属关系。塞尔柱人的势力，从东方向西扩张，王朝对叙利亚和巴勒斯坦的控制迅速瓦解。穆斯坦绥尔为维持自己的奢华生活，还一味横征暴敛，令百姓怨声载道。国内突厥、柏柏尔、苏丹等军团相互冲突，风潮迭起。加上连年灾荒，终于在1068年发生动乱。动乱中，皇家图书馆遭劫，许多价值连城的书籍，被用25匹骆驼运出去烧掉。法蒂玛王朝从此伤筋动骨，江河日下。1171年，法蒂玛王朝终于被萨拉丁的阿尤布王朝取而代之。

［选自《世界文化史故事大系——阿拉伯卷》，上海外语教育出版社2003年版。］

## 最后的王朝

1249年11月，与衰败的阿拔斯王朝末代哈里发穆斯台尔绥木分庭抗礼，统治着埃及和叙利亚地区的阿尤布王朝第七任苏丹萨利赫（1240—1249年在位）终于病逝。五个月前，法兰西国王路易九世率"第六次十字军"的骑士们已攻占尼罗河畔的迪姆亚特城（Dimyat），并正向开罗逼近。情况万分危急！

王后召集群臣于廷前，厉声道：

"陛下驾崩的消息谁也不准泄露出去！"

众臣俯首听命，一个个噤若寒蝉。

她本是萨利赫父亲晚年花钱买来的一个女奴，不知是谁给她起了个惹人心跳的名字，叫作"Shejeretuddur"——珍珠树（沙贾尔·杜尔）。珍珠树长得花容月貌，亭亭玉立，仿佛身上任何部位稍一扭动都会抖落出无数晶莹的珍珠来。如此美色，怎舍得叫她叠被铺床？珍珠树不久便为萨利赫生下一个王子，叫海利勒。从此她不仅成了自由人，而且已身居王后之位。萨利赫出外征战之时，一切国事均由她掌管，一切公文均由她过目签字。由于她能很好地模仿萨利赫的签名，又善理国政，苏丹驾崩，秘不发葬之事外人竟一时全蒙在了鼓里。

三个月后，萨利赫与前妻所生的长子，王位合法继承人图兰沙从美索不达米亚返回开罗，这才正式从继母手中接过了苏丹王位。当时宫中近卫军的首领及宫廷大臣都是称作"马穆鲁克"的被征服的异族人，他们并不服图兰沙的统治。在1250年4月全歼了"第六次十字军"后，势力大增。他们利用珍珠树与图兰沙的矛盾，设计将这位仅在位三个多月的苏丹杀死。

这时，珍珠树找来一个年仅六岁的阿尤布家族后裔艾什拉弗·穆萨（1250—1252年在位）出任阿尤布王朝的第九任苏丹，并自封为摄政王，独揽国家大权。在此期间，她下令在钱币上铸她的头像和名字，命穆斯林们在周五聚礼时为她祈祷。

为笼络日益强大的马穆鲁克人的势力，以巩固自己的地位，她决定嫁给近卫军首领艾伊贝克。"你必须首先与乌姆阿里离婚！"她说。

乌姆阿里是艾伊贝克的结发妻子，他们已生有一子，名曰阿里。乌姆阿里便是"阿里之母"的意思。

艾伊贝克屈从了。

1252年，珍珠树宣布废除年幼的苏丹，一手埋葬了阿尤布王朝，并任命艾伊贝克为新王朝的第一任苏丹。阿拉伯帝国的最后一个王朝——马穆鲁克王朝由此诞生。

艾伊贝克（1252—1257年在位）虽然戴上了苏丹的王冠，但一切权力依然紧握在自封为"穆斯林女王"的珍珠树手里。因此，当艾伊贝克想另娶一个王妃时，珍珠树怒不可遏，立即采取了行动。

1257年一日，艾伊贝克打马球归来，脱衣入浴，泡在池水中，舒适地闭上眼睛。不想，一群人突然涌入，把他掐住，使他的眼睛再也没能睁开。艾伊贝克的儿子阿里，此时已掌有兵权，闻讯大怒，闯入宫中，将珍珠树抓了起来，押到母亲乌姆阿里那里，由她处置。乌姆阿里本对珍珠树恨之入骨，此时遂命女仆用木屐、鞋底抽打这个显赫一时的女子，直至奄奄一息，又将她从高楼上抛了下去，弃尸街头。

马穆鲁克王朝的第二位苏丹艾伊贝克之子阿里（1257—1259年在位）接任一年后，巴格达的阿拔斯王朝便传来了惊人的噩耗。

早在1253年，成吉思汗的孙子旭烈兀便率军又一次西进，扫荡了花刺子模的各个小国。当时，旭烈兀曾邀请阿拔斯王朝末代哈里发穆斯台尔绥木共同发兵，一起征讨以暗杀为主要控权手段的阿萨辛人。那时，穆斯台尔绥木完全沉溺于歌乐声色中，对此未予理会，这就给了旭烈兀攻打哈里发王朝以借口。

1256年，旭烈兀攻克了阿萨辛人设立在波斯境内一座高山上的主要基地——"鹰巢"，打败了他们的首领"山中老人"。同年9月，便沿着呼罗珊大路蜿蜒向巴格达出发。及至抵达巴格达城下，旭烈兀便向穆斯台尔绥木发出最后通牒，命他拆毁外城，自动投降。穆斯台尔绥木迟疑不决，只是闭城不出。

1258年1月，旭烈兀的部队用抛石机把巴格达的城墙打开了一个缺口。穆斯台尔绥木被迫派代表出来谈判，对旭烈兀道：

"若杀害哈里发，则天下大乱，日月无光，雨露停降，草木不生！"

旭烈兀不信，于同年2月10日率兵冲入城内。穆斯台尔绥木虽领全体官员来降而不为所纳，一个个全被砍倒杀净。对于阿拔斯王朝末代哈里发的处决，有两种传说。一种说，旭烈兀将他裹在地毯之内，弃于街头，被蒙军人马踩踏而亡；一种说，旭烈兀抓住他后，便道："你一生贪财，积聚了大量金银财宝，想必可供养你终生！"言罢，便将他关入他的宝库之内，不日饿死。统治长达300余年，先后有37位哈里发执政的阿拉伯帝国阿拔斯王朝自此彻底灭亡。

1260年，旭烈兀领兵继续向叙利亚挺进。当他攻克了阿勒颇以后，听说兄长蒙哥去世，便返回波斯，命部下怯的不花继续西进，企图攻占大马士革，并发兵埃及，一举消灭马穆鲁克王朝。

此时的马穆鲁克王朝，已在第三任苏丹古突兹（1259—1260年在位）的统治之下。古突兹见旭烈兀遣使发来通牒，命他投降，一怒之下，斩了来使。并派手下大将拜伯尔斯率先锋队，进入叙利亚，和怯的不花决一死战。自己则领兵断后，亲自指挥这场在艾因·贾卢特展开的战斗。

不想蒙古兵不服水土，拜伯尔斯又十分英勇善战，怯的不花和许多官兵皆遗尸战场，埃及幸免于巴格达所遭的一场劫难。古突兹此行，不仅拒敌于国门之外，而且占领了整个叙利亚地区。拜伯尔斯自恃功高，要求古突兹将阿勒颇赐予他作为封地。古突兹心中允诺，但想在回开罗后再宣布此事，故当时并未立即应承，不料拜伯尔斯却因此对古突兹动了杀机。对此，有两种不同的传说。一种说，在从叙利亚返回埃及的途中，两人一起外出狩猎。突然，一侍从飞马来向古突兹奏事。奏毕，便附身去亲吻他的双手。拜伯尔斯趁古突兹低头将他扶起之机，手起刀落，砍下了这位苏丹的头颅。

另一种传说，更富戏剧性，可能已经经过了文人的加工与渲染。返埃途中，部队在野外扎帐露宿。古突兹欲趁夜出外散步，拜伯尔斯命一侍从伴随左右。行至山麓，古突兹正欲回身，突然背后一冷箭飞来，射穿了他的心窝。古突兹挣扎着转身靠在岩石上，只见拜伯尔斯一行已闻声赶来，一刀将那侍从砍死。古突兹面对众人，吃力地说道：

"我本想在回开罗后封拜伯尔斯为叙利亚总督，现已如此，望大家拥他接任苏丹之位才是……"

拜伯尔斯一听，泪如雨下，率众跪倒在地，不断向着正在咽气的古突兹叩首。

两个故事中，有两点是完全相同的。其一，那侍从是拜伯尔斯的同谋；其二，那一天是1260年10月24日。

从此，拜伯尔斯成为马穆鲁克王朝的第四任苏丹，拜伯尔斯是马穆鲁克王朝一位伟大的军事家，他重组了陆军和海军，开拓了疆域，修建了驿站。他又是一位杰出的政治家，与蒙古和欧洲人的政权缔结了盟约，把阿拔斯王朝中一些王族的遗老遗少相继奉为哈里发，自己只接受由他们册封的爵位但掌握实权。拜伯尔斯对埃及和叙利亚的经济和文化的发展也做出了卓越的贡献，他修建清真寺、图书馆和学校，为巴格达陷落后从四面八方会集来此的阿拉伯文人学者创造了十分宽松的发展环境。

但是，随着16世纪土耳其奥斯曼帝国的崛起，奥斯曼人不仅在阿拉伯的东方取代了蒙古人的统治，而且也席卷了阿拉伯的西方。1516年8月24日，马穆鲁克军与奥斯曼军在阿勒颇交战，奥斯曼人从叙利亚一直打到了埃及。一年后，即1517年，延续了165年、由47位苏丹相继执政的马穆鲁克王朝终于灭亡。中世纪阿拉伯哈里发帝国和各穆斯林王朝的历史从此结束，开始了奥斯曼帝国的时代。阿拉伯各国在18世纪末和19世纪初开始了他们近现代新的历程。

[选自《世界文化史故事大系——阿拉伯卷》，上海外语教育出版社2003年版。]

## 贾希兹和他的《吝人趣话》

阿拔斯朝时,疆域扩展到整个波斯。那里有座古城,叫麦尔温,也是当时伊斯兰文化的一个中心。有位麦尔温人,经常出门朝觐和经商。他路过巴格达时,总住在一位伊拉克朋友家中,朋友对他招待得十分周到。麦尔温人常对这位朋友说:"在这里我也只能叨扰你了,什么时候来麦尔温,一定竭诚款待,以报此恩!"

几年后,这伊拉克人正好有事去麦尔温,便想去探望这位故友。当时,他的穿戴是一身阿拉伯人出门时的标准打扮:头戴毡帽,帽外缠上头巾,两眼以下蒙着面纱,一件大氅,把整个身子全裹在其中。两人一见,麦尔温人竟毫不理睬。伊拉克人想:"恐因我蒙着面纱吧!"便摘下面纱,与其寒暄,那人仍不理睬。伊拉克人自报家门,又逐一将缠头、毡帽、大氅悉数脱下,不想那人竟道:"纵然脱去一层皮,我也不认识你啊!"

这便是贾希兹(775?—868年)在他的名著《吝人趣话》中所讲的一个故事。

贾希兹原名阿慕尔·本·巴赫尔,是黑人释奴的后代,出生在巴士拉一个贫苦的家庭中。早年丧父,以卖面饼和烤鱼为生。但他天资聪颖,又十分好学,常去清真寺里听长老学者们讲授学问,还结识了许多外地的客商及水手、渔夫等下层百姓,吸取了来自民间的许多知识,听到了许多有趣的海外奇谈。为进一步学习文化知识,他到巴格达去投身于一些著名学者的门下,向他们学习哲学、教义学、语言学、文学、医学及其他自然科学。经过刻苦钻研,终于成为一位博学多才的学者。

贾希兹长得颇为丑陋,肤色黝黑,身材矮小,双眼鼓突,故人称"贾希兹",即"金鱼眼"。但他毫不在意,还十分幽默地向人述说自己貌似恶魔的故事："一天,我正在门前站着,一女子过来道:'跟我走一趟吧!'我随她来到一位犹太工匠那里,只听她对工匠道:'就这模样!'说罢便径自离去了。我向工匠探问究竟,工匠道:'那女子拿来一块宝石,叫我在上面刻个恶魔的画像。我说,夫人,我可从未见过魔鬼啊!于是,她便把你给领来了……'"

丑陋的相貌却丝毫不能损伤他博学的名声,阿拔斯朝第七任哈里发麦蒙(813—833年在位)听说后,立即将他召进王宫,任命他为宫廷录事,让他参与起草王朝的律法等事宜。贾希兹在宫中才干了三天,便觉得自己无法再待下去了。他想:"这些人锦衣华服,油嘴滑舌,卑躬屈膝,唯唯诺诺,全是利欲熏心之辈。他们怕君威,怕惩罚,怕变故,所以才如此谨小慎微,悉心侍奉呢!"

贾希兹的秉性十分耿直。一次,有人请他帮忙,求他写信推荐。贾希兹不假思索地写了几句。不想那人走出门外,拆开一看,见信中写道:"如你满足他的愿望,我不夸奖;如你拒绝他的要求,我不责备。"那人立即返身回来找他。贾希兹平静地对他道:"这些话,对你无损。我关注一个人时,总如此说。"那人破口便骂:"愿真主诅咒你,断你四肢!"贾希兹道:"怎么这样说话?"那人随即用贾希兹的口气道:"我感谢一个人时,总如此说!"

贾希兹这种正直坦荡、不徇私情的脾气,与王宫中那些尔虞我诈、徇私舞弊的官僚们是无法在一起相处的。所以,他在宫中只待了三天,便弃官而去,到阿拉伯半岛、小亚细亚、波斯等历史文化名城去游历。一路上,他广交文人学者,与他们探讨学问。

回巴格达后,贾希兹开始集中精力从事哲学、宗教,文学的研究和著述活动。贾希兹一生著述多达530种,但大多散佚。传世的主要作品有《动物志》七卷、《修辞达意》四卷、《吝人趣话》等名著,另有《通信集》四卷。

《动物志》中有对各种动物特性、分布地域的描述,其中穿插了许多格言、传说、寓言、故事和一些典故。全书充满哲理,反映了早期阿拉伯社会生活的状况。

《修辞达意》通过对古代文学作品、演说辞及《古兰经》经文从语言上进行的详尽分析,阐述了作者所认为的修辞标准、特色与方法,是阿拉伯文学评论和修辞学方面的重要著作。

《吝人趣话》是贾希兹在他生命的最后20年中呕心沥血所完成的一部文学力作。很可能是在他患了半身不遂后返回故乡巴士拉家中带病写出的巨著。

当时正处于阿拔斯王朝政权更迭十分频繁的年代，但因相继担任第八任哈里发穆尔台绥姆（833—842年在位）及第九任哈里发瓦西格（842—847年在位）宰相的伊本·齐亚特，其本人也是个文学家，所以对贾希兹十分赏识。这位宰相得了贾希兹的那部《动物志》，便赏给他5000金币。贾希兹拿了这笔钱，到叙利亚的大马士革和安塔基亚去游历了一番，可能还到了埃及。这增添了他的阅历，扩大了他想象的天空。

也就是说，贾希兹在835—847年这12年间，虽再未去宫廷任职，却依然得到官府的赏识和资助。但到847年时，阿拔斯朝的第十位哈里发穆台瓦基勒（847—861年在位）走马上任。他所崇信的大法官杜阿德杀害了自己的对头前宰相伊本·齐亚特，贾希兹也受到了牵连，只是由于他的声望和为自己所作的幽默辩护才幸免于难。贾希兹又将《修辞达意》一书交出，杜阿德这才心满意足，也赠他5000金币，以示自己和前宰相一样礼贤下士。

此时贾希兹决心远离官场，又患瘫痪，便拖着病体回到了家乡巴士拉，用余生进行写作。他对子孙们道："我现在生活之愿望有三：骂吝鬼、啃肉干、抓癣痒。"所谓"骂吝鬼"，便是指他开始潜心写作《吝人趣话》了。

《吝人趣话》收入120多篇故事，刻画了各种悭吝人的形象，情节生动，语言诙谐、是阿拉伯古典故事文学的代表作。他笔下的吝鬼，不招人厌，甚至还有点可爱。他们一般都善于雄辩，有自己的逻辑，用种种可笑的论据使自己觉得心安理得。有一个故事是这样说的：

有位官府的文书，叫希扎米，人不错，但有些吝啬。一日，见一位朋友因初秋的寒意而穿上了一件薄呢大氅，十分不屑，斥之为奢靡、愚昧。那人大感不解，要他说明缘故。于是，希扎米便长篇大论道：

"因夏末之尘埃，将侵入其孔隙之中。若雨降人间，大气湿润，一切皆潮。衣中之尘，均将潮湿。夫尘者，土也，且为土之精髓，含盐质。大氅本为呢绒之物，必因此而皱折横生，抽缩成团。进而腐蚀，蛀虫啃咬。此物较之门槛木块中之蛀虫，更为迅猛。故应晚些穿此大氅。待雨季过后，尘埃落定，泥土团拢，而水将空气中之灰尘冲走洗净，将空气过滤澄清。及至此时，托真主之福，方可穿此大氅也！"

故事到此，戛然而止。留给读者自己去想象那位官员仅因别人穿了件比自己好一些的衣服，便在风中瑟缩地大发议论的情景……

比贾希兹晚半个世纪、曾游历过中国的阿拉伯著名历史学家——《黄金草原》一书的作者马苏第（？—957年）在评价贾希兹的作品时说："他的著作擦去了人们脑中之锈斑，打开了清晰表达之门户。对于题材，他进行了最好的剪裁，使用了最美的语言，作出了最佳的描述。"

贾希兹直至自己生命的最后时刻，依然保持着幽默诙谐的情趣和苦读不止的精神。

晚年，有友人来探望，问：

"你现在感觉如何？"

贾希兹笑着道：

"半边瘫痪，半边风湿，还能如何感觉？瘫痪的一半，拿锯来锯也无感觉；风湿的一半，苍蝇擦过也觉不适。更有甚者，我已是85岁的一把老骨头了！"

虽如此，他还在继续读书写作。868年的一天，他正坐着看书，突然，身边堆得高高的书竟塌了下来，将他压倒在地。从此，他再也没有醒来，手中还紧攥着那本打开的书……

[选自《世界文化史故事大系——阿拉伯卷》，上海外语教育出版社2003年版。]

## 神医拉齐

阿拔斯王朝第十六位哈里发穆尔台迪德（892—902年在位）接任时，国力显然已远非其全盛时期。但巴格达却依然保持着表面的繁荣，大街小巷，人来人往，熙熙攘攘。可这天似乎与往日有什么不同，人们惊奇地发现，巴格达每一个街区，都在醒目的地方挂着块鲜肉。这是怎么回事？第二天早晨，人们又拥到街头来观看，却发现那些鲜肉又都一块块神秘地消失了。人们正在议论纷纷时，一老者道：

"听说哈里发命神医拉齐建造一座巴格达最大的医院，拉齐为找到一个空气最好、病菌最少的地方，便命他手下人四处挂了肉块，今日已收回去查看变质的情况了……"

这是阿拉伯古籍《医品》中的一段描述。但《医品》将这位哈里发说成是布威希王朝的苏丹阿特德道莱（936—983年），显然搞错了，因那时拉齐已去世多年。若果有其事，应该是任命拉齐为这座医院院长的哈里发穆尔台迪德。

拉齐（al-Razi，864—932年），全名为艾布·伯克尔·穆罕默德·拉齐。欧洲人称之为拉齐斯（Rhazes）。拉齐出生于当时阿拔斯王朝所属波斯地区的赖伊城。这座小城的百姓有一个特点，个个人高马大，且头发呈黄褐色。幼时，拉齐也仅是一个普通孩子，只是十分喜欢音乐和歌唱。他有位少年朋友，在赖伊城医院里当药剂师，两人情趣相投。闲时，拉齐便常去医院与他一起弹琴唱歌。不想，医院里的病人全都聚拢来侧耳倾听，有的竟觉得连病痛也消失了！

拉齐十分兴奋，他想："音乐对治疗疾病肯定有某些作用！"从此，拉齐开始涉猎医学。通过学习和实践，拉齐发现，音乐也不是万能的，有些病还必须用药或进行手术，而自己这方面却还很无知。于是拉齐离开赖伊，到文化中心巴格达的最高学府"智慧宫"去学习。在那里，他刻苦地向诸多名师学习了医学、数学、化学和哲学。

拉齐钻研得最深的还是医学。在哈里发麦蒙时期译成阿拉伯文的古罗马著名学者盖伦（Galen，129—199年）的许多医学著作是他的主要教材。盖伦的观点和哲学思想，曾对拜占庭和伊斯兰文明产生了长达1400年的深刻影响，盖伦医书中的许多论述，被当时的医学界奉为金科玉律。但拉齐在学习和实践中却发现其中也有不妥之处，并写了一篇《盖伦医书中的疑点和矛盾》的论文。

拉齐的医术越来越高明了，他回到家乡担任了赖伊医院的院长。赖伊的百姓都称他为"神医"。一天，一位少年来找拉齐，诉说自己外出期间得了重病，在痰中常带血丝。拉齐细细检查，并未发现任何炎症或肺部疾病，便要他过两天再来检查一次。那少年大哭，说道：

"若是最高明的医生都查不出我的病因，那我就算是完了！"

拉齐反复推敲，又问："出门在外，喝什么水？"

少年答道："井水和池水。"

拉齐便命少年找来一些水草，空腹吞下，直至呕吐。只见呕吐物中，有一只活的水蛭。少年病愈，到处传说。拉齐名声大震。

当时的医生，已开始学会通过观察尿样来进行诊断。拉齐说："初从医时，拿到尿样我便只望而不问了，病人们因此对我十分尊敬。后来我又望又问，他们反对我不恭了，说：本以为你一看尿样便什么都知道了，原来不是这样！我对他们解释道：医术并不是巫术。医生虽可以根据症状诊断出许多疾病，但那也不是绝对的。若有人说，这种尿液证明你昨夜曾和一老妇同床，或侧身躺了一夜，那准是一派胡言！"

拉齐的大名终于传到了哈里发穆尔台迪德耳中，他决心在巴格达新建一座最大的综合性医院，并任命拉齐为院长。也许，拉齐让助手在街头到处挂肉，以测试空气的质量，便是为建设这座医院寻找最合适的地点。

当时，巴格达已有大小医院50多所。有些专为王公贵族所设，其中设施相当齐全豪华，饮食也十分丰盛精美。但拉齐要的却是医院的质量，他辞去赖伊医院院长的职务，来到巴格达后，一面监督医院工程建设的进展，一面埋头翻阅希腊、印度、波斯等国的医学著作，为提高自己的医术，更好地领导医院工作打好坚实的基础。

他还经常在动物身上做药物试验。一次他让猴子服下一点水银。只见猴子痛得龇牙咧嘴，左跳右蹦，直捂肚子。但不久便排泄出来，又没事了。拉齐当时得出了一个错误结论：汞可导致肠胃疼痛，但于身体无害，做运动后可排出体外。但他对氯化汞的毒性却有明确的认识，并说汞蒸气可使人体瘫痪。

医院建成后，拉齐从全国各地请来了24位当时最有才华的医生来院中任职，并常与他们一起探讨和分析疑难病症。他主张提高病人的信心，以增强他们自身的抗病能力。他还常对同事们说：

"能用食物治疗的，则不用药物；能用一味药物的，则不用多味。"

拉齐不仅医术高明，而且医德高尚。他乐善好施，怜悯弱者，对家境贫苦的患者，不仅分文不取，还常解囊相助。但由于他日夜操劳，还因写作而很少睡眠，视力日趋衰退。在一次当着呼罗珊总督曼苏尔的面进行化学试验时，他的双眼突然完全失明了！

平时对他高明的医术、巨大的名声十分妒忌的小人，又以种种莫须有的政治罪名对他进行陷害，终使哈里发穆尔台迪德解除了他巴格达大医院院长的职务，甚至不允许他返回赖伊医院任职。拉齐只能寄住在他妹妹海蒂婕家中。

一天，一位医生来给他治眼病，希望能使他重见光明。拉齐问："眼球外部由几层薄膜构成？"医生茫然，不知所云。拉齐道："对此不知者，莫动我的眼睛。"人们不断劝说，还希望能把他的眼睛治好。拉齐道："这世道我已看够了……"

拉齐去世后，海蒂婕在整理他的物品时发现了一大堆用一张张碎纸写的手稿。其中一张写道："阿卜杜拉来看病，说他每年都会发烧，有时两天一次，有时四天一次，伴有寒战，小便增多。我说这可能是疟疾或肾炎。几天后，小便中出现脓液。我告诉他烧将退了，结果果然如此……"另外几张上写道："艾布·伯克尔主诉肠胃疼痛……""穆罕默德说他有关节炎……"等。海蒂婕不解其意,遂将这一大堆纸片统统锁进了一只箱中。

布威希王朝的宰相伊本·阿密德(？—970年)后来闻知此事,便以重金从海蒂婕手中买下了这只箱子,并命当时的一批名医将之整理成书。

拉齐一生中写了200多部著作,其中最著名的是《曼苏尔医书》和《医学大全》。在使用音乐治疗疾病、阐述光对瞳仁的影响、撰写儿科专著并使其成为独立科学、在动物身上先做药物试验、利用动物肠子缝合伤口以便于吸收、使用发烧冷敷法、描述天花与麻疹的症状及两者的区别、说明疾病的遗传性能等方面,拉齐都是世界医学史上的第一人!

拉齐不仅被家乡父老称为神医,而且也被世上公认为"阿拉伯的盖伦""阿拉伯医学之父"。

据说,在巴黎医学院建院初期,它那小小的图书馆里只有一本藏书,那便是拉齐的医学著作。这本书,还是路易十一(Louis XI,1423—1483年)花重金从阿拉伯国家租借来用作誊抄的。

为纪念这位"阿拉伯医学之父",巴黎医学院在它大厅的一面墙上,将拉齐的画像和盖伦以来人类最伟大的医学家的画像挂在一起,供学生们瞻仰。

[选自《世界文化史故事大系——阿拉伯卷》,上海外语教育出版社2003年版。]

# 诗坛三友

19世纪末20世纪初，美丽的尼罗河畔巍峨的金字塔下，出现了三位同时代且几乎是齐名的杰出诗人。他们就是艾哈迈德·邵基（1868或1869—1932年）、哈菲兹·易卜拉欣（1870或1871—1932年）和海利勒·穆特朗（1872—1949年）。他们每个人还有一个大众公认的雅号，邵基被誉为"诗坛魁首"，哈菲兹被冠以"尼罗河诗人"的美名，而穆特朗则因为原籍黎巴嫩但大半生在埃及度过，故人称"两国诗人"。

邵基出生于开罗的一个贵族家庭，祖上混有希腊、土耳其、库尔德、阿拉伯等数种血统。父亲虽在官府供职，但不甚顾家，故邵基自幼在希腊籍的外祖母身边长大。他曾在诗中写道："我有个外祖母，对我充满爱心。疼爱关切，更胜似我父亲。"在外祖母家里，他过着贵族子弟养尊处优的生活，只有在外出上学时，方能和一些平民孩子稍有接触，使他多少了解一些外面世界的无奈。

1885年高中毕业后，他进入开罗的法学院学习。1887年被埃及总督陶菲格召入官府，并派往法国留学。他先后在蒙彼利埃和巴黎共学习了四年，周游了法国各地并游历了伦敦及英国的其他一些地方。在法学院期间，他阅读了法国最早的浪漫派诗人拉马丁（Lamartine）、寓言诗人拉·封丹（La Fontaine）、诗人兼小说家维克多·雨果（Victor Hugo）及诗人兼剧作家缪塞（Musset）的大量作品，对他后来的创作起了很大作用。

1891年学成归国后，他在官府供职20余年，诗作也多为歌功颂德。1914年第一次世界大战爆发，邵基作诗抨击英国对埃及的殖民保护，终于被放逐到西班牙。流放期间，他这才广泛接触了下层生活，写了不少好诗，追忆古代阿拉伯人在安达卢西亚的业绩，表达对祖国的深深怀念之情。他在一首诗中写道：

我的心，怎能将埃及忘记？
岁月又怎能予心的创痛以慰藉？
纵然仙逝与祖国远离，
在天国我心也将把它永记！
主作证，它从未在我眼前消逝，
我时刻对它怀着深情厚谊……

第一次世界大战结束后，邵基恢复了自由，回到祖国，以崭新的诗歌创作，投入民族革命运动之中，为人民写出了许多优秀的爱国主义诗篇。有几句诗，几乎是家喻户晓的：

在东方，我们同语同种，
是兄弟，彼此患难与共！

邵基晚年，还创作了《克娄巴特拉之死》和《莱依拉的痴情郎》等诗剧，被誉为20世纪前叶埃及无与伦比的伟大诗人。

与邵基相比，哈菲兹的童年生活是比较困苦的。哈菲兹的父亲是埃及南部代鲁特城附近管理尼罗河水坝的一位工程师，土耳其籍的母亲在尼罗河上的一条船上生下了他。幼年时，父亲便不幸病故了。母亲无奈，只能带他去开罗，寄住在他当工程师的舅舅家中，并在那里从小学上到中学。正在这时，舅舅奉命调到坦塔省工作，哈菲兹也只得随之前往。从此再未继续学习，只是去清真寺聆听一些经学的讲座并与当地的文学和诗歌爱好者们在一起研究和探讨前人的一些诗文杰作，倒也受益匪浅。

为效法当时著名的诗人巴鲁迪（1838—1904年），他终于离开舅父，只身来到开罗，进入军事学院学习。1891年于该校毕业后，即调入部队工作。1896年，他应召赴苏丹参加由英国军官率领的埃及远征军。因对英国军官的所作所为十分反感，在苏丹期间参加了军人的反英哗变，并因此受到制裁。1900

年被贬入预备役中,哈菲兹随即要求退役,又成为平民百姓。

哈菲兹早就对当时埃及革新派领袖之一穆罕默德·阿卜杜(1845—1905年)十分仰慕,退役后与他的接触更加频繁,并通过他结识了许多主张革新的埃及上层人士。但因生活无着,依然十分贫苦,只是靠卖字为生,为报纸杂志写一些诗篇,并用自学的法文意译了雨果的《悲惨世界》。

由于他才华出众,终于获得了教育大臣的赏识,1911年被任命为埃及国家图书馆文学部主任。从此生活有了保障,并在这一职位工作直至去世。

哈菲兹的诗作吟出了埃及平民的苦难与悲愤,喊出了改革派们不满现实的心声。他在一首诗中甚至喊出了"救救孩子!"

救救孩子!
他们的苦难就是我们的不幸。
救救孩子!
改革家的关爱或还未涉及儿童。
孩子们都在遭受苦痛,
那痛苦并非绝症,
唯须医生!

1906年6月,一群英国军官在尼罗河三角洲一个叫丹沙微的村子里捕猎一种脖子上长着一圈彩羽形似项链的十分美丽的鸽子,结果践踏了庄稼,烧毁了民房并枪杀了好些农民,酿成震惊埃及的"丹沙微惨案"。全国志士纷纷起来抗议,哈菲兹写诗讽刺道:

发号施令的人啊,
莫非忘了我们的"友善忠诚"?
可安卧,并抚慰你们士兵,
可捕猎,在全国巡行。

若欲去山野猎有项圈之物，
可瞄准奴隶们的身影。
我们与鸽子一样，
锁链从未离头颈！

　　穆特朗出生在黎巴嫩古城巴勒贝克，外祖母是位诗人，使他自幼便受到了诗的熏陶。见他资质聪颖，父亲便送他去扎哈勒城的东方学院学习，在那里打下了良好的语言与文学的基础，并学会了法文。由于他写诗反对奥斯曼土耳其人的统治，曾险遭暗杀。于是，家人便于1890年将他送去巴黎专修法国文学，并在那里和邵基相识。由于他在巴黎期间与反政府的"土耳其青年会"有接触，为逃避迫害，1892年学成后便直接来到埃及定居直至去世。

　　穆特朗的诗作既保持了古诗朴实无华的风格，又表达了人民向往自由的心声，并融进了从法国文学中汲取的高度艺术技巧。穆特朗还将莎士比亚的《奥赛罗》《哈姆雷特》《威尼斯商人》等名著译成阿文，为阿拉伯文坛做出了巨大贡献。在一首诗中，他将自己的愁思与自然的景物交织在了一起：

白昼将尽，我又想起了你，
心中充满敬畏与希冀。
心潮涌于眼前，
若红云如诉似泣。
泪水从我的眼帘中涌出，
在落日的余晖下闪光流溢。
深谷和黝黑的山峦上面，
夕阳的光芒在游弋。
从两片乌云中落下，
似洒下一颗血红的泪滴。
我为自己哀伤的泪水，

仿佛已化入苍穹最后的泪里……

邵基、哈菲兹和穆特朗这三位杰出的同时代诗人之间，保持着良好的友谊。1927年，当《邵基诗集》再版时，众人为他举行盛大庆祝仪式，赠予他"诗坛魁首"的美名。许多阿拉伯国家都派团参加，哈菲兹当众吟诗道：

诗坛魁首，我为你戴上桂冠，
东方的代表与我共为你加冕！

邵基还经常去黎巴嫩扎哈勒城穆特朗家中度假，尤其是在葡萄熟透、葡园飘香的季节。邵基晚年，回忆起这段时光，面对着苦难的人生，在以《扎哈勒》命名的诗中写道：

以泪眼送走了我的梦想，
从美的幽径中收起渔网。
欲返回青春繁花的坦途，
却走在荆棘丛生的路上……

[ 选自《世界文化史故事大系——阿拉伯卷》，上海外语教育出版社2003年版。]

# 沙比和《生命之歌》

人民若欲生存，命运必须依顺。
枷锁终将粉碎，黑夜定会消遁！

沙比这几句铿锵有力的诗，在阿拉伯世界几乎是妇孺皆知的。沙比在许多诗中，都唱出了生的意志，生的向往，生的欢乐和痛苦。他的诗集，便题名为《生命之歌》。

沙比全名为艾布·卡赛姆·沙比（1909—1934年），是突尼斯近代的一位杰出诗人，也是阿拉伯近代著名的诗人之一。他的一生十分短促，才度过了25个春秋。但这短促的一生，却闪烁着灿烂的光华。

诗人诞生在突尼斯南方杰里德地区托泽尔城附近的一个小村庄里。那是个十分美丽的地方，碧绿的草地上点缀着一座座白色的房舍。不远处可看见苍翠的树林和辽阔的牧场。沙比在一首名为"牧歌"的诗中写道：

黎明来临，为酣睡的生活歌唱，
摇曳的树荫下，小丘尚在梦乡。
微风将凋零的花瓣吹起吹落，
那幽暗的山谷中已透进阳光！
黎明婀娜来临，天边霞光万丈，
花枝翘首，百鸟展翅，碧波荡漾。
生灵世界已醒来，为生活歌唱，
醒醒吧羊儿，快来吧，我的羔羊！

在结束一天的放牧后，最后写道：

林中有牧场，有你跑跳的地方，
我也可直至傍晚在近旁吹奏吟唱，
待等那细嫩的青草影儿拖长，
你我便离此地返回可爱的村庄。

诗人的父亲先后在埃及的爱兹哈尔大学和突尼斯的宰敦大学学成后，一直在一些伊斯兰地方法院任职，他那传统的道德思想对幼年的沙比有着很大的影响。沙比曾说：

"是父亲使我懂得了仁慈和怜悯，懂得了真理是世界上最美好的东西，存在中最神圣的东西。"

1920年，沙比刚11岁，父亲便把他送到突尼斯市宰敦大寺去学习经文。但那里古老、刻板的课程，沉闷、单调的环境，令逐渐长大的沙比越来越感到压抑难忍。他独自去图书馆里如饥似渴地阅读着西方名著、阿拉伯新文学及以纪伯伦为代表的阿拉伯侨民作家的作品，仿佛呼吸到一阵阵新鲜空气，年轻的心灵飞出了学校的围墙。

随着突尼斯民族解放运动的兴起，他终于走上了街头，在图书馆、讲演厅、咖啡室里和热血青年们一起展望祖国的未来。他曾吟道：

美丽的突尼斯啊，
我遨游在爱的大海之中。
对你的深情是我的信念，
为爱你甘受难一片赤诚。

诗人1927年考入突尼斯政法学院，1930年毕业。学习期间，他参加了许多文学工作和社会活动。他曾在"萨迪基校友会"的文学俱乐部里作过一个有名的演讲，题为《阿拉伯人的诗意遐想》。讲话要求抛弃陈腐的清规戒律，让诗人自由地展开想象的翅膀。

就在诗人精力异常旺盛、满怀信心地瞻望未来的时候，他的父亲于1928年病逝，一家人的生活重担全落到了当时年仅19岁的沙比身上。这以后，他又患了心脏病，终于在1934年10月9日的早晨在突尼斯市的一家医院中与世长辞，年仅25岁。

沙比的诗，以满腔热情歌颂生命，追寻光明。他在《穿过黑暗》一诗中写道：

岁月磨灭了人民的光荣，
但生活终将把光荣的绶带还给人民。
这是个黑暗的时代啊，
可我已穿过黑暗看到了光明！

诗人常用日月星辰、花草树木织成一幅幅瑰丽动人的图画，展现在人们眼前，然后大声疾呼，要人们热爱生活，满怀理想，去迎接美好的明天。他在《醉歌》中写道：

我们像春天一样，
在充满鲜花和光影的大地上徜徉。
爱情在那里飞舞，
在欢乐动人地歌唱。

我们生活在神奇的乐园，
一个遥远遥远的地方。
我们栖息在玫瑰色暖巢，
为幸福的青春吟诵爱的篇章。

年轻的诗人，常因思索一个妙句而夜不成寐。他常写诗歌颂爱情，从而表达他对新生活的向往。他在一首名为《看见你》的诗中写道：

看见你，生活便变得美好，
我心中就充满希望的晨光。
甜蜜的玫瑰在我胸中生长，
轻轻抚拂着我那燃烧的心房。

你那生命的活力使我心旷，
你那妩媚的青春令我魄荡。
你双唇的魅力让我陶醉，
一个个亲吻向唇边飞翔。

我崇拜你天仙般的美丽，
崇拜你湿润的春花般芬芳。
崇拜你洁如白雪媚若草原，
处处披挂着傍晚的霞光。

在写作技巧上，沙比的诗也别具一格，词汇美丽，比喻繁多，想象丰富，意境清新。许多诗都达到了高度的音乐和谐。他在一首名为《童年》的诗中写道：

童年多美好！是生命的梦乡，
童年岁月如梦神双翼下甜蜜的幻象。
它用微笑的眼睛向世间万物凝望，
怀着梦幻的心漫步在河谷两旁。

童年在春天的心灵中颤动激荡，

畅饮柔和的黎明最美的露浆。
世间都为它把爱情和欢乐之歌高唱,
它沉醉于生活的梦境和光芒。

童年是一段诗一般的时光,
带着感情、眼泪、欢乐、骄傲和期望。
它未踏进悲哀、不幸、苦难的世界,
因而未见光华下现实中的虚妄!

沙比逝世后,他的作品传遍了整个阿拉伯世界,并被译成多种文字出版。突尼斯一位前总理在纪念他的文章中说:

"殖民主义者曾经企图将马格里布地区从阿拉伯民族中割裂开来,而诗人沙比则起了联系马格里布地区和东方阿拉伯国家的桥梁作用。通过沙比的作品,东方阿拉伯国家的人民了解了马格里布人民当时的生活和文化。"

阿拉伯世界一位颇负盛名的文学评论家说:

"尽管他像流星般转瞬即逝,但毕竟划破了夜空;尽管他未能将自己的诗整理成集,但独特的浪漫主义尝试已冲破诗那严肃的概念并记录了人民的呼声;尽管他在人间只停留了25个年头,但却具有稳健与智慧,似饱经风霜的老人……"

[选自《世界文化史故事大系——阿拉伯卷》,上海外语教育出版社2003年版。]

第二篇

中阿诗苑

# 雨

乌姆鲁勒·盖斯

啊,朋友,你可曾看见闪电?
像明亮的玉臂在云中编织花环。

那光芒似发自僧侣点燃的明灯,
浸满了香油的草芯斜向一边。

在达利吉和欧宰卜两地之间,
我与友伴围坐着仰望云天。

从葛忒尼山到西塔利、尤兹布里山,
自左至右乌云已连成一片。

大雨随即倾斜在库推凡这块地方,
冲洗着大漠中的枝头树冠。

飞洒的雨珠掠过了盖那尼山头,
把四散的羊儿赶下了山巅。

村中的椰树和茅舍都被冲倒,
唯有石砌的屋宇耸立依然。

大山经受着暴雨的洗礼,

形同巨人披上了彩条衣衫。

水流和泡沫布满山峦，
如纺轮吐出了一缕缕棉线。

大雨把浩恩降给山谷沙地，
似也门客商带来了丰足货源。

鸟儿像吮吸了浓烈的甘醇，
清晨在欢快地啼唱鸣啭。

猛兽似野葱泥泞的根须，
傍晚时陷入了遍地的水潭。

［选译自沼兹尼注释作者悬诗70—81节］

**作者简介：**

乌姆鲁勒·盖斯（500—540年），全名为乌姆鲁勒·盖斯·本·侯吉尔·伊本·哈里斯·本·阿默尔。蒙昧时期最著名的诗人，第一首悬诗的作者。

乌姆鲁勒·盖斯出生于纳季德地区，原籍也门，是统治阿萨德部族的国王哈里斯的王子。由于出身豪门，生活奢华，所以早年的诗作多表现游乐嬉戏、饮酒狩猎及情场艳遇的内容。后因放纵无度，被父亲逐出宫门，便与一批青年结伴，从叙利亚地区到也门四处流浪。沿途纵马田猎，吟诗弹唱，饮酒作乐。

对于肯达国国王哈里斯的统治，阿萨德部族逐渐滋生了不满情绪，停止向他缴纳贡税，并多次发动叛乱，最终杀死了国王哈里斯，肯达国随之解体。

乌姆鲁勒·盖斯闻讯后，立即振作起来，发誓要为父报仇。他曾求助于许多部落，最后远道赶往君士坦丁堡，向于525年获得"恺撒"称号的拜占庭皇帝查士丁尼一世（483—565年）求援。但他的努力没有结果，回国途中，经安卡拉城时，由于身患皮肤恶疾，于540年死去。

著名学者沼兹尼注释的乌姆鲁勒·盖斯的悬诗，共82节。主要内容有凭吊遗址寄托哀思、描写爱情、描写大自然三部分。

目前尚存的作者诗集，共收集了包括悬诗在内的25首长诗和一些短诗，是由东方学者迪·斯兰于1937年在巴黎第一次印行的，以后又分别于1865年、1890年、1930年多次加以注释并在埃及出版。

## 情人远去

安塔拉·本·舍达德

对哪块遗址诗人们尚未吟唱?
而迷惘的你啊,可认出情人的故乡?

告诉我,这就是阿卜莱家的院墙,
祝故园早,愿你安然无恙。

情人的家园里我停下骆驼,
恰似漫游在巍峨的殿堂。

阿卜莱住在吉瓦依这宽广的地方,
哈兹尼、萨马尼、穆太萨赖米是我家乡。

凭吊着这一片被遗弃的废墟,
阿卜莱离开后变得空旷凄凉。

情人出生在对我敌视的部落,
使我难求啊,麦赫赖米家的姑娘。

在与她族人的格斗中蓦坠爱河,
我发誓,这件事绝无虚妄。

你于是变成了我的至爱至尊,
莫再想还会有旁人与我一样。

春天,她家在奥耐太尼扎帐,
我家却远在盖勒米,何以寻访?

你终于下决心离我而去,
黑夜里你们的驼队走向远方……

[选译自沼兹尼注释作者悬诗1—10节]

**作者简介:**

  安塔拉·本·舍达德(525—614或615年),全名为安塔拉·本·舍达德·阿柏斯。出生在纳季德地区。父亲舍达德是阿柏斯部落的一个贵族,母亲宰碧葩则是被父亲在一次战斗中俘获的埃塞俄比亚女奴。

  按照阿拉伯蒙昧时期的传统,女奴之子仍为奴隶,直至被父亲正式承认为止。安塔拉继承了母亲的肤色和奴隶的身份,受到父亲及其部族的歧视,童年时便在纳季德以牧驼为生。

  艰苦的生活环境,使安塔拉成长为一个强壮、勇敢、机智的青年,在与塔依部落的战斗中,他率领族人,击退了对方的进攻,并在多次部落战争中表现出骁勇善战的本领,成了族人心目中的英雄。

  安塔拉虽然终于得到了父亲的承认,成了自由人,但由于肤色不同,不是纯粹的阿拉伯血统,依然无法摆脱族人的偏见,难以赢得堂妹阿卜莱的青睐。

  安塔拉的诗集于1864年在贝鲁特第一次出版,以后又在该地印行多次。其中最著名的作品是他的悬诗。按沼兹尼注释本,这首诗共有75节。主要内容为描写对阿卜莱的纯洁爱情及表白自己的崇高、善良、勇敢、大方。

由于安塔拉英勇善战,在阿拉伯人心中已成了一个传奇式的人物。借安塔拉的名字编写的战斗故事形成了几大部书,甚至被称为阿拉伯的《伊利亚特》。留传下来的《安塔拉传奇》有许多版本,与安塔拉的真实历史已有很大出入。

## 永不背誓盟
### 盖斯·本·札利哈

尚未生,我俩已心心相印,
两情相悦,在胚胎和摇篮中。

此情随我俩长大,与日俱增,
虽死后,也不背山誓海盟。

历尽沧桑,爱恋犹存,
缭绕在我俩的墓穴坟茔。

[ 选译自邵基·戴夫著《阿拉伯文学史》]

**作者简介:**

盖斯·本·札利哈(625—688年),为麦地那郊区基那奈族人,与胡扎伊族女子鲁卜娜一见倾心,几经周折后父母方应允婚事。但因诗人是独子,鲁卜娜又未能生育,故父母强迫诗人离婚另娶。鲁卜娜走后,诗人始终不能忘情,久病成疾。

鲁卜娜最终虽被接回诗人家中,但两人均病体难愈,相继死去。

诗人的作品散见于文学典籍,其文字通俗简练,音律优美,感情真挚,因而在民间广为传布,到处吟唱。并有许多作家把诗人和鲁卜娜的爱情故事改编成诗剧演出。

## 悼友人陶拜

莱依拉·艾赫里娅

我起誓,早逝并不能辱没青春,
若生前无丝毫污点恶行。

活着的虽生活如意安宁,
也不会比葬身坟墓者更加永恒。

无生者能逾越岁月劫难,
无死者丧命尚能复生。

任何物总有老虽尚幼嫩,
所有人有一天寿限将终。

情长谊久的挚友恋人,
纵难割舍也会各分西东。

陶拜啊,主应未让你仙逝远行,
历尽苦难,战场上留下了英名。

只要有鸽怨枝头,雀飞长空,
我将永为你哀泣悲恸。

[选译自阿赫麦德·哈桑·札亚帖著《阿拉伯文学史》]

**作者简介：**

莱依拉·艾赫里娅（？—690或704年），阿密尔部落艾赫里族人。阿卜杜拉·本·舍达德之女，美丽多才、善于吟诗。与本部落阿基勒族青年陶拜·本·哈梅叶相恋，却遭父亲拒绝，被迫另嫁。

陶拜在一次部落战争中阵亡，诗人对他始终难以忘情，写下了多篇十分感人的悼诗。作品被收入许多阿拉伯文学典籍。

莱依拉·艾赫里娅是阿拉伯古代文学史上继韩莎之后的又一位著名女诗人。

## 斑鸠啼唱

艾布·泰玛姆

斑鸠啼唱,发人遐想,
啁啾伴绿枝轻轻摇荡。

雄鸠攀枝,召唤对方,
雌鸠有意,张开了情网。

情侣在枝下相依相傍,
情结已系连这对鸳鸯。

彼此凝视着对方的目光,
恰似在吮吸甘甜的琼浆。

晨安,鸟儿,请悠然欢畅,
我却负荷这重重忧伤。

电光在空中处处闪亮,
雷声伴随我泪水霈滂。

春风荡漾,绿树欢唱,
春色洒遍了原野村庄。

孔雀如侍女婀娜移步，
雀屏展开了一片春光。

[选译自邵基·戴夫著《阿拉伯文学史》]

**作者简介：**

艾布·泰玛姆（788至796年间—843至846年间），原名为哈比布·本·奥斯·塔依，艾布·泰玛姆是他的字，并以此闻名于世。

他出生于大马士革附近的贾西姆村，自幼好学，常去清真寺聆听学者教诲。之后他遍游沙姆、埃及、阿尔美尼亚、阿塞拜疆、伊拉克、呼罗珊等地，为王公们撰写颂歌。最后定居于伊拉克的摩苏尔城，任邮务大臣，并于该城去世。

他编有《部落诗选》《诸家诗选》《名家诗选》《新人诗选》《激情诗选》等多部诗集，收集了自蒙昧时期以来的许多名著，为研究和发展阿拉伯诗歌艺术做出了重大的贡献。

艾布·泰玛姆诗才横溢，其诗集曾在埃及和贝鲁特多次出版。

## 春 色
### 布赫图里

欢畅的春天携美景阔步走来，
似已可听见它笑语铿锵。

新岁在夜幕中催醒蓓蕾，
那朵朵花苞昨日还沉于梦乡。

清冷的露珠不能再沉默，
似在呼唤，叫花儿争艳吐芳。

仿佛披挂上鲜艳的服饰，
春色为树枝送还了盛装。

恰似情侣温柔的气息，
春风轻轻地吹送荡漾。

[选译自阿卜杜·捷利勒·阿卜杜·麦赫迪等编著《阿拉伯文学史纲》]

**作者简介：**

布赫图里（820或821—897年），全名为艾布·欧巴达·沃利德·布赫图里。出生于叙利亚阿勒颇省的门比季城，为塔依族人。

年轻时以当时的著名诗人艾布·泰玛姆为师，在诗歌创作、语言修辞方面得到许多教诲。

840—847年，诗人生活在巴格达城，伴随艾布·泰玛姆出入当地文人的聚会。艾布·泰玛姆去世后，诗人的名声遂跃居当时之首，并成为阿拔斯朝第十任哈里发穆泰瓦基勒（821—861年）的宫廷诗人。

布赫图里尤擅长写作描写自然景色的作品，并颇有新意。

## 狱中吟

艾布·菲拉斯·哈姆达尼

山鸽在近处悲声啼啭,
哦,芳邻,可与我同病相怜?

莫哀怨,你未遭别离苦难,
亦无悲愁在心间。

芳邻啊,世道有偏袒,
快来一起把忧伤分担。

来看我游魂如丝回旋,
还在体内把心灵熬煎。

飞至这远空高枝的山鸽,
莫非心中也怀着哀怨?

岂让囚徒欢笑,
自由者却珠泪潸然?

怎叫苦人缄默,
欢乐者却悲声不断?

因蒙难,我更该泪如涌泉,

纵有泪,不轻弹!

[选译自阿赫麦德·哈桑·札亚帖著《阿拉伯文学史》]

**作者简介:**

艾布·菲拉斯·哈姆达尼(932—968年),原名为艾布·哈里斯·本·艾比·阿拉·哈姆达尼,艾布·菲拉斯是他的号。

诗人祖籍伊拉克摩苏尔城东部的达尼地区,本人出生于摩苏尔王族世家,为叙利亚哈姆达尼王朝第三任国王赛福道莱的堂弟,并在其抚育下长大。

959年,他在与罗马人的交战中被俘。得救后,继续为赛福道莱战斗。962年,他再次被罗马军俘获,关押于君士坦丁堡。四年后,方被赎回。

诗人在狱中创作了许多优秀的诗篇,被汇编成集,称为《罗马诗抄》。

## 祈 求

蒲绥里

当末日来临,最尊贵的使者啊!
除了您,我又能求助于何人?

仁慈主一旦冠以惩治者之名,
主的使者不会不为我求情。

今生、后世,都有使者大恩,
天牌、天笔,使者事事分明。

心啊!莫为有大过而绝望丧魂,
大小罪过,至上主都能宽容。

施舍恩泽,主确有区分,
唯视违拗的程度而有所不同。

主啊!莫令我的期盼落空,
莫使我的祈求化为泡影。

请在两世把您的仆民怜悯,
仆自能忍,恐怖日召唤必定归真。

当和风把大树的枝丫吹动,

引驼人用歌声使驼队欢欣;

求主恩准,为先知遍布祥云,

令祈祷之云,降下霈滂甘霖。

[选译自白德尔丁·穆罕默德·加齐注释的作者长诗《斗篷》154—162节]

**作者简介：**

蒲绥里（1211或1212—1296年），原名为穆罕默德·本·赛义德·山哈捷，蒲绥里是他的号。他出生于埃及的代拉斯城，后移居至蒲绥里，从而得此名号。

他初年贫困，以书写墓碑为生。后于开罗设一私塾，并在其中执教，最后任埃及东方省行政长官之职。

他善诗歌，并曾以赞颂或讽喻的诗篇谋生。写成长诗《斗篷颂》后，方一举成名。《斗篷颂》共162节，为赞颂伊斯兰教的先知穆罕默德而作。其注家众多，曾先后被译成印地文、波斯文、土耳其文、德文、法文和英文等多国文字。

## 祖国颂

[巴勒斯坦] 艾布·赛勒玛

黎明送来了祖国的颂歌,
送来了商贾和丘陵的传说。

翠绿的山冈在和你低语,
金黄的沙漠也在向你呼吁。

美丽的河岸上绿树成荫,
它的芳香陶醉了来往行人。

这是一支光荣的歌曲,
歌唱着祖国的荣誉。

歌儿把利德和拉姆累的心事透露,
它们在遥远的地方向你倾诉。

歌里充满了法海和阿克的气息,
也有雅法和巴布瓦底的呼吸。

歌声从忧郁的卡尔迈勒角,
给你带来了节日的问好。

加尔曼各山啊,这为人深爱的地方
也送来了满山花草的芳香。

歌里有河岸的芳馨,山丘的气息,
也有那玫瑰花儿的甜蜜。

这歌曲唱出了人民的历史,
人民要在歌声中流芳百世。

灼热的太阳照在人民棕色的额头上,
人民的桂冠就是太阳的光芒!

\* \* \*

巴勒斯坦啊,我每次呼唤你,
狂风便唱出了这支神圣的歌曲。

尽管黑暗笼罩着大地,
巴勒斯坦的光芒终将从黑暗中升起。

她那散发出祖国芳香的土地,
是自由战士们最好的枕席。

\* \* \*

我们的鲜血成了你们的芳醇,
你们迫使我们跣足赤身。

你们身上的彩色衣裙，
是用我们的痛苦织成。

强盗啊，你们何处去逃生？
愤怒的人民已奋起斗争！

难道帝国主义的走狗配做皇帝？
皇帝么？其实是侵略者的坐骑。

他们争着出卖祖国，还沾沾自喜，
沾沾自喜啊，却给自己穿上了囚衣。

我们今天不再对偶像五体投地，
我们早就把偶像砸成稀泥。

可怜啊，他们怎能收复祖国大地，
他们已拍卖了巴勒斯坦的躯体。

我们今天只有斗争到底，
看，阿拉伯人民已在山谷里奋起。

我们要把皇座投进烈火，
要把统治者乱棍打死！

\* \* \*

巴勒斯坦啊，我的沦亡的土地，

我的先辈和后代都受到你的抚育。

啊,我的流浪的人民,我的亲人,
我的同志们啊,你们正进行着斗争。

你们的手中紧握着利剑,
剑锋上闪出了熊熊的火焰。

你们虽然受伤,但带来了光芒,
它照耀着平原和山冈。

你们虽然牺牲,但带来了希望,
它温暖了人们的心房。

在亲爱的祖国的土地上,
一切奴役的枷锁都要把它扫光。

* * *

我们用泪水灌溉过光荣的幼芽,
但这干旱的幼芽却没能长大。

当泪水将尽,我们发出了吼声,
烈士们用鲜血灌溉了光荣。

我们给花园里洒下露水,
我们给山冈上送去晨晖。

我们在祖国的肩头印下亲吻，
抹去她身上被凌辱的阴影。

流浪者们要踏上归程，
大街小巷都将充满欢欣。

黎明送来了祖国的颂歌，
世上还有什么比这更令人兴奋。

[ 选自《祖国颂》，作家出版社1964年版。]

**作者简介：**

艾布·赛勒玛是巴勒斯坦的著名诗人，长期居住在叙利亚。他是一位律师和社会活动家，参加过1958年举行的第一届亚非作家会议。

第二次世界大战以后，阿以冲突致使近百万阿拉伯人被迫离开巴勒斯坦，流亡在阿拉伯各国。艾布·赛勒玛在诗集《祖国颂》中愤怒地抗议了美国对阿拉伯国家事务的干涉以及痛诉巴以冲突下巴勒斯坦民众的苦难遭遇。也表现了巴勒斯坦人民对家园和亲人的思念。

《祖国颂》原诗是用阿拉伯文写的，1959年在大马士革出版。

## 毛泽东的微笑

[巴勒斯坦] 艾布·赛勒玛

中华民族啊,
她是初升的太阳。
是她带来了黎明,
放射出光芒万丈!

她历史悠久,
文化灿烂辉煌。
她智慧无穷,
胸怀无比宽广。

我们为她带来了星星,
把这礼品向她献上。
我们要在她那美丽的夜空,
点缀上我们的星光。

我们从叙利亚的古台①,
采撷了鲜花满筐。
可是我们的情谊啊,
比鲜花更加芬芳。

---

① 传说中一个花草茂盛的地方。

让我们的枣椰树,
在黄河两岸生长。
让她的百合和菊花,
在我们的路旁开放!

＊　＊　＊

我们和中国
是两个伟大的民族。
我们有雄心壮志,
要过勇士般的生活。

我们进行过同样的斗争,
我们经受过同样的苦难。
为真理而进行的革命,
已把我们联合在一条战线!

黑暗曾经压在
伟大的中国人民心上。
而我亲人们的心中,
也布满了创伤。

现在我们在北京啊,
可以展翅飞翔。
这里坚强的人民,
都已生出了翅膀。

我们在中国的土地上，
可以自由地徜徉。
红色阿尔及利亚的大门，
也向着中国人民开放。

中国登上了历史的山峰，
她是多么的荣光！
我们从大马士革，
给她带来了勋章！

我们的情谊是人民的情谊，
它久已埋在我们心上。
这情谊是如此深厚，
教我们怎能隐藏？

我们在相逢之前，
就已经相聚一堂。
我们的心儿啊，
早就在一起跳荡！

　　　　＊　＊　＊

帝国主义和它的走狗
尽管叫嚣得那样疯狂，
可是我们说，这号叫
怎能对我们有分毫损伤？

我们团结起来斗争，

光荣属于我们!
我们头顶将戴上桂冠,
脸上挂满笑容。

帝国主义绝吓不倒我们,
我们有军队,我们有人民。
我们握紧武器,
我们亲密如家人。

太阳属于我们,
全世界人民和我们一道。
被压迫人民的怒火,
和太阳的火焰一样在燃烧。

看那些林中残留的野兽
把枷锁套上人民的肩头,
但是劳动者的铁锤,
要把它砸得粉碎!

\* \* \*

当黑暗遮住苍穹,
宇宙间立刻卷起狂风。
当毛泽东的微笑显露在天边,
大地上顿时呈现出万里晴空!

[ 选自《祖国颂》,作家出版社1964年版。]

## 雷霆之歌

[突尼斯] 艾布·卡赛姆·沙比

在黑夜的沉默中，

寂静拥抱了穹苍，

在遥远的梦乡里，

再也听不到希望之声。

雷霆放声高歌，

万物齐声应和，

像是真理的呼声，

发自生命的心窝。

雷霆之声滚滚，

在峡谷中巡行，

像是洞穴深处，

一个巨大的精灵。

我凝视着黑夜，

夜色美丽又奇异；

我探问着黑夜，

夜色庄严又悲戚：

"你看这雷霆之歌，

是否是希望的旋律，

宇宙那忧郁的心,
在虔诚地把它吟唱?

抑或是一股力量,
决心要狂吼猛闯,
在一阵阵怒吼声中,
可看出一副受难的心肠?"

但黑夜茫茫啊,
始终是那样沉默,
像是荒野的沼水,
静悄悄没有回音……

[选自《生命之歌》,外国文学出版社1987年版。]

**作者简介:**

艾布·卡赛姆·沙比是突尼斯近代一位优秀的诗人,也是阿拉伯近代文学中的著名诗人之一。他的一生十分短暂,但是这短促的一生却闪烁着灿烂的光辉。

诗人逝世前不久,曾将自己的诗作编成一集,题为《生命之歌》,打算公之于世。但是,这本书直至1955年才由突尼斯东方书局出版。我国曾于1962年出版过一本由法文转译的选本。现在的这个集子,是从阿拉伯文直接译出的。

## 奇怪的戏剧
[突尼斯] 艾布·卡赛姆·沙比

我们把古人嘲笑，
而明朝，
岁月将把我们
变成后人的笑料。

这便是人世俗境，
是一个大巫师的作品，
他艺术新颖，
手法高明。

在悲痛的舞台上，
在忧愁的雾霾里，
像死去的人们一样，
活着的还在演戏。

透过云雾，
笑看这数幕戏剧，
看的人，
自己也要接着演出。

每人都扮演一个角色，
却又去取笑旁人，

而人人所扮演的角色，
都在受暴君嘲弄。

[ 选自《生命之歌》，外国文学出版社1987年版。]

# 风 雨

《诗经》

风雨凄凄
鸡鸣喈喈
既见君子
云胡不夷

风雨潇潇
鸡鸣胶胶
既见君子
云胡不瘳

风雨如晦
鸡鸣不已
既见君子
云胡不喜

### الريح والمطر
من كتاب الأغاني

عنيف هو الريح والمطر
والديك بدأ يصرصر
لقد رأيت حبيبي
فكيف لا يزول الضجر

حفيف صوت الريح والمطر
وصياح الديك يتصل
لقد رأيت حبيبي
فكيف لا تشفى العلل

غيوم شبح الريح والمطر
والديك ظل يصيح
لقد رأيت حبيبي
فكيف لا يعم الفرح

## 野有蔓草
《诗经》

野有蔓草
零露漙兮
有美一人
清扬婉兮
邂逅相遇
适我愿兮

野有蔓草
零露瀼瀼
有美一人
婉如清扬
邂逅相遇
与子偕臧

أعشاب الوادى
من كتاب الأغانى

اعشاب تمتد فى الوادى
بقطرات الندى ترتدى
هناك حسناء فى خلوة
رقيقة كالزهر الندى
بصدفة جميلة تلاقينا
وهى مرادى ومقصودى

اعشاب تمتد فى الوادى
بالآلي الطل ترتدي
هناك حسناء فى خلوة
أنيقة كالورد الندى
بصدفة سعيدة تقابلنا
فتعالى أغمرك بودادى

# 饮 酒

[晋] 陶渊明（365—427年）

结庐在人境

而无车马喧

问君何能尔

心远地自偏

采菊东篱下

悠然见南山

山气日夕佳

飞鸟相与还

此中有真意

欲辨已忘言

## فى الشراب
### تاو يوان مينغ

بنيت صومعتى فى مكان معمور
ولا اسمع صخب العربات والجياد
تسألنى كيف الزم هدوء النفس
اذا زهد القلب فالمكان يتزهد
اقطف الاقحوان تحت السياج الشرقى
نظرت براحة فأرى جبل الجنوب
الهواء الجبلى فى المساء يتنقى
وعادت الطيور فى صفوف واسراب
فى هذا الموقف مغزى حقيقى
هممت بالافصاح والكلمات تغيب

## 闺　怨

[唐] 王昌龄（698—757年）

闺中少妇不知愁

春日凝妆上翠楼

忽见陌头杨柳色

悔教夫婿觅封侯

**ضيق الحسناء**
وانغ تشانغ لين

الزوجة الشابة فى خدرها لا تعرف الاحزان
تتزين وتصعد الجوسق اذ الربيع يعود
رأت فجأة صفصاف الدروب ناضر الالوان
فندمت على بعث زوجها للترقية فى الحدود

## 送友人

[唐] 李白（701—762年）

青山横北郭

白水绕东城

此地一为别

孤蓬万里征

浮云游子意

落日故人情

挥手自兹去

萧萧班马鸣

## توديع الصديق
لى باى

الجبال الخضراء تميل الى ركن المدينة الشمالى

والبياه البيضاء حول سورها الشرقى تنساب

ها هنا مكتوب علينا الفراق

والسفر يمتد آلاف ميل مع امتداد الأعشاب

تغترب متشردا تشرد السحاب السابح

أتعلق بك كصديق تعلق الشمس بالغروب

تلوح ايدينا للبعض وانت مبتعد

يصهل حسانى حزينا وحصانك له يجيب

## 浪淘沙
[唐] 李煜（937—978年）

帘外雨潺潺

春意阑珊

罗衾不耐五更寒

梦里不知身是客

一晌贪欢

独自莫凭栏

无限江山

别时容易见时难

流水落花春去也

天上人间

## هطول المطر

لى يو

يهطل المطر وراء الستار
سيماء الربيع عليه الفتور
ولا احتمى من برد الليل بلحاف الحرير
نسيت فى الحلم اننى مغترب
فسعيت لحظات الى نشوة الحبور

لا تستند وحدك الى دربزون الدار
فتترائ لك هيبة الجبال والانهار
فراقها يسير ولقاؤها عسير
انصرفت المياه والزهور مع مضى الربيع
فانقلب الثريا الى الثرى انقلاب المصير

## 蝶恋花
[宋] 柳永（980？—1053？年）

伫倚危楼风细细

望极春愁

黯黯生天际

草色烟光残照里

无言谁会凭阑意

拟把疏狂图一醉

对酒当歌

强乐还无味

衣带渐宽终不悔

为伊消得人憔悴

## على وزن ديه ليان هوا

ليو يونغ

الرياح لمن يعتلى العمارة تدارى
فى أسى الربيع اسرح ابعد انظارى
تسبح احزانه فى الأفق
والضباب يحضن اعشابا مع الشفق
اسند بالدربزين صامتا فمن يعى شعورى

بودى لو اسكر على طيش الشباب
يلزم الانشاد وبيدى شراب
لا ذوق لفرح ارغاما
وسعت ثيابى ولست نادما
من اجل محبوبتى اطاوع لقوامى يذوب

## 苏幕遮
[宋] 范仲淹（989—1052年）

碧云天

黄叶地

秋色连波

波上寒烟翠

山映斜阳

天接水

芳草无情

更在斜阳外

黯乡魂

追旅思

夜夜除非

好梦留人睡

明月楼高

休独倚

酒入愁肠

化作相思泪

## سحب زرقاء

فان تشونغ يان

تسبح فى السماء سحب زرقاء
والارض مفروشة بأوراق صفراء
الوان الخريف تتمور مع المياه
وامواج تغشيها ضباب خضراء
الجبال تنعكس الشمس المائلة
والسيول بالعلياء واصلة
يجهل الريحان معانى الشوق
فيمتد الى حيث لا يناله الشفق

كئيبة هى الحنة الى البلاد
مديد هو خاطر الرحال فى البعيد
الليالى تنقصها لذة الاحلام
فلا تبقى الانسان فى المنام
لا تسند وحدك الى دربزين العمارة
واضواء القمر عليها منيرة
الخمر يرطب حزن الاعماق
ويتحول فورا الى دموع الاشواق

## 浣溪沙
[宋] 晏殊（991—1055年）

一曲新词酒一杯

去年天气旧亭台

夕阳西下几时回

无可奈何花落去

似曾相识燕归来

小园香径独徘徊

## على وزن هوان شى شا

يان شو

كأس من الخمر وموشح جديد
جوسق قديم بجو الماضى يتلبد
غربت الشمس فمتى تعود

سقطت الزهور دون من يريد
رجعت السنونو قد تألفها الشهور
فى درب الحديقة وحدى اتردد

## 蝶恋花
[宋] 苏轼（1037—1101年）

花褪残红青杏小
燕子飞时
绿水人家绕
枝上柳绵吹又少
天涯何处无芳草

墙里秋千墙外道
墙外行人
墙里佳人笑
笑渐不闻声渐悄
多情却被无情恼

## على وزن ديه ميان هوا
سو شى

بهتت حمرة الورود والمشمش صغير
السنونو تطير
بيوت تلتف بها انهار
زهيرات الصفصاف خففتها الرياح
فهل ينعدم الريحان فى الدنيا اينما تسير

ارجوحة داخل الجدار وطريق فى الخلاء
خارج الجدار عابر
وداخله ضحكات الحسناء
اختفى الضحك وانخفتت الهمسات
صاحب العواطف ملوم بالجفاء

## 卜算子
[宋]李之仪（1048—1117年）

我住长江头

君住长江尾

日日思君不见君

共饮长江水

此水何时休

此恨何时已

但愿君心似我心

定不负相思意

### لا تخيب هيامى
لى تزى يى

فى اعلى نهر اليانغتسى يقع بيتى
وفى اسفله بيتك ينزوى
اشتاق اليك كل يوم ولا اراك
من نفس النهر كلانا يرتوى

هذه السيول متى تتوقف
ومتى اتخلص من همومى
ليت قلبك مثل قلبى
فلا تخيب ابدا هيامى

## 菩萨蛮
[宋] 辛弃疾（1140—1207年）

郁孤台下清江水

中间多少行人泪

西北望长安

可怜无数山

青山遮不住

毕竟东流去

江晚正愁余

山深闻鹧鸪

## علي وزن بو سا مان

شين تشين جي

النهر الصافي يجرى بين الهضاب
كم متشردا دموعه فيه تنساب
التفت شمالا غربيا الى العاصمة
الويل لجبال النظر حجاب

الجبال الخضراء ردعها محال
تنصب المياه اخيرا وتشرق السيول
امسى النهر ومازلت حزينا
واذا بأغرود اليمام تصديه الجبال

## 第三篇 译海拾珠

## 他乡客归时
[阿尔及利亚] 马立克·本·纳比

在我们那些小村镇里,习以为常地总是由街上的孩子去向家人通报游子归来的消息。我一踏进堤毕赛使者广场,孩子们便丢下游戏,争先恐后地向我家跑去。一边喊道:

"西德基先生回来了,西德基先生回来了!"

孩子们挤在门口,为我的归来而欢庆。邻居们,包括哈西希·穆赫塔尔,也都来祝贺。而我,一踏进家门,便看见母亲手拄拐杖,笑容满面,已站在台阶上守候。

母亲照例伸出她那温柔的手,让我亲吻。这一回,我吻着的已是一只抚摸过天房和麦地那圣使者灵柩的朝觐者的手了。

此时此刻的幸福,是难以估量的……

两个姐姐也都来跟我亲吻。

我凝视着母亲的面庞,只觉得那脸显出从未有过的端丽,越发透出温柔、慈祥。

父亲不在,我这时回家是一种意外。街上的孩子去向他通报这一消息,一会儿他也就赶来了。

在孩子面前,父亲寻常不露笑脸。他属于阿尔及利亚那种能把孩子们的冲动吓唬回去的父辈。但是,每次我从他乡归来,他总是喜形于色的。也许,这是因为我回来的日子,总能让家里像过节似的缘故吧!

吃晚饭的时候,一直谈论着关于我身体和学习的情况,而我却十分渴望知道母亲去朝觐的感想。我等待看,等着照例能与她单独聊天的时刻到来。

父亲晚上总是要出去散心的,他回来之前,便是我和母亲聊天的最幸福的时刻。这天晚上,父亲也还是出去了。和往常一样,母亲让我也出去,甚至是命令我出去，去和伙伴们玩一玩。地方首长、法官并未手持鲜花来欢迎，但只觉得，为了迎接我，那晚这城镇显得分外美丽。

我真的看见，伙伴们都在使者广场上等着呢！其中还有邻居哈西希·穆赫塔尔……

穆赫塔尔住着他父亲留下的一间破屋，那是这一带唯一免遭堤毕赛城法国财主侵占的一间房子。

打小，他既没上过私塾，也没进过学堂，像当时堤毕赛城的其他孩子一样，是在大自然的滋润和马路风气的熏陶中长大的。

经过马路教育，他开始和小伙伴们结帮，去闯围墙下面的那些园子，甚至是自己父亲的园子。随后，出道了，便参与孩子的团伙，去偷市场上那些能轻易得手的店铺。摊主们一见这群人，便知道自己摆在地上的西瓜、甜瓜之类的货物就要遭殃了！

在堤毕赛这个地方，这类违法行为是不会拿到少年法庭去审判的，只不过按习俗进行处理罢了。

随后，马路生活又教会穆赫塔尔通过某种赌博手段去巧妙地进行窃取。牺牲者往往是那些逢集进城的部落青年。穆赫塔尔之类守候着这些年轻人的到来，引诱他们押"红牌赢"的赌局，老练地进行诈骗。

后来，穆赫塔尔索性赌到欧式咖啡馆去了。于是渐显阔绰，衣着也讲究了。由于他更多地不是赌博，而是去跟洋人厮混，城里人终于对他厌恶起来。

马路对他的熏陶到此为止。

他父亲死了……

但是，阿尔及利亚，包括堤毕赛，开始进行改革。一场新的教育运动自然而然地开始了。一天，堤毕赛人突然惊讶地发现，穆赫塔尔向学校建设认捐委员会捐献了一万法郎。这笔数额，在当时是相当可观的。更重要的是，从那以后，市民们再也没见过他赌博、喝酒。

就这样，穆赫塔尔变成了改革运动中的一名战士！

连贝宁尼这个酒鬼，在那段时间里也不酗酒了，再也不是那个浑身直冒酒气,每晚总要让警察安东尼抓去关押的那个可怜虫了。连贝宁尼也变了……

那天晚上,我非常渴望知道改革运动在这种良好气氛中的进展情况,以便尽可能地了解在这个地方到底发生了什么。于是,我们久久地谈论着这一阶段的改革。

在这个阶段里,人民把每块砖石都用来建设学校、清真寺和俱乐部,把每根木头都削成对付帝国主义的棍棒。在这方面,堤毕赛城保持了自本世纪初以来就一直具有的政治敏感。

就这样,我们畅谈着。夜空显得格外清澈美丽,星星把愉悦的光华注入了我的心田,使我感到一种说不出的快慰。

回到家时,只见父亲外出散心还没回来。母亲正等着,要跟我讲述她朝觐的故事。

"妈,您看到些什么,听到些什么,有什么感想,都跟我说说吧……"

等我坐到母亲床边,她便说:

"怎么跟你说呢,孩子……"

母亲的这句话,就说明千言万语已涌到她的嘴边。

我聆听着。

"唉,唉,真是另一番天地!"

屋里几乎是漆黑的。夏日的晚上,为了怕虫子进来,我们照例不点火,只是在院子里挂了盏灯。但我还是怕母亲看到我的泪水,担心因此打断她的话题。

母亲说得那么感人,使人不时感到激动得难以自制。我装作口渴,向放着几个凉水罐的阳台走去。在那里任泪水尽情地驰骋流淌……

无疑,母亲一直在注意着我脸上神情的变化,只是不愿流露而已……

[选自《外国散文百年精华》,人民文学出版社2001年版。]

**作者简介:**

马立克·本·纳比(1905—1973年),阿尔及利亚现代作家。主要作品有《古兰经现象》《阿尔及利亚复兴的条件》《在战场上》等。

## 思 恋

[埃及] 穆斯塔法·萨迪格·拉斐仪

我手执笔杆，正坐着疾书我的思恋。你虽与我相隔遥远，千种风情却如隐似现。因为，你的一切，都已根植在我的心田。

你的眼睛，总流露出一丝疑问。因为，在你眼睛的后面，有一颗执拗的心，不愿轻信。或许，是因为那颗心，不满足于浮光掠影。再不，就是它讳莫如深，不欲有人问津。

你的眼睛，从遥远的地方，向我投来疑问的目光。给我周围的一切都打上了问号，只有待你来临，见到你的倩影，才能消除迷惘。于是，我心中泛起一片思恋的波澜，此起彼伏，难以平静，仿佛，你的远离，带走了我心中的一切思绪，也带走了我的心。

哦，爱的苦痛，情如忧伤化成的猛兽骚动。胸中的每一惊悸，都仿佛是因为思恋的利爪在叩击心灵！

什么是思恋？它就是爱情迸发的雷电。血的云雾，翻滚、动荡、沸腾、碰撞；心的雷电，一阵震颤，便发出了"啊……啊……"的声音。

现在，你那迷人的眼睛，又向我投来了一个询问的目光。带着柔情的思念，带着钟爱的渴望。于是，我感到灵魂的绿枝盛开出满树芬芳。似锦的繁花，送出天国的芳香，带着对你的问候，随风飘荡。

我觉得，为你写下的一字一句，都有手中的笔在参与。它字字精雕，句句细琢；我觉得，纸张似乎也深知它将承载我的思恋、我的幽秘，因此，已不是浮现字句的纸张，而成了充满感叹的胸臆。

你又以问询的眼神向我探望，我觉得，你那女性的温柔，已围抱在我的身旁，震撼着我的胸膛。通过每一阵刺痛的思恋，进入了我那可怜的心房。

是的，哦，我的心上人！你确已为这颗心送来了光明。但光明，是由燃烧的火焰生成。每一个爱着的人，爱情之所以能为之照明，让其爱的世界呈现出一片美景，都是因为燃烧了自身，让自己化成灰烬。成倍的燃烧，才能带来更多的光明。

战场上的英雄豪杰也其情相同。利剑刺破他的肌体，子弹穿透他的骨骼，均难以使他屈从于死神。只有光荣，才能让他为之献身！

远离你，我觉得时间并非在一小时一小时、一天一天地消逝，而是带着我，带着我的生命在消逝。远离你，我在溶化。因枯竭而溶化；或者说，因思恋而溶化。时时刻刻，我都在忍耐和生存中溶化。

在生活中，时间有时是随我们辛勤劳动、履行职能而消逝的。有时则在休息中被打发。时间仿佛只与我们的工作相关，我们也让时间去与此相承、相连，从而并不觉得在一天天走向死亡，反觉生命总是在不断更新。

在爱情中，由于所爱者的拒绝，抛弃或远离今昔就变成了往日，今天就变成了昨天。这是因为，我们只愿回顾往事。岁月在我们的心里滞留，加以摧残，使我们只觉得死亡正以一种毫无希望的生命形式临近。

因此，拒绝、抛弃或远离你的爱人的思恋，就像是扼杀一个病入膏肓的患者对生命的强烈渴望。这病人的躯体大部都已死亡，唯一息尚存，只觉死神已在不断逼近……

啊！为什么要有这些催人泪下的愁思？

啊！为什么要有这些让人热血沸腾的心绪？

啊！为什么悸动的心的震雷，发出了"啊……啊……"的呼声？！

[选自《思想的金字塔》，百花文艺出版社2001年版。]

**作者简介：**

拉斐仪（1880—1938年），埃及散文作家，学者，诗人。祖籍黎巴嫩，出生于尼罗河三角洲的坦塔。在浓厚的伊斯兰宗教文化的熏陶下成长，17岁因重病导致双耳失聪，未完成正规教育，却走上了诗歌创作之路，（1902—

1908年先后出版两部诗集）。随后转向散文创作和人文科学研究，出版《阿拉伯人文科学史》。1913年投入语言与文化论战，为传统文化价值辩护，成为文坛革新派的强劲对手。

拉斐仪的前期散文，多以爱情、婚姻和大自然为基本主题，颇具散文诗韵味，如《月下谈》（1912）、《可怜的人们》（1917）等，20—30年代的散文，如《红云》（1924）、《在〈古兰经〉的旗帜下新旧之间的斗争》（1926）、《铁杵上》（1929）和《笔的启示》（1936）等，多是短兵相接的文坛论战的产物。

# 乡村检察官手记（节选）

[埃及] 陶菲格·哈基姆

## 十月十二日。

一回去，开庭的时间就已经到了。我们的汽车驰近法庭，看到老乡们正像苍蝇似的聚集在法庭门口。我的助手已经倒下睡熟了，这不碍我的事。他累成这个样子，而且已经出席了一次审讯，我根本没想再邀他去坐在我边上出庭。他还不习惯夜以继日地工作呢！这个有趣的通宵对他已经够了。他刚来工作，还是让我对他体恤些吧！汽车一到法庭，我就让司机停下，嘱咐他把我的助手送到家里去。我向警察局长打了个招呼，便下了车。穿过男女老少的人群，走进议事厅，只见法官正等着我呢！一见法官这张脸，我立即双眉紧锁了。

法庭共有两个法官，轮班工作；一个住在开罗，只有在开庭这天才搭头班火车赶来，匆匆审理案件，以便赶十一点的火车回开罗。不管案子有多么多，这班火车却从未把这位法官丢下过；第二个法官是一位优柔寡断的人，他和家属在县城里住。他慢条斯理地审理案件，唯恐忙中有错。也许他是想在这农村中消磨光阴、解忧消愁吧！他眼前没有要急于赶班次的火车，所以，清早在审判席前一坐下，就像用钉子钉住了似的不动了，只有到下午才离开。晚上还经常要连续开庭。他的审批让我吃尽了苦头，简直就是囚禁。我好像被判处反绑在席位上一天不得动弹似的，从脖子上挂到肋下的那条绶带就如同桎梏一般。这莫非是由于我无意中把那些无辜者送进监狱而得到的上天的报应？难道职业的过失该归咎于我们，让我们在生活中不知不觉地付出代价吗？

看到那位法官，我便皱起了双眉。因为我知道，一夜辛苦后，又要陷进不饶人的审判会中去了。不知道是什么弄坏了我的记性，还错以为今天该轮到那位快速法官的班呢！

走进法庭，先扫一眼案卷，眼前有七十个违法案，四十个民事诉讼案。赞美安拉，这数目能确保我们和这位法官一起毫不动弹地坐一整天了！这位法官的案子总是比另一位多，原因很简单：优柔寡断的法官对违法案的判决最多是罚款二十个皮亚斯特，而另一位却要把罚款增至五十个皮亚斯特。违法者和被告都懂得这点，所以千方百计要逃避高价官而来找低价官。这位法官总感到烦恼，抱怨工作一天重似一天，却不知道是什么原因。我曾对自己说："抬高你的钱，能尝你的甜啊！"

法警开始按手里拿的单子传呼被告的名字。法警古士曼先生是一个上了年纪的人，头发和胡子都白了，仪表像是最高法院的院长。他传呼时，声音动作都十分庄严，并向门警投去命令的目光。门警便在法庭外重复法警传呼的名字，但是哼哼哈哈地拉长了声调，像是流动小贩的吆喝声。有一次，一位法官发现了这一情况，便对他说："肖巴尼，你是在这儿传呼民事案、违法案还是在吆喝卖白薯、鲜椰枣呀？"门警回答："民事案、违法案也好，白薯、椰枣也好，都是混饭吃嘛！"

第一个违法者站在埋头读公文的法官面前了，法官抬起头来，把厚厚的眼镜片架在鼻梁上，对面前的人说：

"你在屠宰场以外的地方宰了羊，违反了屠宰法。"

"法官先生，羊……是宰了。请原谅。那是在孩子行割礼的一个吉庆的——愿你也吉庆的——晚上。"

"罚款二十个皮亚斯特。下一个！"

法警传呼、传呼、又传呼，违法案接连不断，都是刚判过的那种。我听凭法官去进行判决，自己却观赏着出庭的乡亲们，以此来自娱。板凳、条凳上坐满了人，地上、走廊里也都挤满了。他们像牲口似的蹲着，用敬畏的目光看着法官判处，仿佛他是个手执羊鞭的牧人似的。这种清一色的违法案使法官感到厌烦了，他喊道：

"怎么回事？整个审判怎么都是在屠宰场以外的地方宰羊？"他用在鼻梁上乱晃的镜片后面的绿豆似的眼睛盯着人群，连他自己在内，谁也不明白他这话是要抗议些什么。法警继续传令，违法案已稍有变化，有新花样了。法官向走来的违法者说：

"你被控告在河里洗衣服。"

"法官老爷，真主使你高升！就因为我洗了衣服，你判我罚款？"

"因为你是在河里洗的衣服。"

"那我上哪儿去洗啊？"

法官犹豫了。想了一下，没有回答。因为他知道，在这些村子里，这种穷人并没有用来盛从自来水管里流出来的清水的水池子。他们一辈子都过着牛马般的生活，可是，却要求他们去遵守从国外引进的最时髦的法律！

法官转身对我说："检察部门……"

"这人到底是在哪儿洗的衣服，这不干检察部门的事，它关心的只是要执行法纪！"

法官转过脸去，低头沉吟片刻，晃了晃脑袋，然后如释重负似的很快说道："罚款二十，下一个！"

古士曼先生叫着下一个违法者的名字，一个中年庄户人走了出来，蓝色的围巾，花条的缠头，绸子的大褂，呢绒的斗篷，闪亮的黄皮鞋，这一切都显示出他相当富裕，境况颇佳。他刚站住，法官就说：

"老人家，你被控告你那条狗没按法定日期进行注册。"

那人清了清喉咙，摇了摇脑袋，像是要乞求宽恕似的喃喃说道：

"咱总算活着见到了，狗跟土地似的，也要登记注册，这才算有了它的位置了！"

"罚款二十，下一个！"

全部违法案都是这样判决的。可是，我觉得没有哪个违法者会相信自己真的做了什么错事。对他们来说，罚款犹如灾难一样，是从天上掉下来的，是一种必须缴纳的赋税。因为法律说；他们必须拿钱来！

我常常自问，这样的审判，意义何在呢？犯法者根本不认为自己犯了法，难道我们把这种审判也叫作法律吗？

违法案审理完了。法警叫道:"民事诉讼案!"然后看了一下案卷,传呼道:"伊卜拉欣·贾尔夫的闺女——乌姆·塞阿德!"一个老年农妇颤巍巍地往大厅中走来,到台前时,在法警古士曼先生面前站住了。吉士曼向她指指法官,她用衰弱的目光看看,又转回来站到年迈的法警面前。法官脸冲着纸堆问道:

"叫什么?"

"下人乌姆·塞阿德。"

她仿佛对着法警说似的。古士曼先生向她使使眼色,再次让她面向审判台那边。法官问道:

"干什么的?"

"家庭妇女。"

"你被控告咬了哈桑·阿玛尔老爹的指头。"

她又从审判台转过脸来,对着法警说道:"以您年老的神威起誓,我可没留意呀。我都发过誓了,我那闺女的聘礼是不能少于二十块金币的!"

法官把头抬了起来,正了正眼镜,盯着她喝道:"过这边来跟我讲。我是法官,我!你倒是咬人了没有?说'是'或者'不',一个字就行!"

"咬人?真主不容!我再粗鲁,也不至于咬人哪!"

法官对法警叫道:"带证人!"

受害人来了,无名指上缠着绷带。法官问了他的姓名、职业,并让他起誓要讲实话,然后问他事情的始末。那人说:"法官先生,这事跟我可没瓜葛,我在里头只是个和事佬。"

他沉默了,仿佛已经说明了案情的底细。法官满怀恼怒地盯着他,训斥他,命令他详细讲述事情的经过。那人便把事情原原本本地摆了出来。

原来这个被告有个女儿叫茜特布哈,一个叫哈里谢的农民向她求婚,提出付聘礼十五块金币。她母亲非要二十块不行,这事就这么搁下了。有一天,求婚人的弟弟来了。他是个孩子,叫占吉儿。他自个儿跑到女方家里,扯谎说求婚人答应那条件了。完了又回到他哥哥那儿,告诉他女家愿意接受他提出的聘礼。这孩子一捣鬼,把双方都给骗了,结果就定下了在女家念古兰经开端章的日子①。求婚人委托这位哈桑·阿玛尔老爹和一位叫作法尔吉的老爹作证人，大家聚在了一起。姑娘的爹爹宰了头鹅，吃的调理妥了，刚端到客人面前，就提起聘金来了。这一下，谎话露了馅，情势大变，双方激烈地争了起来。姑娘的妈妈在院子里大哭大叫："我们倒了八辈子霉了，让坏人给糊弄了。我发誓，少于二十我可不把闺女交出去！"她怕男人们最后把事情了了，不能知她的意，所以像发疯似的奔到男人中间，来维护她女儿的权利。哈桑老爹见义勇为，手连菜的边都没沾，就站起来去劝那女人，跟她商谈，想说服她。而他的伙伴法尔吉老爹却不介入争吵，把手伸向鹅肉，大嚼起来。看来双方的情绪不能再用语言来表达了。突然，哈桑老爹发现他的手没在鹅肉盘里却到老太婆嘴里了，于是大叫了一声。屋里立刻变得更乱，都揪成一团。哈桑老爹拽着他的伙伴，把他从饭桌前拉开，咬牙切齿地带他跑了出来。这伙伴什么话都没说却饱餐了一顿，而他满腔热忱却空着肚子离开了宴席，手指反而被老太婆咬了……

受害人正在侃侃而谈时，法官突然迷糊起来，疑虑重重了。他打断讲话人，自言自语似的说："我倒是让证人起过誓没有？"又转向我说："检察官先生，我让证人起过誓了吗？"我开始回想。法官终于不能摆脱疑虑，便叫道："你说，以伟大的真主起誓，我说实话！"那人起了誓。法官叫道："把你的话再从头讲一遍！"

我知道，这么一来案子算没个完了。我烦极了，打着哈欠，靠在椅子上，睡意抹下了我的眼帘。

不知道过了多少时间，只听法官叫道："检察部门，检察部门提要求！"我睁开了发红的眼睛，那眼神表示，除了睡觉外我什么要求也没有。于是法官告诉我说，他读了法医的报告，伤势已留下永久性残疾，即无名指的第二节指骨折了。我坐正了，立即要求宣判转庭。法官转过脸对老妇人说：

"事情已变成刑事案，由刑事法庭判决！"

看样子，妇人并不明白这有什么区别。在她看来，咬人就是咬人，怎么会

---

① 一种缔结婚约的仪式。

从民事案变成刑事案呢？唉，这种法律，其实，这些穷人是不会懂的！

下一件案子传了上来，这是一个动用了棍棒的殴斗事件，发生在茜特布哈的父亲和新郎哈里谢的亲戚之间。双方最后到底定了亲，新郎那边派亲戚牵了峰骆驼到丈人家里接新娘子，老丈人迎面大声抗议道："骆驼？我闺女就骑骆驼去？不行，非坐小轿车不可！"

双方为谁该为由于时代发展而带来的这种新奇的事情付钱的问题争执不休，双方动用了棍子，流血了。在互不相让时，打棍子、流血，那是不可避免的结果。最后，由一个行好事的人自己掏钱，租了一辆在田间道上路过的汽车，才算完事。

法官判完这桩案子后叫道："结婚、洞房，圆满结束，下一个！"

法警大声叫道："拘禁案！"并叫了一个人的名字。镣铐叮当作响，一个穿粗布衣服的男子站了起来，警士打开了他的手铐。律师中间，有一个挺着像塞满东西的皮囊似的肚子的先生站了起来，说："我替被告人申辩。"我自忖："这案子还有律师，他在给我们脑子里塞满雄辩之词以前是绝不会罢休的，还是让我从现在起就闭上眼睛吧！熬了一夜，我的脑子太需要休息了。"

只听法官对被拘捕者说：

"你被控告偷了煤油炉……"

"不错，我看见炉子放在店门口，可我没偷也没抢。"

法官转身对法警说："传证人！"

一个男子走了进来，头戴白毡帽，肩挑羊毛斗篷。起了誓以后说：他点着了煤油炉，是准备给坐在店里的主顾煮茶的。他是个农村的小杂货商，卖白糖、咖啡、茶叶、烟草。有时，有些人聚在他那儿，就像是个咖啡馆似的。他把点着的炉子放在门口马路上，进去拿茶壶，一出来就瞧见被告拿起点着的炉子跑了。证人详细地追述了谁在场，谁跟他一起追小偷……

法官耷拉着脑袋，看他那副样子，我就知道他在想着别的事儿。突然，他看了看我，自言自语似的说："我让证人起誓了吗？"我忍不住烦恼地叫道："赞美安拉，我听见证人起誓了。"法官对我说："你肯定吗？"我感到全然失去了耐心，便悄声说："你是否要我向你起誓他已经起过誓了？"法官这才稍觉安心，默默地静听其他人作证。而被告却再也按捺不住了，像呼救似的骤然站了起来：

"法官先生，世上有连火带炉子一起端的小偷吗？"

法官打手势叫他住嘴，说道："你问我？我这辈子从没干过小偷！"他看了一眼辩护席，被告的律师站起来叫道："首席官先生！我们没碰到炉子，也没见着炉子，也没在放炉子的道旁走过，整个案子从头到尾都是捏造！"律师正准备滔滔不绝地慷慨陈词时，被法官打断了。

"慢着！先生。被告自己承认他的确在店铺门口看到了炉子。"

律师用拳头捶着讲台说："这是我的委托人不善辩护！"

法官安详地回答说："你是要我相信你的雄辩，还是否定你那委托人在众人面前讲的事实？"

律师提高了嗓门提出抗议。我看，他的整个意图就是存心让他的声音在法庭上回响，让汗水直淌，他用手巾不断地去擦，同时，两眼盯着他的"主顾"，好像要显示他为他做了多大努力，尽了多少心似的。这时，疲劳、厌倦，以及一动不动地被拘留在席位上，已把我变成一个对周围发生的事情无动于衷、一无所感的人了，我把脸埋在案卷中，沉沉睡去。

[选自《乡村检察官手记》，人民文学出版社1979年版。]

**作者简介：**

陶菲格·哈基姆，埃及现代著名作家、戏剧家，1898年出生于埃及亚历山大。他在21岁时写出了《新女性》《讨厌的客人》和《阿里巴巴》等剧本，开始显露文学才能。

陶菲格·哈基姆高中毕业后进入法律学校，1924年，他在法律学校毕业，又到法国继续深造。

陶菲格·哈基姆一生共写了五十多部作品，包括戏剧和长短篇小说，其中小说主要作品有《灵魂归来》《乡村检察官手记》《正义的迷乱》《东方之鸟》《爬树的人》等。

## 罪恶的心（节选）
[埃及] 伊赫桑·阿卜杜·库杜斯

## 二十五（节选）

……

我首先得弄清楚这场革命究竟有什么宗旨。

第二天，我上办公室去了，坦克车云集在大街上。坦克上面不仅有士兵，还有穿着长褂子的市民。这是载着人民的坦克，人民在欢呼……

我坐在开往办公室去的汽车里，用报纸挡着脸。我仍然很害怕，不知道是为了什么。

我在办公室里开始跟我的朋友联系……

打电话给英国人……

打电话给王室……

打电话给各政党……

他们都很放心。英国人说：别怕，没什么危险。王室说：别怕，这是由于军官们有一些要求才搞起来的革命，我们将满足他们的要求。各政党说：别怕，这是为我们搞的革命，它将把政权交给我们……

他们全上当了……

革命让他们上了当，他们相信了革命者所广播的第一号声明。声明说，革命的目标是清除军队中的贪污腐化分子！

我想跟他们那样自己欺骗自己，可是我很敏感，能闻得很远，我已经闻到了一股使我很不放心的味道！

我决定忍耐。我并未绝望，我已经经历过许多次革命了，这不过是又一次革命而已！

我办事处所在的大街上喧腾起来了,我站起来,躲在窗户边上,望着大街。

成千上万的游行者在高呼:打倒卖国贼!打倒腐败分子!打倒走狗!

我胸中燃起了一团火。

他们是指我呢!我是卖国贼,我是腐败分子,我是走狗!

等着吧,狗东西们!我会对你们进行报复的。等着我把你们的革命控制住了,像收买1919年革命和1934年革命那样用钱把它给收买了,我就会把你们当奴隶出卖掉,收回比我付出的多许多倍的利润。

我离开窗户,命令我的办公室主任跟保安总局局长联系,让他派人来保护我免受这些示威者的袭击。保安总局局长谢绝了,他不能采取行动,他跟我们所有的人一样,不知道上哪儿去采取行动。

示威者并不需要警察,他们已经离开我走了,他们在说出了自己的想法后走了。

我陷入了沉思,想找到一条出路。

……

两天后,法鲁克下台了……

我感到,我跟他一起下了台……

法鲁克并不是一个人,他是一个制度,这个制度垮了。

国王并不代表一个人,帝国主义并不代表一个国家,封建主义并不代表某些领主,这一切都代表着一种含义,即剥削,即一个人有摧毁别人的自由,有骑在别人脖子上的自由。这一切都代表着一种生活的哲学,我的哲学。

这种哲学垮掉了……

英国人为什么不干涉?政党们为什么不联合起来保护这垮掉的制度?

可是这革命又一次让他们上了当。

英国人以为,他们对法鲁克的下台保持沉默,可以博得革命的欢心,把革命稳住,装进自己的口袋。各政党则认为,它路上的障碍已经清除,可以骑在革命的脖子上执政了。连王室里的人也上当了,他们还以为,甩掉了老主子,会有一个更好驾驭的新主子呢!

只有我感到跟法鲁克一起下了台……

我感到，我已是一个没有自己制度庇护的孤独者了……

头被砍掉，狼就活不长了……

尽管如此，我还是忍着，想再一次欺骗自己，想恢复自信，恢复对自己有七十二变能力的信心！

就在这几天，我的英国妻子从英国回来了，我对她的返回感到高兴。望着她那张把嘴、鼻子、眼睛都陷了进去的臃肿的脸，望着她那两条像炖猪肘子似的红红的胳膊，我高兴极了。仿佛整个大英帝国都来了，站在了我的一边。

我妻子并没想减轻我的灾难，她仿佛是来执行某个紧急计划。她问了我许多有关局势的问题，但并不跟我讨论，也不发表意见。

好几天，她都在忙碌着，很忙，我不知道她在忙些什么。

我在昏头昏脑地思考着这场革命，等待着周围的事件平息下来……

……

突然，在革命后第二个星期的一个早晨，我的公司的一大批股票在交易所里抛出了。

跌价了……

这是一场灾难。

是谁抛出的这些股票？

是我妻子，我的英国妻子！

这是她拥有的股票，但并不完全属于她，是我写在她名下，并跟她说好不让她随意支配的。

我跑去对她喊道：

"疯婆娘，你要让我破产了！"

她冷冷地望着我，说：

"我是在清理我在埃及的资产。"

我向她伸出手指，似乎想掐死她，但又缩了回来，哀求道：

"为什么？为什么？局势还不那么严重，革命什么也没碰我们，我们还跟以前一样……"

她这辈子第一次看到我跟她哀告，但并未动心，仍然是那么冷淡，说："我明天回英国。"

……

我妻子走了，已跟一个犹太代理人商定把她的资金转移出去。我准备随后也去，但是几天后，突然有两名军官来到我的办公室……

我满面春风地接待了他们，革命来找我了！

两位军官沉默了好久，然后跟我谈起了经济形势，接着其中一位用坚定的语气，彬彬有礼地说：

"指挥部希望阁下您辞去工业公司理事长的职务……"

我呆呆地望着他……

没弄懂……

……

他们离开了我，我被激怒了！他们要干什么？这些狂妄分子要干什么？他们有什么权力，按哪条法律要我辞职？法律是我的，理事会是我的，全体大会是我的！让他们去告好了，我会打赢官司的！我总是比法律、司法更强大。我将闹个天翻地覆，我将说服英国人把他们搞掉，把革命搞垮。我将使整个埃及都陷于瘫痪，让人们没衣穿，没饭吃，没活干。我将使埃镑吊在半空中，没我的命令不得动弹！

第二天，报纸上突然刊登了一条消息：工业公司理事会解散了，代之以一个临时管理委员会。

这些疯子……

莫非他们不知道我是什么人？我是侯赛因·夏基尔，是帕夏阁下，我是百万富翁，我是强者！

我在各界奔波，头脑里像有一团火在燃烧，力图恢复我在工业公司里的地位。

但是，世道变了，我第一次感到世道变了。这已不是我能用自己的权势和威力所能控制的世界，这已是另一个世界。我喘息着决定向这个新世界低下我那颗大脑袋……

……

十二点整，我听到有许多汽车的声音，它们停在我的办事处前，是吉普车。一些头上戴着红帽子的士兵和军官闯了进来，还有一批普通职员。一个军官走了，就是昨天跟我在一起的那位。我吃惊地望着他，气急败坏地说：

"出什么事儿了？"

他微笑着，跟昨天一样的笑容，说：

"没事儿，就是想查查阁下您的账本！"

我更吃惊了，说：

"查我的账？为什么？"

他平静地说：

"我们收到一份报告，说阁下您交给税务局的账是假的，报告附有一份详细的账单。"

我说：

"不可能，像我这样的人不可能作假。我不是那种弄虚作假的小商人……我……我……我能看看这份报告吗？"

军官从容地把一份齐全的写满各种数据的档案放在我的办公桌上。

我是知道这些数据的……

这是我的数据……

这是有关我的盈利的秘密数据。在埃及每个公司都有两本账，一本交给税务局的假账，另一本记载真实利润的密账，由自己保存着。

革命是从哪里搞到这些数据的？

只有我和阿卜杜·阿齐姆知道这些数据……

是阿卜杜·阿齐姆！

这个疯子，他不知道他是要跟我共同对伪造负责的，莫非他不知道他将跟我一起遭殃？

我感到头脑中冒出了从未有过的烈火，我从未忍受过的烈火。

我忍着，使自己镇定下来，显得平静。说：

"这报告是假的，你们必须把报告人抓起来。不管怎么说，我的账请你们随便查好了。"

我望着那军官的脸，想了解他对我向他提出贿赂的想法，但却只能看到那不变的笑容……

军官走了，在他走出去前我叫住他道：

"要我在这儿等你们查完账，还是可以让我回去？"

他平静地、彬彬有礼地说：

"不用，阁下您愿意的话请回去好了……"

我回家了，感到脑袋像是一只滚烫的铜钵。

他们会把我怎么着？

如果要我按前十年真正的利润率缴税，那就是说，大约得要我一千万埃镑！

也就是说，政府将没收我的全部公司来抵偿这笔税额……

也就是我将破产……

为什么我没跟我妻子走掉免得担这份心呢？

为什么我不明天就走？

可是，为了离开埃及，我必须有出境签证，他们会给我签证吗？

如果他们不给我签证，我能搭私人飞机跑吗？是的，我可以，我将命令我的私人驾驶员在乌克苏尔机场等我，从那儿，我可以乘飞机去伦敦！

……

我开始整理公文，有一些塞进皮包，有一些则烧掉，我在纸堆里忙到天黑。

……

凌晨三点钟，强烈的光线突然照在公馆的窗户上，载着士兵的吉普车开进了花园。

突然，一些武装的士兵站在我的面前，他们的武器对着我的脸。一个军官向我走来，彬彬有礼地微笑着……

我想说些什么，却说不出……

我想动一下，却动不了……

我的眼珠鼓了起来，我感到它鼓起来了；嘴唇颤抖着，我感到它颤抖了。我听到从我嘴里吐出的声音，那是支支吾吾无法听懂的声音。在我脑中的烈焰里，闪出了一些可怕的念头：监狱、铁窗、黑暗、黑暗、阴沉沉的黑暗……然后，我感到我那沉重的身子跌倒在地板上……

我失去了知觉……

苏醒过来，只见自己躺在床上，身边有一个穿白大褂的护士，在对我微笑，房门关着。

我想说话，但舌头很沉，十分沉重，无法动弹。

我想抬起胳膊，但胳膊很沉，十分沉重，就像一吨铁似的，抬不起来。

我想动一下腿，但腿很沉，十分沉重，像是座山，动不了。

我惊骇地望着护士，一见她眼中同情和怜悯的眼色，便感到滚热的水珠流到了我的脸上……

那是眼泪，我的眼泪……

我哭了，第一次哭了……

我瘫痪了……

## 二十六（节选）

革命指挥部已下令逮捕我，但我病倒了，于是他们便只是把我拘留在家里。我的房门口坐着一个腰里挎着手枪的军官，一层大厅里坐着两个武装的士兵。但是，我并不是这屋里的囚犯，我并不是这个军官和这两个士兵的囚犯，我是我这身子的囚犯，这个动弹不得的瘫痪的病体的囚犯。它是一个最窄小的监狱，比坟墓更为狭窄。

真主比革命早来了一会儿！命令把我拘禁在躯体内，我是受不了这种拘禁的。

我想死……

让我死了吧，真主！

可是，真主不肯饶恕我，要我继续活着经受折磨，经受这难熬的折磨。我变成了一个躺在床上的东西，他们把我抬起放下，给我把衣服脱掉穿上，往我嘴里喂饭。这东西再也没有生命力了，只有两只眼睛，时而恼怒，时而哀求。随之连恼怒和哀求也不能了，只能哭泣。

我，侯赛因·夏基尔！一个在生命的每分钟都充满了活力的人，一个不愿把自己耽误于睡眠的人，一个有力的、强壮的人，一个能用手攥住世界、用指头挤压它、把它变成满足我贪欲的醇酒的人，一个咀嚼了人们并唾弃了他们的人，我……变成这个躺在床上、动弹不得的东西了……

主啊！把我的财产拿去吧，只要赋予我说一句话的能力……

主啊！我不要权势，我要的只是能抬起我的胳膊……

主啊！我对人世一无所求，只求给一米见方的土地，让我活动我的腿脚……

主啊！我知道您在后世为我准备了严酷的惩罚，饶过我这现世的折磨，把我带走吧！

但是，我没有死……

我开始想自杀，不过，怎么死呢？我连胳膊都动不了，我没法找到一个自杀的工具。我所能做的便是绝食、断药。每当护士想往我嘴里喂饭或灌药时，我都拼命地摇头。饭或药洒在我胸口，弄脏了我的脸。但护士并不灰心，她由用人帮忙，硬把要给我吃的东西塞进我的嘴里。我什么也不能做了，连自杀都不行。

有时，我感到恼火。这是我瘫痪的病体内一股瘫痪的怒火。发怒时充其量也只能怒目而视，在枕头上使劲摇晃脑袋，喉头里发出一种被宰的牛叫似的难听的声音。在这种时候，他们便把医生找来，给我打麻药针，我便睡了，暂时地死了过去。

……

一天天地，我感到我的舌头也能动了。刚有点感觉，我便把自己的精力全集中到了舌头上。一天早晨，医生伏在我胸口，突然说道：

"你心脏很正常，跟二十来岁的小伙子一样，只要你的心脏一直这么健康，就一定会好起来的。"

我动了动舌头，并不期待能说出些什么，只是像我每天所做的千百次尝试那样地动了动，但是，我听到了自己消失了六个月的声音，只听这声音道：

"谢谢……谢谢……大夫！"

医生笑了……

军官笑了……

我也欢欣地笑了。我重复说着："谢谢……谢谢……"仿佛恢复了生命。

这是我毕生的欢乐，毕生从未有过的欢乐，我一生所做的事都没能像我这瘫痪的舌头说了话那样地使我感到欣喜。

但是，我那健康的心脏，没能把生命推向我下半截身子……

我仍然是瘫痪的……

我仍然躺在床上，任人抬起放下，由人脱衣穿衣，只是能说话了。当我能说话时，我发现，我除了"是"之外，什么也不会说。对大夫说：是。对护士说：是。对站在门口的军官说：是……是……是。我已不会说"不"了，我已无权拒绝对我的要求。总是说"是"，而且是驯服地、软弱地说出来的。

我不仅下半身瘫痪了，而且灵魂也瘫痪了，变成了一个无能的、懦弱的灵魂，把仇恨收藏了起来。有时候，我也想喊叫、咒骂，直截了当地说出我对这些军官的看法。但是，懦弱抑制了我的叫声，把它化为能使我的血液燃烧、神经熔化的火热的蒸气。我抑制着深深的痛苦，微笑着，低下了硕大的脑袋，说："是！"

我在家里没关多久，一等我的账本清查结束，革命指挥部便发布命令，用我的全部股份、票据来抵偿我应缴的税额。这样，政府变成了我的各个公司的主要产权人，没收了工业公司，把它国有化了。但并不是根据革命的原则国有化的，而是作为抵偿我的债务。这样，政府便有权经营，把我赶走了！

埃及工商业界被这些决议震动了……

整个埃及都震动了……

有人说这是共产主义革命,实业家开始逃跑。有的自己不逃,却把资金往外转移。有的无法转移资金,便把它冻结了。资金一冻结,就成了僵尸。实业家们想把埃及变成一具僵尸,血管里没有血液在流动,即脉搏里没有资金在流通。

我知道——实业家们也都知道——这一革命并不是共产主义的,我们是清楚共产主义革命的性质的,这一革命不属于这种性质。虽然如此,我们还是要在金融市场上引起恐慌,要全世界相信它是共产主义革命,希望英国起来反对革命,希望美国也起来反对革命。

英国开始行动了……

美国开始行动了……

但革命并未害怕,并未软弱。这些年轻人,连英国和美国都不怕!他们坚定不移,镇定自若,还想让英国和美国上当。我原以为这革命的力量就在于他们所持有的武器。但是,这种武器是无法与英美的武器同日而语的,革命是怎样跟他们对抗并使他们上当的呢?是什么力量在支持着它?它不靠外国,不靠外国军队,不靠政党,只靠老百姓、靠人民。人民一直存在,但我们却从未去依靠他们,我们靠的是国王、英国人。我们忘了有第三种力量,也许我们没忘,但我们不信任它,也不知道如何去利用它。

与此同时,革命青年为保护民族经济采取了更果断的决定。他们下令禁止工厂停产,禁止解雇工人,即使老板扬言要赔本也不行。并把一些工会和机关的资金,调到经济部门去,制止实业家冻结市场,等等。他们唯一失败了的便是未能把外国资本吸引到埃及来,他们颁布了几个决定,给予外国资本以各种特权,但仍然没有分文来向埃及投资。而我们——实业家们,却成功地在国外诋毁了革命的名声。

革命对外国资本并不十分在意,依旧信心百倍,沉着坚定地继续前进着,由于有充分的信心,甚至把我都释放了。

我现在自由了……

可以自由地出门了。但我两腿瘫痪，出不去，在这个世界上，我只有这么一小块狭窄的、呆板的天空——我从屋子窗户中能望到的那块天空。

我可以自由地接待来客了。可是，谁也不来看我。这些我喂肥的狗东西！他们是惯于问我的足迹的，可他们全把我甩了，谁也不想来看我。他们都忘恩负义，要跟我划清界限。

我可以自由地用电话跟人交谈了。可是，谁也不跟我谈。假如我跟哪个人打个电话，他会冷冷地答几句，或干脆装作不认识。从前我给某个人打电话，那是我给他的面子，电话里回话的人会站得笔直，怕得发抖，他妻子站在一旁嘀咕，仿佛想通过电话线向我卖弄风情。

我可以自由地工作了。可是我只会一种经营方式，一种现在已不能再用的方式。

革命的确放了我，但老百姓没有释放我，仍把我囚禁于一个跟他们大相径庭的天地里，这是个十分空虚、不见人影的天地。我想能看到一个人，即使是阿卜杜·阿齐姆也好……

可是，阿卜杜·阿齐姆在哪儿？

这傻瓜以为他能够骗得过革命，便毛遂自荐为革命效劳，为新主子效劳，把他跟我一起多年来所了解的秘密和盘托出，都交给了这主子。不仅是我个人的秘密，而且还有所有实业家、所有公司和交易所的秘密。革命对他没说什么，接近了他，得到了所有的秘密。在这期间，有些人以为他已变成新时代的一个实力派了，便向他靠拢，追随着他。随后阿卜杜·阿齐姆也自以为是个实力派了，变成革命的侯赛因·夏基尔了。他骄傲得失去了平衡，忘乎所以，忘了自己，也忘了革命。他不再小心谨慎，开始照老套套行事。当我听说阿卜杜·阿齐姆新得势时，对他并不嫉恨，而是从内心深处希望他骗过革命，并越来越腐败。阿卜杜·阿齐姆如果能骗过革命，那他便无意中为我们做了工作，将能使我们恢复权势。以后，要搞掉阿卜杜·阿齐姆则易如反掌。

可是，阿卜杜·阿齐姆突然进了监狱……

革命把他逮捕了，对他的腐败行径，新账旧账一起清算。

……

其他帕夏们，我公司理事会的那些理事们，他们上哪儿去了？

他们像我一样，隐藏着自己的仇恨。其中一个被捕了，另一个被送上了法庭，其他人便龟缩起来，钻进了自己的洞穴。人们在探问：他们是否还活着？我每天早晨打开报纸，当读到其中有人死了时，便感到惊讶，他原来还是活着的！

我们都死了……

我们都僵了，像死去一般……

可是，我的胸中物还没死，它活得比任何时候都更好。它像个巨人似的来跟我这一生算账了，严厉地清算着，毫不顾惜我这瘫痪的病躯。

我一生的种种情景历历映现在这巨人面前。它愤怒了，压迫着我的胸膛，几乎要窒息我的呼吸；叫喊着，几乎要撕裂我的肺脏。

我的智慧对我已无济于事，再也无法保护我免受这巨人的责难。过去每当我犯了一个罪行，这巨人企图为此向我清算时，我便用再犯个罪来对付他，堵住他的嘴。而今天，这巨人要清算我的所有罪行，本已不能用犯别的罪来逃避他的清算了。

我的整个生涯都暴露在我的面前……

这是面目可狰的生涯……

望着我原来所认为的成就，却发现它是失败；望着我原来所认为的权势，却发现它是软弱；望着我原来所认为的威望、尊严，却发现它是自负。

我是一个失败者……

从第一天起便是失败者……

虽然获得了这些财富，这个势力，但我还是个失败者，失败者，失败者……因为我没有幸福过。

我一生中没有一天幸福过……

我是强暴的、嫉恨的、冷酷的、富贵的，我住着大公馆，坐着小汽车，但我却从不是一个幸福的人。

我要什么便可得到什么，但却并不为得到的东西感到幸福。我原以为，幸福源于双手所能捉摸的东西，而不是源于心灵所能感觉的东西。但我所能捉摸到的，只要一撒手，便失去了乐趣。饮食、公馆、金钱、肉体，这些东西只是昙花一现，只能引起兽欲，随后便留下了空虚，仅剩贪婪、欲望和仇恨在回荡……

幸福应该是心灵的幸福，而我的心灵却是不幸的，贫瘠的，空虚的。

我未能使我的心灵感到幸福……

……

是的，爱情……

我从未爱过，这是真的。我从未爱过，未爱过一个女人，未爱过别人，只是为自己而活着。我至连自己也不爱，我已用我那恶毒的智慧毁了我自己。

是的，我并未爱过我自己……

当我见到你后，我曾希望能有这种爱情，希望能像你父亲那样爱你，希望能像阿迪尔那样爱你。但是，我不能，我的恶毒强于我的爱情，我毁了你，毁了这种爱。

但是，现在我爱你了……

在我发现了原来不明原委的事实后，我爱你了。在我发现幸福便是一种爱，爱人们、爱社会之后，我爱你了。幸福便在于创造一个幸福的社会，我永远也不能独自成为一个幸福的人，必须要我周围的人全都幸福，才能使我也幸福。幸福始于某个心灵发出的一缕光辉，它在与其他心灵的光辉汇合后，才能织成光圈，从中产生幸福。

但我是在生命即将终止时才明白这一切的，我已没有时间来挽救我的不幸了……

亲爱的鄂姐……

这是我最后一次叫你亲爱的，我要死了……我感到握笔的手指已软弱无力，我感到字句已在尘雾中灰飞烟灭。我的呼吸急促了，一个锋利的东西梗在我心中使我无法出声，疼痛像蜂叮蜇着我的皮肉，我的骨架散了，我感到瘫痪的症状从我腿上移来，要吞没我的全身。我要死了……

死前，我受尽了折磨……

为我原以为是成功的生涯而痛苦……

为我在革命后感到的失败的生涯而痛苦……

为屹立在我胸中向我清算的这个巨人而痛苦，为这瘫痪的病躯所处的凄凉空室而痛苦……

我给你写信已写了六个月了。医生告诉我，写东西只能加速我的死亡。这些傻瓜，他们不知道这么说更引诱我去写它。

我为什么要给你写信？

正如我对你说过的，我并不妄想你宽恕，我罪孽深重，毋庸宽恕，连真主也不能宽恕了……

主啊……

如果我在选择生活的道路之前便对主有知，对主虔信，那也许闲杂就会是幸福的了，也许已有了爱情。但是，我对主是无知的，不信的。我只身独处，不愿与任何人相伴，以至真主！

那为什么给你写信？

不知道……

可是，我给你写着，便舒坦了……

对你说出真话，所有真话后便舒坦了。

也许，我给你写这些，只是为了使你了解真相，那些你原来所不了解，人们所不了解的真相。

这是我给真主的贿赂，我以对你招承来向主行贿，真主会受贿吗？

看来我是永远不会忏悔的，我仍然用实业家的语言在说着这话……

也许你了解真情后也能松一口气，起码你现在明白了，不是真主摧残了你的身子，不是真主毁掉了你的母亲，是魔鬼，是我！

永别了……

永别了，我那永不可及的莫大希望……

永别了……虽不能宽恕，但力求了解我吧，我是个追求高洁却没能做到的人。

再次永别了……

我绝不再吻你，免得把你玷污。我仅将在信尾签上名字，而不与你吻别。

是的，我将签名，这是我在纸上的最后一次签字……

我将签……

## 尾　声

凌晨三时，侯赛因·夏基尔搁下了笔。壁炉里火在燃烧着，公馆静悄悄的……

他那硕大的脑袋歪在枕头上，白色的头发衬着白色的被单，枕头上只显出一块发青的肉来。这肉上有似乎是两只眼睛的黑黑陷坑，有似乎是鼻子的一块鼓起的深色的东西，有像是嘴唇的两片灰色的耷拉的肉块。

侯赛因·夏基尔用发颤的声音叹了口气，它仿佛是从喉头的窟窿里发出的叹息，然后他支撑着，从枕头上抬起了脑袋。他伸出那布满岁月的尘埃似的深色斑点的手，颤颤悠悠地抓住那张纸，凑到衰竭的目光前，读着最后一行……他又用瘦弱的手指拿起笔，企图再写……

他要再写一行，然后签名……

签名！

他在签名前总是犹豫不决的，在许多巨额交易中他都曾拒绝过签字，以便能任意撕毁合同。他的签字是他最珍贵的东西，他的全部努力及毕生成果都集中在这个签字上。这签字相当于千百万埃镑，相当于全体人民的口粮。相当于强大的苏丹王！

现在，他要签字了。

为什么？

他力图对此不予回答，试图闭着眼睛去签字……

可是，不……不！

他头脑里响起了"不"字，一个声音用尽了剩余的一切力量，对他叫道：

"别签字，别签字！为什么你要让自己出丑？为什么你要给历史留下一份控诉你的罪状？你不仅是在控诉自己，也是在控诉一个你借以建立自己荣誉的制度，控诉一个你借以生存的生活原则。历史曾对许多伟人都胡诌过，让它也对你胡诌一通好了，让它去对这制度、对这原则胡编一套好了。斗争还没有结束，在你以后，还会有人再走你所走过的道路。你可别给他们把路堵死，让他们去努力恢复这个制度，并使其原则得胜吧！也许他们会成功的，也许他们会战胜革命，为你报仇雪恨的。斗争还没有停止，它不仅是有关你个人的斗争，它是随着生活的发展不断反复的，这斗争关联着世世代代。你虽然失败了，但你的后来人也许能胜利的，到那时，历史在提起你时便会把你说成是英雄，是领袖，说是你复兴了埃及的经济……别签字，疯子，傻瓜！如果你已对生活无望，但别对历史绝望，别对那些信奉你的后来人绝望……"

侯赛因·夏基尔的眼睛里闪出了有力的、可怖的目光，仿佛他在刹那间恢复了健壮的青春。他侧转上半身，打开床边的抽屉，取出写着他那封信的一叠纸张，然后躺平，开始阅读自己写的一些段落。他心中的一个声音叫道：

"这发的是什么疯？你怎么会写出这种话？为什么要写这些？为了取悦自己的良心吗？现在，良心又有何用？为了取悦真主吗？即使你在地球表面写满了悔恨，真主也不会饶恕你的！不，不，疯子，别在你身后留下这可耻的材料。斗争还在继续，让斗争继续到生活的终点吧！"

侯赛因·夏基尔感到胸中产生出一种恶毒的欢乐，燃烧着那个要跟他清算的巨人……

他感到了这辈子一直进行着的斗争的欢乐……

他感到仇恨在胸中狂叫，在全身回响，仿佛魑魅魍魉全都集合到他的身旁，为他庆贺。

他以一股突发的力量，把纸张敛在一起，然后侧转身子，让上半身从床上移出，胸口贴着地面，把下半身——那瘫了的下半身——也拖了出来。两条腿"砰"的一声掉下地来，仿佛是对地狱之门的一声叩击。然后，他用胳膊肘支撑着，拖着瘫痪的下半身，往前爬去。两眼仍然闪着可怖的光芒，肥皂泡般的唾沫从嘴唇上挂了下来，他爬到壁炉旁，把写好的所有纸张全扔进了火里……

他一直盯着火焰，火舌舔去字句，把它燃成了灰片……

他的气息像是从喷枪里出来似的急促地喘着……

他剧烈地咳了一下，口中流出了更多的泡沫。然后，猛地叫了一声，仿佛被人扎了一刀……

发青的脸上，两只眼睛鼓了出来……

他躺倒在地上……

死了……

火焰吞噬了真相……

[选自《罪恶的心》，江苏人民出版社1981年版。]

**作者简介：**

伊赫桑·阿卜杜·库杜斯，1919年1月1日出生在埃及，是埃及当代最著名的作家之一，国家文学与艺术勋章的获得者。由于他的作品情节引人入胜，手法新颖生动，文字通俗易懂，题材大都反映青年问题、妇女问题及现实生活中的各种社会问题，所以拥有最大量的青年读者。其中许多作品在欧洲国家早有译本，大部分作品也都已被改编成电影、戏剧，在阿拉伯各国上演。

《罪恶的心》原名《胸中物》，除此以外，作者的其他长篇还有：《我家有个男子汉》《我是自由人》《此路不通》等。短篇小说集有：《黑色的眼镜》《空枕记》《苏丹王的女儿》等。

# 墓地的呼声

[黎巴嫩] 纪伯伦·哈利勒·纪伯伦

## 一

酋长盘坐在审判席上,左右坐着这地方的智囊,他们那皱皱巴巴的脸就像是一张张古籍、经典的书皮。长官四周,士兵列阵,腰佩短剑,手持长矛。

前面,拥攘着一堆人群。有的是出于好奇,来看热闹的,有的则是在等待对自己亲属的判决。人人都耷拉着脑袋,低垂着眼睑,屏住了呼吸,仿佛那酋长的两眼中有一股威力,使他们心悸。

人到齐了,审判的时辰到了,酋长抬起手,喝道:

"把犯人一个个押到我面前来,把他们的罪行一一陈述一遍!"

牢门打开了,露出了里面黑洞洞的墙壁,那样子,就像是猛兽在打哈欠时露出的喉咙。镣铐铁链的声音叮当地从狱中传出,伴随着囚犯的呻吟和悲泣。人们转过目光伸长了脖子,仿佛要抢在法律前面,先看一看,看看那死神的猎物,如何从坟墓的深处走出。

一会儿,狱中走出来两个士兵,押着一个双手被捆绑着的青年,他那愁蹙的脸上,流露出强烈的自尊和坚定的意志。士兵让他站在审判场的中央,自己往后退了一步。

酋长盯着青年看了一会儿,然后问道:

"这人昂头站在我的面前!仿佛是站在荣誉席上,不像是在受审判。他犯了什么罪?"

一个手下人答道:

"他是一个杀人的凶犯。昨天,当您的一位军官下乡执行任务时,他进行反抗,把军官杀死了。捕获时,他手里还举着沾满死者鲜血的短剑呢!"

酋长愤怒地在座位上晃动着身子，两眼迸发出恼恨的光芒，大声喝道：

"押回黑牢，重铐伺候！明天一早，用他自己的剑把他的脑袋砍掉。把尸体抛到荒野，给兀鹰野兽去喂食。让风把他那尸骨的腐气吹到他亲人的鼻子边去！"

青年被押回牢房，人们送去了惋惜的目光和深深的叹息。因为，这位青年正当青春年华，面庞俊秀，身体健壮。

两个士兵又从狱中押出一位美丽、瘦弱的姑娘，她的神态因心灰意懒而显得十分憔悴。两眼充满泪水，悔恨和悲伤压弯了她的头颈。

酋长看着她，说：

"这弱女子站在我面前的样子，便能说明几分事实了。她干了些什么？"

一个士兵答道：

"她是个娼妇。一天晚上，她丈夫回来，发现她正被情人搂在怀里。那相好的逃跑了，丈夫便把她交给了警察。"

酋长盯着她，见她羞愧地低下了头，便恶狠狠地说道：

"押回黑牢去，把她放在荆棘铺成的床上，让她回想一下自己用罪恶玷污的床铺。给她灌加醋的苦瓜汁，让她回想一下那非法的吻的滋味。天亮后，把她赤身裸体地拖到城外去，用乱石将她砸死。把她的尸体抛在郊外，让豺狼吞噬她的肉，让虫子啃她的骨头！"

姑娘消失在监狱的黑暗中。人们望着她，有的赞赏酋长的公正，有的为姑娘的美丽动人的愁容、惆怅的秋波而叹息。

第三次，两个士兵押出来一个瘦瘦的中年人，他两膝不住颤抖，像一件破衣服下挂着的两块布片。他环顾四周，痛苦的目光中流露出绝望、贫困、不幸的阴影。

酋长看看他，厌恶地问：

"这个像僵尸似的在活人堆里站着的脏东西犯的是什么罪？"

一个士兵答道：

"他是个小偷，晚上溜进修院，被虔诚的修士抓住了。在他的衣襟内搜出了他们祭奠用的圣器。"

酋长用饿鹰盯着断翅小鸟的眼光盯着他，喝道：

"押回黑牢，铁镣伺候！天明后，把他拉到一棵大树下去，用麻绳将他绞死。让他的尸体悬着，上不着天，下不着地。让他罪恶的手指一点一点地烂掉，让他的躯体一点一点地风化。"

小偷又被押回监狱。人们交头接耳，议论纷纷。说道：

"这不信教的瘦子怎敢去偷窃修院里的圣器？"

酋长走下审判席，智囊团、执法者尾随而去。士兵们前簇后拥，驱散着围观的人群。这地方顿时空无一人，只剩下囚犯的哀号和绝望者的叹息。那声音颤颤悠悠，像是墙上晃动的阴影。

这一切发生时，我一直站在那里，心怀着一面明镜，映照出这群走去的魔影。我思索着这一条条一些人为另一些人设立的教规律法，考虑人们所谓的公道，探究这生活的奥秘和生存的意义。

晚霞已湮没在夜雾之中，我百思不得其解，便离开了那个地方，一面自语道：野草摄取土壤的汁液，羊儿啃食野草，恶狼吞噬山羊，独角兽捕杀恶狼，猛狮猎取独角兽，死神让猛狮灭亡。是否还有一种力量能战胜死神，把这一系列不义之事变成公道？是否有一种力量能把这些罪因变为善果？是否有一种力量能用巨手抱住生灵万物，微笑着把他们接入怀中，犹如大海欢唱着把百川汇入自己的心窝？是否有一种力量能在比酋长的法庭更崇高的法庭面前使凶手和受害人、淫妇和奸夫、小偷和被盗者都不再出现？

## 二

次日，我走出城市，在田野里漫步。那里的宁静使人心旷神怡，天空中清新的气息能消除在狭小的街道、阴暗的院落里所滋生的沮丧的病毒。我走到山谷口，放眼望去，见一群群鹫鹰和乌鸦时飞时落，空中一片聒噪和扑翼声。

我向前走了几步，想看个究竟。只见面前一具男尸悬挂在一棵大树上；一具裸体的女尸躺在向她投掷的乱石堆里；一具青年男尸卧在血泊和污泥之中，脑袋已经搬家。

我站住了，这可怕的景象使我眼前一片漆黑。睁眼看时，只看见死神可怕的阴影笼罩着这几具遍体鲜血的尸首；侧耳听时，只听见幽冥的哀号、乌鸦的噪鸣，它们盘旋在这些人间教规的掠物上空。

三个亚当的子孙，昨天还处于生活的怀抱，今日却已落入死神的掌中。

三个人，以民间的习俗亵渎了律法，于是，盲目的教规伸出巨掌，残酷地把他们击毙。

三个人，无知使他们沦为罪犯，只因为他们是弱者，律法把他们变成尸首，全仗着它是强暴。

一个人杀死了另一个人，人们便说：这是杀人的凶手。当酋长把这人杀死时，人们却说：酋长执法严明。

一个人企图窃取修院的财物，人们便说：这是可恶的小偷。当酋长夺取了他的生命时，他们却说：酋长情重恩深。

一个女子背叛了她的丈夫，人们便说：她是娼妇。当酋长命令将她裸体押走，当众乱石击毙时，他们却说：酋长崇高无比。

杀人是非法的，可是，谁又使酋长能合法地杀人？

偷窃财物是罪孽，可是，谁又使夺取生命变成了美德？

妻子背叛是丑事，可是，谁又使乱石击身变成了善行？

莫非我们要以更大的罪恶去惩治罪恶，并说：这便是教规？难道我们需用更大的腐化去消灭腐化，并声称：这就是律法？是否我们能将更大的罪行去制服罪行，并宣扬，这即是公道？

酋长在过去的生涯中难道没有杀死过敌手？难道没有掠夺过弱小臣民的金钱财物？难道没有调戏过妇女？难道这个恣意作恶，备受佑护的人却有权处死凶手、绞杀窃贼、击毙淫妇？

谁把这小偷吊在了枝头？是来自上苍的天使，还是雁过拔毛、巧取豪夺的凡夫？

谁使这凶手人头落地？是上天降下的先知，还是到处杀人、嗜血成性的兵痞？

谁用乱石击毙了这一淫妇？是来自修院的圣洁的修士，还在夜幕的遮蔽下无恶不作、淫荡乱伦的俗子？

教规，什么叫教规？谁曾见它偕同阳光降自九天？哪个凡人见过上帝的心，知道那便是他对人类的要求？哪一代人见过天使下降人世并宣布：莫让弱者享受生活的阳光，用利剑把失足者处死，用铁蹄把罪犯踩躏？

我心中思绪纷繁，感慨万分。突然，听得近处有脚步声，便抬眼望去。只见树丛中闪出一位姑娘，蹑手蹑脚地走到三具尸首旁，并不时惊慌地朝四处张望。一看见那青年砍落的脑袋，她便惊叫了一声，跪倒在地，用颤抖的双臂搂住了这颗头颅，眼泪夺眶而出。当她的手指碰到那头上的鬈发时，不禁心痛欲裂，号啕大哭起来。

直哭得精疲力竭，这才用双手匆匆挖掘泥土，挖出了一个很大的坟坑。她把青年的尸体拖进坑里，轻轻放平，并把那颗血淋淋的脑袋安放在两肩之间。用土掩埋了尸体后，她将那柄砍头的宝剑插在了坟上。

她正欲离开，我走了过去。她大吃一惊，吓得颤抖起来。随后，她垂下脑袋，热泪如注地从眼中流出，长叹一声，说道：

"如果你愿意，到酋长那儿去告发我吧！是这青年救了我，使我免受羞辱。我宁可死了，伴随他而去，也不能让他陈尸荒野，给猛禽愚鲁充饥。"

我答道：

"别怕，可怜的姑娘！在你来以前，我已为这杀人不眨眼的命运而痛哭哀伤。告诉我，他是怎样拯救你免受羞辱的？"

她哽咽道：

"酋长的部将来我们的田园征收赋税，他一看见我，便露出了垂涎欲滴的可怕目光。然后，他逼我那穷苦的父亲缴纳高额赋税，这税连有钱人也是缴不起的。他把我作为抵押抓了起来，要把我带到酋长的宫廷中去。我痛哭哀告，他毫不理睬。我求他念我父亲年迈，他无动于衷。于是，我只得大声高呼，向村里的乡亲求救。

"这青年是我的未婚夫,他闻声赶到,把我从那军官残忍的手中救出。那人勃然大怒,就要杀害这青年。于是,他抢先一步,拔出挂在墙上的一把旧剑,为了自己及保护我的贞节,把那人杀死了。他光明磊落,并未像其他杀人凶犯那样逃跑,而是在那个暴虐的军官的尸体旁站着。于是士兵赶来,给他戴上手铐脚镣,押进了监狱……"

说着,姑娘用使人心碎、令人神伤的目光望了我一眼,便转身匆匆走了。她那痛苦的声音,依然在天空中波动震荡。

过了一会儿,我又看见一个年轻人,用衣服蒙着脸向前走来。走到那个与人私通的女子身旁,他停住了,脱下外衣盖住了她赤裸的全身,然后,拿出随身携带的一把匕首,在地上挖了个土坑。他轻轻把女尸抱入坑中,用土掩埋了起来。每撒一捧黄土,都要掉一滴泪水。掩埋完毕,采摘了一些近旁的野花,放在坟头,对着它闭上双目,低下了脑袋。

他正想离去,我拦住了他,说:

"这失足的女子是你的什么人,以致你敢于违反酋长的意志,冒着生命的危险,来为她掩埋被天上猛禽啄食的尸体?"

他望了我一眼,那由于哭泣和失眠而变得红肿的眼帘说明了他是多么的痛苦悲伤。他用哽咽的、不时伴随着痛苦叹息的声音说道:

"我就是那个使她受到乱石投击的男子。我爱她,她也爱我,我俩小时候便常在一起游戏。长大了,爱情也随之生长,变成了有力的主宰。我们向爱神倾诉心中的感情,爱神把我们引到了身边;我们向爱神吐露心灵的秘密,爱神把我们拥到了怀中。

"一天,我离城出门去了,她父亲强令她嫁给了一个她所厌恶的男人。我一回来,听到这消息,便觉得白昼变成了漫长的黑夜,生活变成了痛苦的持续的斗争。我一直在与自己的感情斗争,抑制内心的愿望,但终于无法自持,像明人引导瞎子似的,被感情驱使着偷偷地去看望了我的心上人。我的目的,只是要看一看她那明亮的双眼,听一听她那动人的声音……

"我发现，她独自一人，在为自己的命运和生活而挥泪悲泣。我俩相对无语，洁身自爱，只是默默静坐。过了片刻，她丈夫突然闯了进来，见我在场，顿起歹念。他用残暴的双手揪住她光洁的脖子，大声喊道：'来人哪！快来看这淫妇奸夫啊！'乡邻们纷纷跑来，士兵也赶来探听究竟。她丈夫把她交到粗暴的士兵们手里，让她披头散发、破衣烂衫地被押走了。而我，却无人加以伤害，因为是非不分的教规和腐朽的戒律只惩处失足的女子，对男人是不予治罪的……"

　　那青年用衣服蒙住脸回到城里去了。我仍然呆在那里眺望沉思，独自叹息。风儿摇动着树枝，那被绞死的小偷的尸体也随之微微颤动，仿佛在祈求天上的神灵下降人间，把他也安置在为仗义救人而死的青年与为爱情捐躯的姑娘身边，安置在大地的怀中。

　　过了一会儿，出来一位衣着褴褛的瘦弱女子，停在绞死者的身边，顿足挥胸，痛哭不已。随后，她爬上树干，用牙齿咬断了那根麻绳。尸体像一块破布似的坠落在地上。

　　那女人下了树，在两座坟墓旁挖了个坑，把尸体放了进去。用土掩埋完毕，她拾来两块木头，做成十字架，竖立在坟头。

　　她正待转身回去，我拦住了她，说道：

　　"这位女子，你太冒失了，为什么要来埋葬一个小偷？"

　　她用深沉的目光看着我，目光中笼罩着痛苦悲怆的阴影，说道：

　　"他是我的丈夫，温顺的伴侣，孩子的父亲。五个孩子，都快要饿死了。大的八岁，小的还没断奶……我丈夫不是小偷，他是个为修院耕耘土地的农民。他从修士们那里得到的只有一块面饼，晚上我们大家分着吃，到天明便无物充饥……

　　"他年轻时，便用额头的汗水浇灌修院的田地，用壮实的双臂为它的苗圃耕耘。衰老了，辛劳的岁月耗尽了他的力气，病魔折磨着他的身体，他们便把他赶了出来。说：'修院不再需要你了，你现在请便吧！等你的儿子长大后，把他们送来，让他们替代你去田里干活！'

"他哭了，我也哭了，我以耶稣的名字向他们哀求，以天使和圣徒的名字向他们苦告，但是，他们毫不动情，对他，对我，对我们那些赤身裸体、饥肠辘辘的孩子毫不怜悯。于是，他便去城里找活干，可又被赶了回来，因为那里高楼大厦的主人只肯雇用壮实的青年。最后，他只得上大街去乞求，可人们不愿施舍，走过他面前，还说：'对懒惰成性的人是不该施舍的！'

"一天晚上，我们实在揭不开锅了，孩子们饿得在泥地里打滚，嗷嗷待哺的婴儿吮吸着我的奶头，却吃不到奶汁。我丈夫脸色都变了，他趁着夜色，溜进了修院的一个地窖，修士们在那里藏着粮食和葡萄酒。他扛了一袋面粉，正想回来，可没走几步，修士们醒了。他们抓住他，拳打脚踢，恶言辱骂，天一亮便把他送交士兵，说道：'他是个可恶的小偷，来这里偷窃修院的金器。'

"士兵们把他押进监狱，又押上了绞架，让他的尸体给饿鹰果腹。这只是因为，他想拿点剩余的粮食，填饱饥饿的孩子们的肚子。他是修院的奴仆，而那些粮食正是他辛勤收获的……"

这贫苦的女子走了，她的那些时断时续的话语像是凄凉的阴影飘入空中，又如微风吹拂的烟柱，袅袅地四下散去。

我像个吊唁者似的站在三座坟前，神情惆怅，痛苦无语，只能用泪水倾泻出一腔愁绪。我试图思索探究，但却无法集中思绪。因为心灵好比一朵鲜花，黑暗中将收拢花瓣，绝不会对夜色吐出芳香。

我站着，仿佛听到坟地的泥土中传出了冤屈的哀号，就像是空谷中传来的阵阵薄雾，萦绕在我的耳边，启迪我万语千言。

我站着，默然无语，人们如果懂得这沉默的语言，他们便会更接近天主，而不是近似林中的禽兽。

我站着，独自叹息。那田野的树丛如果触及我长叹中烈焰般的气息，将会离开原地，成群地向前挪动，用它们的枝丫去鞭挞长官和他的士兵，用它们的躯干去撞击修院的墙壁，使它倒塌在修士们的头上。

我站着，向前凝望。随着目光，把爱怜和悲痛一起洒向这几座新坟的四周……

一座是一个青年人的坟，他用自己的生命捍卫了一个弱小处女的贞节，把她从恶狼的利爪中救出。为了酬劳他的勇敢，他们砍下了他的头颅。那姑娘把他的宝剑插在坟头，让它作为标识，在阳光下诉说这个暴虐、愚昧的国度里勇士的遭遇。

　　一座是一个女子的坟墓。在贪婪者霸占她的身子以前，她的心弦已被爱情拨动。她被乱石击毙了，因为她的心至死也要保持忠诚。她的心上人在她尸体上放了一束田野里的鲜花，以它的渐渐枯萎和凋零来说明崇高者的命运。在那些被物质所迷惑，受愚昧所嘲弄的人群中，他俩却因为有了爱情而无比高尚。

　　一座是一个穷苦人的坟墓。修院的田地耗尽了他的臂力，修士们把他赶走了，代之以别人的双臂。他想工作为孩子们挣块面包，但找不到工作；去乞讨为孩子们要口饭吃，又得不到施舍。绝望促使他去取回一点他用辛劳和汗水换来的粮食，却被抓住处死了。那遗孀在他坟头立了个十字架，以便在静寂的夜色中向天上的星星作证：修士们是残暴的，他们把耶稣的教导变成了杀人的宝剑，用剑的利刃砍剐穷人弱者的身体。

　　夕阳躲进了晚霞的身后，仿佛对人间的疾苦已经厌烦，对人们的暴虐十分憎恨。夜色用幽暗和寂静的细纱织成了一块薄幕，覆盖在大自然的身上。我举目仰望苍天，向那些坟墓和墓上的标识伸开了我的双手，大声疾呼道：勇敢之神啊，这就是你的宝剑，它已被插进了黄土！爱神啊，这就是你的鲜花，它已在烈焰中凋零！耶稣啊，这就是你的十字架，它已湮没在黝黑的夜色中！

[选自《叛逆的灵魂》，《折断的翅膀——纪伯伦作品集》，江苏人民出版社1984年版。]

**作者简介：**

　　纪伯伦·哈利勒·纪伯伦（1883—1931年），黎巴嫩作家、诗人。生于黎巴嫩北部山区卜舍里。他12岁时随母亲去美国波士顿，三年后返回黎巴嫩学习阿拉伯语。1903年重返波士顿。母亲死后，家境贫寒，他在友人的资助下前往巴黎朱利安学院学习绘画，得艺术大师罗丹指点。返美后专事创作。

1920年倡导成立阿拉伯海外侨民文学团体"笔社",任社长。用阿拉伯文和英文创作。早期作品感情奔放,辞藻华丽。后期作品含蓄深沉,充满寓意和哲理,对后来的阿拉伯文学产生巨大影响。主要阿拉伯文作品有《草原新娘》《叛逆的灵魂》《被折断的翅膀》;英文作品有《疯人》《先知》《沙与沫》等。

## 笑靥与泪水

[黎巴嫩] 纪伯伦·哈利勒·纪伯伦

夕阳收敛了投射在翠绿的花园里的余晖，月亮从天边升起，洒下一片柔和的银光。我坐在花园的树丛下，凝望着这天色的更迭变幻。透过枝丫，我看到星星像金币似的抛撒在蓝色的天幕上。远处，我听到山谷里溪水在淙淙地流淌。

鸟儿栖息在树叶茂密的枝头，花儿合上了明眸，四周一片寂静。我听见，草地上传来了轻轻的脚步声。抬眼一看，只见一对青年男女正向这边走来，并在一棵青翠的树下坐了下来。我能看得见他们，他们却看不见我。

略过片刻，那青年向四面张望了一下，说道：

"坐在我的身旁，亲爱的，请听我讲。笑笑吧！你的笑靥便是咱俩未来的标志。高兴吧！生活为了咱们已变得十分欢畅。我的内心告诉我你心中产生了疑虑。哦，我的爱人！对爱情的猜疑便是罪孽。不久，你便将成为这银色的月光所映照的大片产业的女主人，将成为可与王宫比美的那座大厦的主妇。我那些俊美的马匹将把你拉到各种游览胜地，我那些华丽的车辆将把你我载到游乐场、舞厅。

"笑笑吧，我的心上人！像我仓库里金子闪光似的笑笑吧！看看我，像我父亲的珠宝在我眼前闪烁似的看看我！听着！我的爱人，在你面前，我不能不把所有的心事透露。

"咱俩要度一年的蜜月，整整一年，咱们将带着大批金钱，到瑞士的湖畔去，到意大利的风景区去，到尼罗河畔的宫廷旁去，到黎巴嫩的雪松绿枝下去。你将会遇到许多公主、夫人，她们对你的首饰、衣着将羡慕万分。我将把这一切都献给你，难道你还不满意？啊，你的笑靥有多甜美！这仿佛便是我生命的笑靥。"

过了一会儿，只见他俩慢慢地走开去了。脚步踩着鲜花，就像是富人用脚践踏着穷人的心灵。

两人从我的视线中消失了。我思索着金钱在爱情中所占的位置。我想,金钱本是人类的万恶之源,而爱情却是幸福和光明的源头啊!

正当我茫然地沉浸在遐想的汪洋中时,又见两个身影从我面前闪过,在草地上坐了下来。这一男一女两个年轻人,是从农庄里村民茅屋前的田埂上走来的。先是令人感动地沉默着,不一会儿,便听到那患有肺病的青年嘴里,伴随着长吁短叹,说出了一番话来:

"擦掉你的泪水吧,我的爱人!爱情既然已经拨亮了咱俩的眼睛,使咱们成了它的仆从,它也会赐予咱们坚韧和耐性。擦掉你的泪水吧,你且放宽心。因为,咱俩已向爱神作了海誓山盟。为了甜蜜的爱情,咱们将忍受贫穷的折磨、不幸的困苦、离别的悲痛。我必须与岁月斗争,以便挣得一些银两,交给你,帮助我们度过未来的生活。

"啊,我的心上人,爱情就是上帝,他把我们的叹息和泪水当作香火收下,并将赐予我们应得的一切。再见了,我的爱人,月亮一落,我就要动身。"

我又听到了一个夹杂着悲痛叹息的温柔声音!这是一个美丽的处女的声音。她把心中爱情的热望、离别的痛苦、忍耐的美德全都汇成了一句话,说:

"再见了,我的爱人!"

两人分手了。我仍坐在那棵树下,同情的纤指把我抚弄,这奇异的人世奥秘使我迷茫。

这时,我向沉睡的大自然看去,久久地凝望着,终于发现了一件永恒的事物,金钱无法将它买到,秋的泪水不能将它荡涤,冬的悲愁难以把它埋葬,瑞士的湖滨、意大利的胜利都找不到它的身影。我看到了一件事物,它坚忍不拔,春天萌生,夏天结实。我看到了爱情。

[选自《笑靥与泪水》,《折断的翅膀——纪伯伦作品集》,江苏人民出版社1984年版。]

## 溺水者

[利比亚] 赖买丹·阿卜杜拉·布希特

你可以看到，他在注视着自己的身影，那影子在他面前白色的沙丘上伸展开去，像南方的椰枣树一样细长。午后，当他的身影与他身高一般长短时，他把身体转过海边的沙丘，开始拖着自己的影子，朝滨海的大街走去。

每当太阳在海岸边升起的时候，这条大街上的人都能看见他的身影。仿佛他和某人有约，那是一个在很久以前离开了他的人……

每天早晨，当这条街上的人去上班时，都照例能看到他伫立在海岸前，也能看到他午后回来，但却不和任何人说一句话。只有开设在这条滨海大街头上的那家杂货铺老板哈吉·米拉德是个例外。

哈吉·米拉德十分可怜他，常常给他一包烟抽，每天都要给他半张或一张大饼，还笑着对他说：

"账以后再算吧！"

自从他搬到这条街上来以后，就睡在面包房的仓库里，只是到半夜便走出来，显得很激动的样子，大声呼叫道：

"赛迪娜……赛迪娜……"

一次哈吉·米拉德问他：

"阿瓦米，告诉我，赛迪娜是谁？是你女儿，还是你母亲？"

阿瓦米是有人给他起的名字，意思是"飘浮者"。因为，那时这人看见他在沙滩上跑着，张开双臂，像海鸥展翅的样子。一个老人要起飞了！

阿瓦米大声地叹了口气，对哈吉·米拉德的问题不予回答，走上滨海大道，回到面包房的仓库里。到了午夜，才走出来。那时，人们又会听到他大声喊道：

"赛迪娜……赛迪娜……"

最后,他的朋友哈吉·米拉德终于知道了这个秘密。他常常以此在大街的居民前特别是来找他的人面前炫耀,对他们讲述道:

"赛迪娜是他的一匹战马的名字,他曾骑着那马去袭击意大利人的军营。那马像羚羊般轻灵快捷,只有他,别人谁也骑不了!"

哈吉·米拉德感叹了一声,又道:

"他常跟我提起他的堂妹,她也叫赛迪娜……"

然后,压低了声音对听众道:

"当时,意大利人悬赏活捉他和他的马匹。一次他告诉我,他终于在山谷里像失群的鸟儿一样被他们捉住了……"

哈吉·米拉德的声音哽咽了:

"在一个斜坡上,他落入了意大利人手中。他们把他从马上拽下来,绑在骡子上,押进了集中营里。"

"他整夜呼叫的那个精灵又是怎么回事儿?"

哈吉·米拉德看了看那个提问的人,又向大街望去,眼中充满了期望。仿佛在透露一个秘密似的,接着道:

"是他的那位堂妹为他备的马,并为他准备出门的干粮。堂妹被他们赶出帐房,押送到阿基莱去了。在集中营里,他一个帐篷一个帐篷地寻找堂妹,喊着'赛迪娜……赛迪娜……'可始终没找到。"

夜幕即将降临,那个外号叫阿瓦米的异乡人站在哈吉·米拉德的店铺前,满头大汗,气喘吁吁地说:

"我看见她了,我终于看见她了……在大海中,离岸不远的地方……"

"你堂妹?"

"不是。"

"那匹马?"

"不是。"

哈吉·米拉德嗔怪道:

"那是你的幻觉,你今天在海岸边站得太久了!"

这个异乡人的脸上第一次浮现出笑容，他答道：

"我看见她的毛发了，在海面上闪闪发光。她的头抬了起来，正望着我呢！"

那天夜里，谁也没再听见"赛迪娜……赛迪娜……"那不断的呼叫声。

第二天早晨，哈吉·米拉德打开店门，听见海边传来一阵骚动。他挺起身子，向海边望去。只见街上的大人小孩在那里围着一个落水男子的尸体。警察开始让人群远离，训斥孩子们，不让他们走近尸首。

商店老板哈吉·米拉德穿过人群，走近去观看，他惶惑地看到，死者手里攥着几缕有点发红的毛发。他深思这，想起街上人们所谈到的精灵，那精灵在月夜浮出岸来，用金色的尾巴击打着海水……

他轻声自语道："也许，这便是那匹马的鬃毛？或者，是他堂妹的几缕头发？"

［选自《往事依依》，长江文艺出版社2002年版。］

**作者简介：**

赖买丹·阿卜杜拉·布希特，利比亚著名小说家，1935年出生于班加西。

"60年代开始创作。作品反映利比亚现实生活及其所感受到的心理及社会的动荡不安。作品详细记录了社会和政治生活的状况、由于石油工业兴起而带来的变化以及作者所观察到的这些变化在社会内部引发的斗争。因此，赖买丹·阿卜杜拉·布希特是一位人民作家，他负荷着利比亚人的忧伤，通过小说集说出良知的感言。以《往事依依》为题的小说集，于1996年出版，收集了作者在创作小说的历程中不同时期的一些作品。"（译自利比亚《阿拉伯人报》，2001年6月4日。）

# 37号病人

[利比亚] 赖买丹·阿卜杜拉·布希特

早上十点半，是就诊的时间。我穿过大街，朝医院大楼走去，挂好号，拿到黄色的号牌，我便上楼去了。

只见牌子上写着64号，我吃了一惊。我估计自己已经来得很早了，可二楼已经有六十三个人，来得比我还早，并都挂上号了。

我把号牌放进衣袋，咽了口唾沫，在走廊里穿行。走廊里散发的汗臭和药味，给我添上了新的疾病。

在二楼狭窄的走廊尽头，有两间屋子，我朝一间开着的屋子探进头去。屋里漆成黄色，据说，这种颜色能防苍蝇。地上坐着一堆人，瘦瘦黄黄的，不知道是由于屋子是黄色的关系，还是因为患病，他们一个挨一个地挤在一起，成了一堆长着脑袋的肉团。

我从门口退了出来，脚碰到了蜷缩在门前的一个人，看来，这人是从那堆肉里撤出来的。或者，他是在这候诊室——门上是这么写着的——里面待得不耐烦了……

对面那间屋子的门打开了，走出一个五十来岁的人，穿着件从一些边边沿沿看本来是白色的大褂，一脸委顿的样子，用嘶哑的嗓子干巴巴地叫道：

"35号，萨利哈·穆罕默德！"

候诊室里一阵骚动，长着一颗颗脑袋的肉堆摇晃起来，以便让一个挂着拐棍儿的身子从一侧挤出这堆肉去。

那人跟着脸色委顿的护士走进医生的诊室。那些黄黄的身躯又挤在一起，只是少一个人头，以新的结构组成一堆。

躺在门口的那人咳了几声，我转过头去看他，只见他正盯着走廊的远端。那儿有一个身穿白色透明外衣的女子，正朝这边走来。从步态看，她身体很健康。女子走到候诊室门口，伸进头去一看，发出一个无声的惊叹，仿佛对那一颗颗伸长的脑袋感到意外。女子返身往右走去，身后那长满脑袋的肉堆在晃动着，传出一阵叹息，像是一群诵经人所发出的轻声祈祷。

躺在墓地一样冰冷的地上的那个老人继续咳着，见那女子走进一个角落里的房间，门上用蹩脚的字体写着"妇科"，这老人才停止了咳嗽。

肉堆又团在一起，不再四面晃动，恢复了平静……

我看了看那间关着的诊室，由于站得久了，晃动一下身子，以便松快一下。摸摸口袋里那张号牌，计算着每个号在诊室里要耽搁多久。竟发现，我已经这么站着有五个钟头了！难闻的药味儿和体臭混在一起，越发浓烈，我更加不安了。

对面的那扇门开了，那个拄拐棍的人走了出来。神情委顿的护士在叫着36号。拄拐棍儿的回过头去，威胁道：

"他知道我们讨厌他们，所以就这么给我们做检查，还以为我不懂他说的意大利语呢！"

说着，站在走廊中间，举起拐棍儿，指着前面道：

"他们才是脏货呢，我们不是！"

一边往前走，一边像是在跟身边的人说似的，又道：

"我在他们的集中营里待过一段时间，知道他们的那些个脏话……"

转身下楼时，他用拐棍儿敲击着楼梯的台阶，仿佛在敲着那个医生的脑袋似的。

我从站的地方挪动了一下，去看看那个肉堆，发现又少了一个脑袋。我掉转目光，去看那个躺在门前地上的老人，只见他正用衰弱的目光盯着我，脸上露出了笑容。我为了消磨时间，俯身去问问他的情况。他那干瘪的嘴张得更大了，露出了稀疏的牙齿。说：

"我每天来这儿就为在这凉快的地板上歇歇……你看，这会儿这地方特舒服……"

我奇怪地问：

"可是……大爷……"

他仿佛知道我要说什么,打断道:

"夏天,在泥地上的铁皮顶棚下待着,热得很啊!所以,我从早上到下午的大部分时间都到这块舒服的地儿上来歇脚……"

他看着手中的那块号牌,大声自语道:

"我对医生可不放心……"

对面的门开了,脸色委顿的护士叫道:

"37号,哈里发·穆罕默德!"

护士越喊越响。

我看看那老人,只见他把写着37的号牌藏掖起来。老人已明白是在叫他,扶墙站起,朝护士背转身去。护士又叫了几次这个号,这才转而叫下一个号,见老人慢慢离去,指着他道:

"他每天都来挂号,就为在这儿睡觉!"

说罢,便领着38号走进了医生的诊室。

在走廊的那一头,老人向我转过头来,脸上浮着笑容,仿佛是在与我告别。然后,便消失在楼梯的拐角处……

候诊室和走廊里又恢复了一片寂静。

只听砰的一响,我穿过走廊跑去。在楼梯拐弯的台阶上,老人脸朝上跌倒在地。我大步跳到楼梯下面,见一个护士已经赶到。我俩将他那瘦弱的身子抬起,他脸上满是血,手里还攥着那张黄色的牌号。我们把他抬进大夫的诊室,脸色委顿的护士同情道:

"这回你终于来了……"

老人在担架上,十分虚弱地低声道:

"你看,不是我自己走进来的……"

护士关上诊室的门时,老人的脸上依然挂着与我告别的笑容。门关上后,我便走了。

走出医院大门,我松了一口气。只觉得,湿润的空气又令我精神振奋了。

我快步走着，过街后回头去看那座黄色的大楼，只见墙上挂着块锈迹斑斑的铜牌，中间写着"医院"二字。

在我脑海中浮现出许多景象：等候治疗的人堆……脸色委顿的护士……穿着白色透明外衣的女子……想法稀奇古怪的老人……我从衣袋里掏出那张黄色的号牌，把它撕得粉碎。只觉得，自己似乎是挣脱了枷锁。

第二天早晨，在上班的路上，我照例买了份当天的报纸，以排解无聊的行程。翻过几页，见一个版面的角上画着个黑框，里面写着：

"一个名叫哈里发·穆罕默德的人昨晚在手术后死亡、尚不知他的居所，所以通知其亲属。"

我合上手中的报纸，向前看去。前面是我还必须走的一条漫长的道路。自忖：

"无论如何，那不过是一个告示而已！"

〔选自《往事依依》，长江文艺出版社2002年版。〕

# 一块木头

[利比亚] 赖买丹·阿卜杜拉·布希特

穆罕默德大叔贴在那冒潮气和烟味儿的墙上，盯着那个持枪看守他的年轻人，反反复复地说着：

"我没想偷，那天晚上很冷，我的手脚都冻僵了……"

警卫望着他，似乎希望他安静下来，别再总说这些了。于是对他说道：

"我帮不了你什么，说白了，是他们要我看着你，等着审问。"

穆罕默德大叔垂下眼，望着地面，似乎想赢得这警卫的信任，忽然道：

"你的父亲——真主怜悯他——可是个好人哪！以前，好长时间，我们一块儿在山里的葡萄园给意大利园主干过活。"

年轻人笑了，听着大叔继续说道：

"傍晚，太阳落山后，我们就可以回家了。我至今还记得，你父亲——愿真主怜悯他，善待他——常招呼你去帮他扛装满葡萄的篮子……在回家的路上，你父亲常谈起你，说'哈赖克这孩子总得有个固定工作啊！'唉，要是他还活着，看到你这会儿扛着枪，蹬着这闪亮的黑皮靴，该有多好啊！……说真的，我告诉你了，我没想要偷。孩子，你是了解我的……"

警卫笑了。穆罕默德大叔是部委大楼看门的，被控偷了一块木头。警卫对他道：

"我了解你，穆罕默德大叔，只不过是他们让我看着你罢了。"

警卫点燃一支烟，从门孔中递了进去。穆罕默德大叔吐了口烟，浓烟从门孔中漫出，就像火车出站时喷出的烟雾一样。

只听外面有一个声音在对警卫说：

"关押的人是不许抽烟的，你没搜吗？"

说着，那警官打开门，走到正大口吸烟的穆罕默德大叔跟前，对他道：

"站好了！"

穆罕默德大叔看着那警官的脸，棕黑色的脸上布满一条条凹纹，就像这扣押室的墙壁一样。中间长着的胡子都被烟草熏黄了，和脸部的颜色形成反差。只听他道：

"收拾一下，这就走！"

看着飘到屋顶上去的烟雾，接着道：

"上审讯官那儿去！"

穆罕默德大叔咳了一声，急切地说：

"我跟这小伙子发过誓了，我没偷。他打小就认识我，我跟他一辈子都是邻居……"

穆罕默德跟着警官走了出去，布满青筋的双手高高举起，乞求似的道：

"饶了我吧！我那天冻僵了，所以点了点儿火。"

在院子中间站定后，这才把举着的两只手放了下来。他看见，几个警卫懒散地站在院子的角落里，身上穿着黑呢制服，正在晒太阳。他听见，那个青年警卫和气地对他道：

"跟我来，穆罕默德大叔，托靠主吧！"

两人走出铁栅栏大门，穿过马路，走到对面一座灰色大楼里，狭窄的走廊两边，是一扇扇发亮的门。穆罕默德大叔气喘吁吁地跟在警卫后面在走廊里走着，提了提绊脚的大袍子，看着门上的号码和钉在这些门上的白色的牌子。低声自语道：

"所有政府大楼都是差不多的。"

警卫停住了脚步，站正了，格外礼貌地敲了敲门。

门开了，穆罕默德大叔往屋里探进半个脑袋。见屋里铺着地毯，墙上挂着画片，他舒心地微微一笑。

警卫用一种异样的、干巴巴的声音喝道：

"进去！"

穆罕默德大叔看着警卫，想确定是否真的是要他进去。一脚跨进屋子，站到铺着的地毯边上，只觉得身后的房门便被猛地关上了。他把双手叉在前面，看着闪亮的办公桌。在屋子的一个角落里，放着台收音机似的东西，闪着红光，在阵阵送暖。穆罕默德大叔真想脱去袍子，躺倒在这绿色的地毯上，因为这使他想起了春雨过后的麦田……

他听见一扇小侧门开了，从中快步走出一个矮个儿，坐到了办公桌后，似乎是要在他面前掩饰自己矮小的个子。矮个儿抬起两只发黄的眼睛，看着穆罕默德，简略地道：

"坐吧！"

穆罕默德摸着椅子侧面的扶手，坐下了，抬眼去看坐在办公桌后的矮个儿。只见那人翻着身前的卷宗，从一边挪到另一边，然后忽地抬起头来。穆罕默德大叔一惊，不是那矮个儿追问，几乎又要站起身来。

"叫什么名字？"

穆罕默德大叔咽了口唾沫，答道：

"穆罕默德……"

"全名！"

"穆罕默德·巴勒哈吉·侯赛因。"

"职务？"

那人提问时连头也没抬。穆罕默德犹豫了一下，这才答道：

"在部委大楼看门。"

"你是否偷了块木头？"

"我什么也没偷！"

"你把那块木头拿去干什么了？"

穆罕默德大叔突然高声讲述起来：

"长官，晚上很冷，该发给门房的大衣没发给我。他们说，'等主任给仓库保管签发文件后，会发给你的'昨儿晚上，我觉得冷极了，风又大，脚都站不住了，就从门后拿了块木头……"

审讯官第一次用眼盯着他，打断道：

"这话无关紧要，重要的是，你拿那块木头干什么了？"

穆罕默德大叔看着屋角的取暖器，那闪着木炭般红光的东西里散发出暖意，又低下头来，看着庄稼般碧绿的地毯，这才继续道：

"昨晚我用它点火取暖来着。第二天早上，我便把大楼的钥匙交给监工头了。我没在大楼里生火。"

审讯官问：

"用这木块取暖，你没请示过领导？"

自觉问得没趣儿，接着道：

"你干吗用国家的木料点火？"

穆罕默德大叔微笑着看看审讯官那张眉头紧蹙的脸，好心地答道：

"这块木头扔在门后已经三年了，从我看门起就没人拿它做过什么用……"

见审讯官用红笔在他面前的一张纸上写着什么，穆罕默德大叔不作声了。审讯官摁了一下电钮，门开了，警卫走了进来，发亮的黑皮鞋在地上一蹬。那矮个儿一边起身离开，一边说道：

"把被告带下去，明天十点再押来！"

说罢，便消失在小侧门后面。那个警卫扶起穆罕默德，帮他整好袍子。

走出那座灰色的大楼，部委守门人穆罕默德大叔什么都忘了，只是对那个警卫说：

"那矮个儿官员的屋里倒是挺暖和的嘛！"

〔选自《往事依依》，长江文艺出版社2002年版。〕

## 童年的回忆

[摩洛哥] 阿卜杜·麦基德·宾吉隆

返回曼彻斯特时,母亲、妹妹、佩特·诺斯一家还有另外一些人已在家门口等着了。我看到因为我们的归来,母亲和妹妹的脸上都显得分外欢畅。

见大家都已在客厅里落座,并和我父母谈起话来,我心中便产生了一种难以抑制的愿望,于是,悄悄溜出屋子,向我那辆小自行车飞奔而去。

车,靠墙放着,前轮歪向墙面,车身上满是尘土,显得很伤心的样子,仿佛正向墙角倾诉着这些天来被人遗忘的不幸。我走过去,掸掉车上的尘土。我太想念它了,真想一把搂进怀里,就像生日那天得到它时一样。我觉得,它的愁绪终于渐渐消散,于是便一跃而上,箭似的向街上驶去。

我心中有一种十分奇怪的感觉,自进家门,这感觉便油然而生。看看街上,一切依旧。门,还是那些门;窗,还是那些窗;人行道、电线杆,还都在老地方。可这是就局部而言,从总体看,却似乎已变了模样。

我每次离开一个地方,再返回时,总会产生这种感觉。也许,所有人都会有这种感觉,必须要经过一段相当的时间,一切才会恢复其本来面目。莫非,地方和人一样,也具有灵感心肠?或者,人的目光只有反复对某些事物凝望,才能识辨它的真相?

这问题的答案,这儿就不去追究了。

我正为此感到诧异,却听到了一声尖利的口哨。回头一看,见朋友里奇站在他家门口,正向我挥手召唤。于是,我放慢速度,拐了过去,在他身边下了车。

他说:"你什么时候回来的?很久没见了。"

才交谈几句,他就明白了,我这次出门,可算是一件大事。于是,他凑近我说:"咱明儿一早在后街碰头,谈谈你这次旅行及所见所闻。"

我满口答应,随后就分手了。

口哨声从后街传来时，我们正围坐在餐桌旁吃早点。

我脸红了。因为，用口哨进行联络，是一件父母所不赞赏的事。他们知道，这样召唤去干的事，有可能是并不招人喜欢的。

我看看父亲，又看看母亲，觉得，他们似乎并未听到哨声。再一看妹妹，便见她眼中露出了会意的目光。因为，我事先跟她说过，我们要在后街碰头，以便跟小朋友们侃侃我的所见所闻。

我挪动身子，准备离座。可这时，又响起了一声口哨。父亲盯了我一眼，对哨声和我离座的关系起了疑心。为摆脱困境，我干脆一跃下地，飞也似的跑了出去。

走出门外，我便见到了一大群小朋友。是里奇主动用口哨把他们招来的，就为听我讲述我所去的那个遥远国家的故事。

孩子们围着我坐下，嚷着，问着，用不无惊奇和羡慕的目光盯着我。

里奇问："你回去的那个国家叫什么名字？"

我答："摩洛哥。"

他道："别耽搁了，快跟我们说说摩洛哥吧！"

我说："摩洛哥是一个阳光明媚，风景秀丽的国家。不过，新鲜事儿多着呢……"

一说这话，孩子们便都目光闪亮，脖子支着的一颗颗小脑袋伸了过来，直直地盯着我：

"快说说这些新鲜事儿吧！快说说这些新鲜事儿吧！"

我想了一下，徒劳无益地寻找着开场白。终于，一个孩子救了我。他问："在这个叫摩洛哥的国家里，孩子们上学吗？"

"啊，学校！是的，孩子们都上学。不过，你们知道是什么样的学校吗？那只是一间暗暗的屋子，地上铺着干草那样的东西。孩子们全都席地而坐，老师则坐在前面一块高起的地方，手里拿着一根长长的棍子来督促学生。你们知道他督促学生干什么？是让他们大声叫嚷！哪个学生若不使劲儿，就该倒霉了……"

"他们学嚷嚷？"

"我不知道，准是嚷嚷吧！大一点儿的学生总是口口声声地说，他们小时候就学过这门学问，上过许多十分有价值、有影响的课呢！

这事儿就别管它了。就说吧，要是哪个学生犯规该受罚了，你们以为老师会让他伸出手心来打吗？才不呢！学校里，通常都会有一个壮实些的学生，只要老师向他递过去个眼色，叫嚷声就会立即停止下来。

一眨眼，那个壮实的学生就扑到了犯规生的身边，轻巧地一下把他掀倒在地，抓起他的两只脚掌，向老师递去。老师在手心里吐一口唾沫，从放在身旁的木棍里选一根最结实、打得最痛的。然后举着棍儿，挽起右胳臂，像车夫似的先在空中熟练地一悠，以确定棍儿是否称手，然后，就开打了。不断地狠揍着，小可怜便大叫起来……"

这时，一个小小孩儿忍不住说："啊，啊，这太可怕了！"

我接着说："是这话，一个奇怪的国家，什么都挺新鲜的。孩子、妇女、男人、吃饭、住房……什么都新鲜。

"你们知道那儿是怎么吃的吗？人们吃住都在同一间屋里。坐，在大垫子上；睡，也在大垫子上。睡觉的时候，屋子就变成了卧室。

"吃早饭、中饭、晚饭的时候，仆人端来一张带四条腿的小矮桌，放在地上，四周放好坐垫。然后，一个小女仆一手端着个铜盆，一手提着把水壶，挨个儿地让入席的人洗手。咱们是跑水管那儿洗去的，他们是把水管拉到身边来洗的。人们围着桌子，在坐垫上坐好。桌上，只放有一个大盘子，盘子四周摆满面饼。然后，大家就用手在那个盘子里抓着吃起来……"

一个孩子说："这会儿我可知道那是个什么国家了。我知道了，因为在电影里看见过。这是一个黑种人的国家。"

我说："你是说黑人住的国家？不，这国家里的老百姓，虽说一切都不一样，但肤色是白的。跟咱们完全一样。咱们会干的，他们全会，只是方法有点新鲜罢了。"

这下，孩子们开展起一场激烈的学术争论，对这个国家的看法发生了分歧。他们的知识都是从电影里得来的，所以众说纷纭。诸如吉卜赛人、印第安人、因纽特人、黑人等，说什么的都有。谁都说自己在电影里看到过，谁都声称知道我跟他们提到的那个国家。

于是，我索性停下不讲了，只是望着他们，等他们争出个青红皂白来。回头一看，见妹妹正在一旁用那种我所讨厌的、莫名其妙的神情瞪着我。

可能是因为我对他们的争论有点厌烦了，孩子们一个个都盯着我，生怕我还没把看到的新鲜事儿都讲完便会离去。于是，我又坐了下来。

一个孩子说："讲讲打仗吧！他们是怎么打仗的？"

我说："这个国家里没有战争，也没有格斗。我想，他们的老百姓是不屑打的。他们和睦相处，喜欢过平静、舒适的生活。这就足以说明，他们不是吉卜赛人，也不是因纽特人、印第安人、黑种人……他们从不格斗，而是热爱欢乐、佳肴和一切华美的东西……"

这时，传来一个拖得长长的喊声：

"里奇！里奇！"

这是他母亲在呼唤。

里奇一下站了起来，说：

"我妈在叫我呢，我该走了。有件事儿她让我干来着，我给忘了……不过，你可别再讲了，我还想听呢！咱们明儿下午再碰头好吗？你们就说行吧，我也好走啊！"

他一边飞快地说着，一边已越走越远。因此，我们也只能照办了。他非常热心呢！再说，这次聚会，就是他，而不是别的孩子召集的啊……

[选自《阿拉伯国家经典散文》，上海文艺出版社2005年版。]

**作者简介：**

阿卜杜·麦基德·宾吉隆（1919—），摩洛哥作家。生于卡萨布兰卡，毕业于开罗大学文学院，曾在摩洛哥外交部供职。著有《这就是摩洛哥》以及著名短篇小说集《血谷》等。

# 仇 敌

[叙利亚] 扎克里亚·塔米尔

## 一、序

警察吹响了哨子,早晨的太阳立即爬了起来,用那像老朽的绞刑木架的暗黄色,照亮了城市的街道。

这时,人们愁眉不展地、悻悻地从睡梦中苏醒了。

## 二、失去的天空

在街道两旁,站立着一棵棵树木,两只小鸟栖息在树枝上。它们并未用歌声来迎接早晨的太阳,只是交换着畏惧、困惑的目光,其中的一只对另一只道:

"咱们往哪儿飞翔?"

"飞机已霸占了我们的天空。"

"只给我们留下了笼中的天地。"

"我们将失去翅膀。"

"我们将忘却歌唱。"

两只小鸟凝视着一架飞速穿过天空的黑色飞机,又交换了一下畏惧的眼色。看来,这城市似乎已对它们张开了贪婪的、露着獠牙的大口,于是,它们吞了几片安眠药,坠落在坚硬的水泥铺的人行道上,死了。

## 三、俘虏

两个老人拖着缓慢的部分在一条人行道上边走边忧伤地谈着:

"这日子没法过了。"

"情况越来越糟。"

"是该写状子的时候了。"

"什么状子?"

"呈递给至高无上的真主的状子。"

"咱们在状子里写些什么呢?"

"咱们要写上:

我们,下列签名者,恳求上苍给我们派来一支以最新式的武器武装起来的天兵天将。不过,是要他们杀敌人、守边疆,而不要把我们当作俘虏一样。"

"如果不照咱们的要求做,那又怎么办呢?"

"那我们就再写一张状子,求真主同意免除我们的五次礼拜。"

"他要是不同意呢?"

"会的,他还会同意免除我们的斋戒呢!真主是大慈大悲的。"

## 四、仇恨

几个孩子,聚在学校的院子里,兴冲冲地在玩一个新的游戏。

"我是泰山。"①

"我是安塔拉。"②

"我是百万富翁。"

"我是原子弹发明家。"

"我是葛瓦尔·多什。"③

"我是警察。"

---

① 注:西方小说和电影《人猿泰山》的主人公,力大无穷。
② 注:古代阿拉伯的英雄人物。
③ 注:叙利亚喜剧舞台上的一个著名角色。

"我是飞机发明家。"

孩子们向飞机发明家扑了过去，扇他的脸，对他拳打脚踢。而那孩子，则号哭着，大声地求救。

## 五、男子

"赞美真主，把我们造就为男子。在危急的时刻，我们能疾风般地向前奔跑，幸免于死。

"赞美真主，未将我们造就为女子，否则将坐待家中，像破袜子似的被敌人的炸弹炸死。

"赞美真主，唯有真主是值得赞美的……"

## 六、危险

有人问一位阴阳先生，未来将发生些什么事？他毫不迟疑地答道：

"大人将死亡，小孩将死亡，鸡鸭猫狗、花草树木，全将死亡；房子、书籍、旗帜将被焚毁，学校里的板凳、留念的照片也将被焚毁；凝固汽油弹将抹掉笑容、毁掉阿拉伯文、烧掉麦穗，医院将倒塌，工厂将倒塌，花园也将倒塌，妇女将抛头露面地在大街小巷上穿行。"

当这一预言在一本书中详细地刊出后，忠于祖国的人对将在妇女身上出现的事一致表示谴责，他们呼吁要不惜牺牲一切，以避免出现这一丑恶的险境。

## 七、天堂

即将做礼拜的人们急切地围在清真寺的长老身边，一个人用颤抖的声音问长老道：

"长老啊，天堂里有飞机吗？"

长老道：

"天堂里没有飞机。"

人们轻松地舒了一口气，高兴地说："赞美真主！"

## 八、演说

"凭真主起誓，我们对敌人的沉默，不是出于懦弱，而是出于蔑视、高傲和自信。

"他们说：我们要你们的石油。我们说：把石油拿去吧！我们是哈提姆·塔伊①的子孙。他们说：向引进的思潮猛烈地宣战吧！我们说：我们是精于攻守之道的，我们已架起了绞索，建造了牢房。

"他们要霸占一个城市，我们便把城市几个几个地奉送给他们，以证明我们是不把他们放在心上的。因为，如果说他们有飞机、炸弹，那我们却有着高贵的品德和天授的信条。他们具有的东西与我们所具有的真无异于天壤之别。我们才是强者，因为我们所用以武装的是精神和真理，而不是腐朽的物质和短命的虚妄……"

## 九、救星的勋章

阿拉伯语由于它在使失败变为胜利方面的贡献，而荣获了祖国的最高勋章。因为，它把这场战争称之为撤退，把这种撤退称之为坚持，把这种坚持称之为英勇，又把这种英勇称之为胜利。

我们已战胜了敌人，我们还将战胜他们的第五纵队。因为，只有它竟无视阿拉伯语的战斗力。

---

① 注：阿拉伯蒙昧时期的诗人（？—605年），以勇敢和慷慨著称。

## 十、为什么？

学生问老师："人和兽有什么区别？"

老师对学生说："兽不会讲话，人会讲。"

老师没撒谎，我们这些广播、电视、新闻工作者是最会讲话的。

我们向赋予我们舌头的开天辟地的造物主表示感谢。话的用处真是数不胜数。在我们与敌人开战时，我们的讲话起了督战的作用，它勇敢地迎击敌人，击落了他们的飞机，炸毁了他们的坦克，歼灭了他们的士兵。

可是，为什么还会发生这样的事？我们的言词已经进行了英勇的圣战，我们为什么还会失败？

## 十一、消灭贫困

一个叫苏莱曼·卡塞姆的公民饿了，便吞吃了一些载满了赞颂现政权文章的报纸，这些文章列举了政府在消灭穷困上的丰功伟绩。

他吃饱后，感谢赋予世人食禄的真主，并对报上所讲的话深信无疑。

## 十二、广播节目

播音员："兄弟，你叫什么名字？"

青年："阿卜杜·穆纳伊姆·哈勒比。"

播音员："结婚了？"

青年："光棍。"

播音员："干什么的？"

青年："没工作。"

播音员："为什么不工作？你有钱还是讨厌工作？"

青年："我既没钱，也不讨厌工作，几年来我一直在找工作。"

播音员："你渴望实现的心愿是什么？"

青年："现在就死去。"

播音员："亲爱的听众们，阿卜杜·穆纳伊姆·哈勒比兄弟毫无疑问是一位热忱的爱国者。因为正如你们所看到的那样，他由于未能为我们蓬勃向前发展的社会做出贡献而自责，以至情愿死去。"

## 十三、儿子

一个幼小的孩子问母亲道："眼睛有什么用处？"

母亲皱起了眉头，提心吊胆地望着孩子说："真主造双眼，是为了让它们以尊敬、爱戴的神情去仰望我们国家领袖的肖像。"

孩子问："耳朵呢？"

母亲更害怕了，说："耳朵是用来倾听官方命令和政治报告的。"

孩子又问："那舌头呢？"

母亲说："舌头除了帮助咽下用牙齿嚼过的食物外就没有什么用处了。"

孩子神秘莫测地微微一笑，母亲却已经吓得浑身发抖了。

## 十四、英雄

电视女播音员："哈立德·本·瓦利德①先生，你能给观众们讲讲你是怎样成为著名的英雄的吗？"

哈立德·本·瓦利德说："我之所以能成为英雄应归功于'安德乐事'汽水精。每天早晨我都要喝上一杯溶进两匙'安德乐事'汽水精的水。遐迩皆知，这种'安德乐事'汽水精益肝、清肠、健身、提神。"

---

① 注：伊斯兰教初创时期的名将。

## 十五、爱情

"警察先生，请随意搜查好了。我女人不是一架能印政治性颠覆传单的印刷机。她的笑既非帝国主义的阴谋，也不能把它分析成是对现政权体制的一种直接的批评。特别是，在我爱上她以前，我曾问过她对我国现政权体制的看法，当时她立即回答说：她非常热爱这种体制。只是在这时候，我才允许我的心爱上了这位有觉悟的女公民。

"当我们第一次亲吻时，我俩都欢乐得发抖了，仿佛我们是在支援各国人民斗争的游行队伍中鼓掌、高呼一样。

"警察先生，难道还有比我们这样对祖国更忠诚的吗？"

## 十六、罪行

我是一个和其他贫苦百姓并没有什么两样的公民，身上穿的同他们一样，肚子里同他们一样，他们怕这怕那的，我也一样。

当我有幸得到国家给我在国营工厂内的一份工作时，我并没懂得这一恩赐的价值。短短的几个月后，我便无视对敌作战需要经费，违反了官方关于必须勤俭节约的指令，而提出了增加工资的要求。我没有意识到，如果满足了我的要求，祖国会遭受多么大的损失！我如果提了薪，国家财金就得减少。国家财金减少，支付于威士忌、女装、汽车、洋房的钱就得削减。若是威士忌少了，女人火了，汽车、洋房不阔气了，那么国家的头头就会不那么痛快了，这是无论从历史上还是在客观现实中都可以肯定的。国家的头头一不痛快，他们就会无精打采了，他们的宣言、声明、演说就变得软弱无力、枯燥无味、镇不住敌人了。因此，我要求增加工资，就是为敌人效劳，成了使他们心理战取得成功的帮凶。

那么，让我受到严厉的惩罚吧！

附注：我所具有的这种突如其来的觉悟，跟我被关进警察局的拘留所丝毫无关。因为在那里，我只被问起了有关我的一些发展生产的建议。

## 十七、首长

警察把两只胳膊肘支在河堤上，声色俱厉地喝道："喂，河！"

"谁叫我？"

"是我叫你。"

"你是谁？"

"我是警察。"

河水哆嗦了。

警察又说："你若想不受驱逐，不在流放地度过余生，就必须做出不干预政治的书面保证。"

"可这是我的祖国啊！"

警察生硬地说："你想坐牢？"

河只得赶紧照警察的要求办事，宣布对首长效忠、驯顺。

## 十八、为了取悦旅游者的祖国

致有关当局：

我们是住在昏暗、狭窄的贫民窟里衣衫褴褛的生灵。我们提出如下要求：

1. 望能允许我们赤身露体地行动，以节省服装费，并使我们的身体能得到阳光和空气。

2. 望公立医院能免费为我们切除胃脏。因为胃给我们的生活带来了不知爱国为何物的无理的动乱。

3. 望能砍掉我们的脑袋。因已证明，使一个公民变成卖国贼的正是他用来看的眼睛，用来听的耳朵，用来说的舌头，还有那用来思考或者并不思考的脑子。

## 十九、亡灵的桎梏

据说有个男子爱上了一个女人，可是她不愿嫁给他。于是他吃惊地问她道："你总跟我说你爱我，怎么又不肯嫁给我呢？"

女的说："我爱你，可你们家祖祖辈辈的尸体都是不埋的，你怎能要我跟你生活在一间屋子里尽是尸体的家中呢？"

男的想了一下，然后说："你说得对。死人有他们的墓穴，不该放在活人家里。"

他赶忙去挖了一个很深的坑，要把他祖先的尸体埋进去。可祖先和仇敌们的幽灵，却来给他戴上了手铐，把他埋进了自己挖成的墓坑。

女人没有哭泣，只是磨快了她那位男人的剑，期待他的归来，而不像他那样，对同祖先和敌人的斗争一筹莫展。

## 二十、太阳和月亮

好死不如赖活着。去吻强者的手吧，而在暗地里再诅咒这只手，让它折断。你若有求于狗，便对它道："狗陛下。"

要做一个逆来顺受、唯唯诺诺的人！因为人微言轻呀！若话语如银，则沉默似金。知足是用之不尽的宝藏，好妒者必难成器。你要安分守己，对当局要俯首听命。行于此路者，必达矣！

## 二十一、孩子们在欢笑

有一天，国王看到一些孩子在田野里嬉戏，欢乐地笑着，便问："你们为什么笑？"

第一个孩子说："我笑，是因为天空是那样蓝。"

第二个孩子说："我笑，是因为树木是那样绿。"

第三个孩子说:"我笑,是因为小鸟在飞来飞去。"

于是,国王看看天空、树木和鸟雀,发现它们并没有什么好笑的。便认定,孩子们的笑是对他王威的嘲弄。于是他立即返回宫中!发布了一道命令,禁止他王国的臣民欢笑。大人们都乖乖地不再笑了,可孩子们却对国王的命令置若罔闻!他们依然欢笑着,因为天空是那样蓝,树木是那样绿,小鸟在飞来飞去。

## 二十二、贿赂

某个地区的男人们开了个会,就宗教和尘世上的一些事进行了议论。一位长着白胡子的人用责备的口吻急切地对他们讲道:

"敌人之所以能战胜我们,完全是由于我们偏离了自己的正教。要知道,这次失败是一种惩罚和警告,是对你们所犯罪孽的惩罚,是对未来将充满灾难的警告。"

区里的一个居民叫了起来:"那怎么办?请您指点我们吧!"

长着白胡子的人说:"你们必须迷途知返,回到教义上来,求主宽恕,以得善终。"

一个人说:"可我们又做礼拜,又把斋,也不伤害人。早早晚晚都在念叨着真主啊!"

长着白胡子的人说:"光做这些还不够,你们应该建造一座清真寺,以便能在其中高颂真主的训词。"

"可是盖清真寺得花许多钱,而我们又都是些穷苦人。"

长着白胡子的人暴躁地说道:"你们真该死!莫非你们宁可把赚来的钱都花在那如过眼云烟的尘世生活上,却找出一些微不足道的借口,来拒绝盖清真寺?那些宁要尘世生活,而不肯求悦真主的人是不会有好结果的!"

人们抱愧地低下了头。

区里的百姓们长时期地忍饥挨饿,却终于建起了一座清真寺。寺内的宣礼塔像是一柄愤怒的长矛，几乎要刺破天空，刺穿敌人的飞机。

## 二十三、审问

审理员对躺在一个摇篮里的婴儿说：

"你切不可说谎，把你所知道的有关你的那些同志们的事情告诉我。"

婴儿没有回答。审理员不满意了，暴跳如雷地对婴儿说：

"你竟敢拒绝招供？！"

婴儿哭了。审理员更加恼怒了，他下令召来手下的人，于是他们马上拿着皮鞭来了。死寂的夜，连星星也没有一颗。

## 二十四、遗嘱

在一个临终的老人四周，围着许多悲伤的儿孙。他两眼吃力地端详着他们那焦黄的脸和破旧的衣裳，用微弱、颤抖、遗憾的声音难过地对他们说：

"我要死了，却没能给你们留下点什么有用的东西。"

他还想讲下去，可突然感到一阵极度的疲惫，迫使他沉默了下来，便闭上了眼睛。当时他颤抖着，急切地想要告诉他的子孙们这些话：

"儿孙们哪！生活真是千奇百怪。你们尽管在世上行凶作恶、胡作非为好了。即使绞索套上了脖子，也切不可说真话。你们尽可胡说八道，去对那些富豪权贵们阿谀奉迎吧！去对那些不学无术、胸无点墨的无赖和小丑们溜须拍马吧！光辉的未来并不属于别人，而正属于他们。

"要为一步登天、新上台的人物鼓掌喝彩；而对那些倒了霉的下台者，则要落井下石，破口大骂！要喝个酩酊大醉！不要礼拜，不必斋戒，更不要对人行善。你们要见风使舵，管它是左、右、东、西。对书本你们要嗤之以鼻，博得头目一丝笑，胜过读破万卷书。对穷人和弱者你们要大动干戈；对豪强权贵却要低三下四地摇尾乞怜。要对那些不值得赞美的人大唱赞歌。要为狗的狂吠鼓掌叫好。要大吹大擂，以便压过夜莺的鸣啭。"

垂死的老人胸怀深仇大恨，他要大声说出这些肺腑之言。可就在这一时刻，死神来临了。于是老人满腹辛酸，默默地抱恨而逝。

## 二十五、结果

老师对小学生们说："我曾告诉过你们，一年分四季，是哪四季？"

学生叫道："有秋天！"

老师说："秋天里，树叶金黄，土地新破，彩云漫天。"

秋天来了，树叶黄了，飘落下来，覆盖在那些在战争中被杀戮而未被掩埋的尸体上。

学生叫道："有冬天！"

老师说："冬天里，阴雨连绵，滋润大地。"

冬天来了，不料我们飞机的残骸和无辜死去的飞行员竟像种子似的埋入土中。绵绵淫雨洒落在他们的身上。

学生叫道："有春天！"

老师说："春天里，万物吐翠。"

春天来了，大地披上了绿草和鲜花。可是母亲们和所有的城市，依然穿着丧服。

学生叫道："有夏天！"

老师说："夏天是收获的季节。"

夏天来了。可是，大地并没有长出麦穗，只产生了新的飞机和渴望再去送死的人们。

## 二十六、跋

一个人，以一种复仇的动作，把他那匕首的利锋直插进地里，外面只留出个把。然后他把耳朵贴在大地上惊讶地叫道:"大地在哭泣!"

然后,他又一次把耳朵贴在大地上,欢天喜地叫道:"她死了!"

当他第三次把耳朵贴到大地上时,他只听到了士兵的皮靴单调的嚓嚓踏地的声音。

[选自《血谷》,中国社会科学出版社1981年版。]

**作者简介:**

扎克里亚·塔米尔,叙利亚当代著名作家,1931年出生于大马士革,13岁时辍学做工。1960—1963年在叙利亚文化部编译出版署工作,1963—1965年任作家协会机关刊物《文学评论》秘书,60年代后期主要从事儿童文学创作。

塔米尔的作品有短篇小说集《白马嘶鸣》、《去海上》(1960)和《恐惧》(1970),长篇小说有《古老的大门》等。

## 棕榈树
### [苏丹] 塔依布·萨利赫

你问,是谁栽下了这棵名叫沃特·哈米德的棕榈树?

孩子,没人栽种!

这棕榈生长的地方,岂有适宜种植的土壤?莫非你没有看见,它坚实、平展,豁然高出于河岸,像一尊雕像的基座一样?河,从它的脚下蜿蜒流过,恰似古埃及人奉为神祇的一条圣蛇……

不,孩子,没人栽种!

喝口茶吧,孩子,你是该喝点儿了。

这树,多半是自生自长的。但是,除了现在的这种样子,谁也不记得它原来怎样。儿孙们,一睁眼看东西,便见到了村边的这棵树。而我们,在回忆童年的往事时,会看见一棵高大的棕榈耸立在脑海的岸旁,对岸则一片迷惘。仿佛,那棕榈就是黑夜与白昼的界碑;似乎,它就是那先于晨曦喷薄而出的淡淡霞光。

这话,你能听明白吗,孩子?我在意识中感受到的却又难以表达的这种感情,你能体察吗?

每一代人,一出世便会见到这棵棕榈,似乎这棕榈总是与他们同生共长。

去和这地方的乡亲们坐一坐,听听他们是怎样谈论自己梦中故事的吧!

一个汉子,睡醒后对邻居说,他梦中看见自己在一片广袤无垠的沙地上行走。那沙粒雪白雪白的,像是一颗颗碎银。在沙地里行走时,两脚陷了下去,便艰难地拔出来。走着走着,渴了,饿了,沙漠却依然没有尽头。

终于,爬上了一座小山。从山顶上,看见一片茂密的棕榈林。其中一棵高高挺立;相形之下,别的棕榈显得像是骆驼周围的一片羊群。

那汉子爬下山来,却见身后的土地仿佛已渐渐隐去。他一步步往前迈进,发现自己终于来到了沃特·哈米德棕榈树下。在那里，他看到一罐牛奶，漂着一层泡沫，像是刚挤出的。他痛饮一番，直喝得心满意足。

于是，邻居告诉他：闯过难关，你就有奔头了！

再去听听，有位女子正告诉要好的女友说：梦中，我仿佛坐在一条航行于狭窄海面的船上。伸出双手，便可触摸两岸。又见自己被推上浪尖波峰，几乎触及彩云。随后，那海浪便将我送入黑暗深邃的海底。

我害怕极了，要叫，声音却仿佛凝在喉中。

突然，只见水面略显开阔。又见岸上有棵黑色的树，并无一片绿叶，只长着兀鹰尖嘴般的芒刺。我看见，两岸在向我合拢，黑树仿佛正朝我走来。

我惊恐万状，大声叫道："沃特·哈米德！"

眼前，倏地出现了一个容光焕发的老人。雪白浓密的胡子覆盖在胸前，身穿白色长袍，手拿琥珀念珠。

老人把手按在我的额头上，说："别怕！"

于是，我镇静下来。见海岸又分开，海水平静流淌。往右看去，一片田野，麦粒金黄，水车转动，牛儿啃青草。而在那岸上，我看见了那棵沃特·哈米德棕榈树。

船停在棕榈树下，老人先跳上岸去，拴好船，便把手伸给我，接我上岸。随后，他用念珠轻轻碰了一下我的肩膀，从地上捡起一颗棕榈果，放在了我的手里。回头看时，已不见老人的身影……

女友说，这就是沃特·哈米德。你本病危，终于康复。该到那棵棕榈树下，去向沃特·哈米德还愿才是。

孩子，就这样，不管是男人、女人、小孩、老人，只要夜有所梦，就会在梦中的哪个地方见到沃特·哈米德。

你问我，为什么要把那棵树叫作沃特·哈米德棕榈？等等，孩子，再给我斟杯茶来……

民国初期，政府的一个官员来找我们，对我们说，政府想为我们建造一个轮船码头。他说，民国政府愿意帮助我们，使我们得以发展。他热情洋溢，说话时满脸喜气。可看看众人，四周却没有一张脸对他的话有任何反应。

孩子，我们是不常出门的。若有要事出门，如去为土地注册、办离婚手续等，就会骑上毛驴，走一个早上，然后到邻县码头去搭舱船。孩子，我们已经习惯这样了。也正因为如此，我们都养着驴。所以，那官员从众人的脸上看不到一点儿为此欣喜的样子，是毫不足怪的。

官员泄气了，惶惶然不知所措，话也说不顺溜了。

沉默了一会儿，有人问："码头建在哪儿？"

官员说："只有一块地方适于建码头，就是棕榈树那儿。"

这会儿，你要是领个女人来，让她像刚出娘胎似的光着身子站在那些男人中间，也不会比那句话更能引起莫大震惊。

有人立即对官员说："轮船总是在星期三经过此地。你们若在这儿建了码头，轮船就会在星期三下午在我们这儿停泊。"

官员说："轮船将在星期三下午四点停泊在这码头上。"

一位汉子立即反驳道："可这正是我们在棕榈树下为沃特·哈米德扫墓的时候啊！我们每星期都要带着妻小去供祭品的。"

官员笑道："那就改个日子扫墓好了！"

这会儿，他要是对众人说，你们都是婊子养的，也不会比说这话更使他们恼火。他们一下便都跳了起来，向那人扑去。要不是我干预，把他从拳头下解救出来，他们差点就要把他揍死了。我让那人骑上驴，对他说，逃命去吧！

就这样，轮船一直没在我们这儿停泊。我们有事出门，依然一早骑上毛驴，到邻县去搭轮船。可是，只要我们能像祖辈似的每星期三带着妻小给沃特·哈米德扫墓、祭牲，这就够了！

等我一会儿，孩子，先让我做一做黄昏的礼拜。人家说，黄昏绮丽，转瞬即逝……

真主善良的仆民啊，我作证：万物非主，唯有真主；我作证：穆罕默德，是主使徒……愿尔等蒙受色兰，沐浴主恩……愿尔等蒙受色兰，沐浴主恩……

唉……唉……我这背啊，痛了有一个星期。你看会有什么呢，孩子？可我知道，我是上年纪了。但愿青春……

我年轻的时候，早饭能吃下半只羊，晚饭能喝掉五头牛挤出的牛奶，一只手就能提起一麻袋椰枣。谁要说能把我打翻在地，那是撒谎。人们都叫我"鳄鱼"！

有一次，我晚上在尼罗河里游泳，用胸脯把一船小麦推到了对岸。对岸正有人在车水，见我把船向他们推去，吓得扔下衣服就跑，我喊道：你们这些人啊，该死的，都怎么啦？难道不认识我？我是鳄鱼啊！你们才是鬼呢，怕自己那副怪样！

孩子，你是否想问，得了病，我们怎么办？

我之所以要笑，是因为，我知道你脑瓜里在想些什么。你们城里人，有点小病就往医院跑。有人伤了个指头，就会被送去看医生。医生给他绑上绷带，在脖子上挂好几天，那他也好不了。有一次，我在地里干活，手指被什么东西咬了，就这小指头。我直起身来，就到草里去找，那准是条蛇。我可以对你发誓，它有我胳臂这么长呢！我一下掐住它的脑袋，用指头就把它掐死了。然后，咬住受伤的指头，把血嘬出来，再捡起一团泥，把它糊上完事。

不过，这都是芝麻小事儿。大灾大难怎么办？

一次，我们的邻居嗓子眼儿肿了，在床上躺了两个月。一天晚上，烧发得太烫了，她便天不亮就爬起来，硬撑着走了出去。是的，孩子，她来到了沃特·哈米德棕榈树下。

那女人后来说："我在树下站着，几乎支撑不住，大声喊道：'沃特·哈米德啊，我来向您求助，以便祛病祛灾。我将躺在棕榈树下您的墓旁，是死是活由您定夺。要么活着离开，要么死了扛走……'"

女人又说："我战战兢兢，缩成一团，很快就困了。正在半梦半醒之间，忽然听见念诵古兰经的声音。突然，一道刀锋般锐利的白光闪起，贯连了河道的两岸。只见那棕榈树伏地叩首，我的心也急剧地跳动起来，仿佛要跃出喉咙。

"我看见,一个白须白袍的端庄老人,笑容满面地向我走来。他用念珠击打一下我的脑袋,喝道:'起来吧!'

"我发誓,我自己也不知道是怎么的,竟然站起来了,走回到家里。我是在天亮时到家的。随后,我把丈夫、儿女全都叫醒。我让丈夫升火、煮茶,让女儿欢叫。全村人都来了。我发誓,打那以后,我再也不害怕了,再也没病过……"

是的,孩子,我们这些人是不上医院的。小病小灾,像蝎子叮蜇、头痛脑热、四肢无力、磕磕碰碰什么的,在家待一阵子就好了。有什么大病,就去求那棵棕榈树。

要我给你讲沃特·哈米德的故事吗,孩子?还是想睡觉?

我知道,你们城里人都是夜猫子。而我们,鸟儿歇了,苍蝇不再去缠老牛,树叶静下不动,母鸡把雏鸡搂进翅膀,羊儿躺着反刍一天的食粮,我们也就睡了。我们跟牲口一样,它们醒我们也醒,它们睡我们也睡,我们是息息相通的。

我父亲把他从爷爷那儿听来的故事告诉了我:

从前,沃特·哈米德曾当过一个异教徒的奴仆。沃特·哈米德自己,则是真主的虔诚信徒。为了不被异教徒主人杀死,他不能暴露自己的信仰,公开做礼拜。可这样跟异教徒生活一起,他无法忍受,便祈求真主助他解脱。他听见一个声音说,把礼拜毯投入河中,它把你载到哪块岸边,就在那儿上岸。

于是,礼拜毯把他载到了现今长着那棵棕榈树的地方。那原是一块荒地。白天,沃特在那里独自礼拜。晚上,有人给他送来各种饭菜。吃罢,他又继续礼拜,直至天明。

那时,村里还没有人住。这地方的乡亲、水车、房舍,都像是一下子从地下冒出来的。谁要说他知道村子形成的历史,那是撒谎。别的村镇,从小到大。可这地方,是突然出现的。乡亲老是这么多,模样老是不变。自从有了这村子,就有这棵沃特·哈米德棕榈树。谁也不记得它是怎样长起来的,谁也说不上它是怎么从岸边这块硬实的土地上生出并像卫士一般耸立在那里的。

我带你去看过那棵树,孩子,你还记得它四周的铁栏杆,还记得石碑上那块大理石牌子么?上面写着"沃特·哈米德棕榈树"。你还记得那坟墓上面的带有金色月牙的圆拱顶么?这是自从真主在这里设村以来唯一新增的一些东西。这会儿我就把这件事讲给你听。

孩子,你总是要走的。明天离开的时候,脸也浮肿了,眼也熬红了。可你最好还是别等我们,而要念我们的好才是。要想想今晚我给你讲的故事,或许你会发现,来看望我们并不是一件太坏的事儿。

你还记得吧,几年前,咱们有许多代表、许多政党、许多不知其所以然的争论。就像水波会把他乡的草叶漂送来这里一样,道路有时也会把他乡的客人引至我们的家门。他们谁也最多只会在我们这儿待上一夜,但却会给我们带来许多关于首都的混乱消息。他们说,逐走殖民主义的政府已被另一个更乱、成员更多的政府取而代之了。我们问,是谁改组了政府?他们却默不作答。

自从我们拒绝在棕榈树那儿建码头以来,再没有人来打扰过,前政府成立了两年,我们还不知道它是什么样儿的,是白的还是黑的。政府的代表,经过我们村子也不停留。赞美真主,这倒省去了我们许多接待费。直至四年前,新政府取代了原政府,便仿佛要让我们知道它的存在了!

一天清晨,我们看见一个小脑袋上扣着顶大帽子的官员,带着两个士兵,在棕榈树那儿量啊,算啊的。我们问,怎么回事儿?他们说,政府要在这棕榈树下建舱船码头。我们说,不是早就反对过,怎见得今儿我们会接受?他们说,放纵你们的那届政府软弱无能,这会儿情况可变了!

不跟你细说了。

当时,我们揪住他们的头发,把他们扔进河里,就去干活了。

一个星期以后,来了一队士兵。带队的正是那个小脑袋上扣了顶大帽子的官员。他命令士兵抓这个拿那个,一共逮了我们二十个人,送进了监狱。我也是其中之一。

在狱中待了一个月。

一天,那些关押我们的士兵又来了,给我们打开了狱门。我们问是怎么回事儿?谁也不说,不过,我们发现,监狱外面聚集着大批人群,一见我们就大声高呼。许多衣冠楚楚,手戴金表,头发飘着香味的人物来跟我们拥抱,把我们带入人群,直至见到亲人。只见人群一望无际,汽车、马匹、骆驼也停得到处都是。

我们直嘀咕,首都的骚乱蔓延到这儿来了?!

他们让我们这二十个人站成一排,一个个跟我们握手。有总理、部长,众议院议长,这个机关那个单位的代表……我们几个面面相觑,不明白到底发生了什么事。不过,跟这些头头脑脑握手,胳膊都酸了。

然后,他们又让我们在庞大的队伍中间行进,一直走到棕榈树和墓地旁。你见到的那块碑、圆拱顶和铁栏杆这些设施,便是总理奠基的。就像旋风一刮就跑,那群人来去匆匆,没在我们这儿过一个晚上。我只是把他们看作墓地上的苍蝇。那年,苍蝇又肥又大,嗡嗡地叫个不停。

后来,有一个顺路而来的外乡客,对我们讲述了那次变故的缘由。

他说,新政府一成立人们就不满意,它只是收买了一些议员才成立起来的。人们都在伺机摆平它,反对派在寻找能燃起大火的丁点儿火星。

棕榈树事件发生,并把你们逮捕入狱后,报纸发表了消息。辞职的前政府首脑在议会里发表了一个激烈的演说。他说:"本届政府专制到居然干预百姓的信仰、干预他们最神圣的事物了!"他略作停顿,以增加影响,然后又用充满激情的颤抖的声音说:"请问我们尊敬的总理,沃特·哈米德棕榈树是怎么回事?请问,怎么竟会派士兵和手下去践踏那块圣洁的地方?"

人们大声疾呼,全国各地,人人全对棕榈树事件关心备至。这在以前任何事件中,都是从未有过的。也许,其原因就在于,这国家的每一个地方,都有像沃特·哈米德棕榈树那样人民梦中能见到的一杆旗帜!

就这样闹啊,叫啊,群情激奋地折腾了一个月,五十个议员被迫宣布撤回对政府的支持。他们所在机关警告他们，要么作此宣布，要么受选举单位罢免。就这样，政府倒了。前政府重新上台。国内头号大报写道：沃特·哈米德棕榈树已变成人民觉醒的象征！

从那以后，我们再也感觉不到政府的存在；从那以后，那些大人物谁也不再来看我们。赞美真主，免除了我们与他们握手之苦！我们的生活又恢复了原样，没有抽水机，没有农田工程，没有轮船码头。唯棕榈树依旧，中午为我们在南岸投下浓荫，上午那荫影则从田舍一直延伸到墓地。河水像是神话中的圣蛇，从它脚下蜿蜒流过。只是，在我们村里增添了大理石碑、铁栏杆和带金色月牙的圆拱顶而已……

老人讲完这一切，看了我一眼，脸上隐约的笑意从嘴角两端浮起，像是一缕暗淡的灯光。

我问：

"你们什么时候架抽水机、搞农田工程、建轮船码头？"

他沉思片刻，然后说：

"等人们睡下再不梦见棕榈树的时候……"

我问：

"那要到什么时候？"

他说：

"我跟你说过，我儿子在城里的一所学校里念书。不是我送他去的，是他自己逃跑去上学的。我希望他能在城里留下，不必回来了。等我儿子的儿子从学校毕业，怀有新精神的年轻人越来越多时，也许，我们就要架抽水机、搞农田工程了……也许，轮船也就会在沃特·哈米德棕榈树下停靠了……"

我说：

"你说，有朝一日会砍掉那棵棕榈树吗？"

他久久地望着我，似乎想用那暗淡无力的目光向我传达言语所不能表示的信念。

"没有必要砍掉棕榈树的,没有必要拆除墓地。人们都没有想到,这块地方,是可以容下一切的。棕榈树、抽水机、轮船码头、全可以容下……"

沉默了一会儿,他向我投来一个难以描绘的目光。那目光使我心中感到忧伤,一种莫名所以的忧伤。

他又说:

"明天,你无疑要走了。到了所要去的地方,多念着点儿我们的长处,别把我们想得太差了……"

[选自《外国散文百年精华》,人民文学出版社2001年版。]

**作者简介:**

塔依布·萨利赫(1929—2009年),苏丹著名作家,主要作品有《北迁季节》等。

## 扎比芭与国王(节选)

[伊拉克] 著述人

是的,伊拉克是一个诞生先知、负有使命的国家,是一片文明昌盛、贸易繁荣的净土。在这片土地上,先有禾木丛生,后有牛羊成群,乳汁流淌。于是,开始了生活,世界有了贞洁和过失,生活有了甘甜和苦辛。在这片土地上,有跨进天国及乐园高处之门,有坠入地狱去遭受火炼之途。

在伊拉克,曾有过苏美尔、阿卡德、巴比伦、亚述等王国。早有城市文明,有巴格达和萨姆拉等古城,这是一块雄鹰展翅、光辉灿烂的地方。日光为其而照耀,月华因之而凌空。若不是为了她,禾木不会如此欣欣向荣,使耕耘者欣喜、叛道者恼恨;若不是为了她,上天不会遍降甘霖。

在伊拉克的土地上,在平原、在山冈、在月夜映出摩羯星座和土星的湖面,流传着许许多多有关英雄、事业、建设和信仰的故事。与此同时,你也会听到许多奇闻趣谈,惊叹之余,还会发现一些缺陷。

但是,在伊拉克,不滋长虚妄,不存在嘲弄,没有那种挖苦的性格,有的只是故事……

"在很久很久以前……"

我家收留的一个亲戚,一个老妪这样讲着。

那时,我叫她"奶奶"!

她是一个十分聪慧的妇人,村民们男男女女的都爱去找她,听取她的劝告和忠言。她还是村里的一位医师。孩子们都非常喜欢她,和男男女女的大人们一起,去听她讲一些寓言故事。

有一天,她跟我们讲了一个故事……

从前,有一个至高无上的国王,权大势盛,臣民顺服。有的对他景仰、恭敬、热爱、忠诚;有的却因自己的所作所为而对他心怀惊恐。那时,真主还没派下他的使者和先知，还未给合法或违禁之事划出明确的界限。换句话说，那时，人们还未像后来那样精确、明晰地固守真主的教规，遵循其教义、教律和功修。

这位国王，遂成了"当代之王""四方之王"，人们对他，不是驯服便是折服。他要使对他卑躬屈膝的人们所遍及的范围，远超过他统辖之下、影响所及的地方，远超过那些并不隶属于他，却在那古老世界各地执政的诸位君王，他就是这样的一个人。以至，那些慑于他权威的诸王，当不能压服自己的臣民时，便以他的名义来进行统治，使自己得以高高在上，领受臣服……

老奶奶不再讲述，继续去忙着做她那在这种冬夜里要做的活计。我们围坐在炉火旁，只有紧挨着炉火的孩子才能取得一些温暖。我并不理解这个奇怪故事的含义，但我对这位老妪十分了解，我知道，对于当时她所居住地区的人们来说，她具有足够的睿智。

那时，她便住在坐落于扎卜河畔我们的小村里，近处有一座黑黝黝的山岭。山的东北，是底格里斯河的东岸。河对面，有一座名叫舍尔加特的古城，那儿有建于公元前3000年旧亚述帝国时期城市的遗址。①

我知道，这位老奶奶是有意在选择一些故事来讲给我们听的。也许，有些故事是她编的。有些虽是民间传说，她也可能添加了些，删除了些，使故事符合她要我们领悟的含义，对我们产生她想要达到的影响。

我那老奶奶和所有的老奶奶都一样，养大了一代又一代后生，其中有她们的孙子、外孙。她们通过说故事，讲传奇和一切可能的方法，以一种特别的专注，竭力要我们别去干那些她们不让我们干的事，坚持遵循那些她们要我们遵循的行为。

那时候，老奶奶们都是这样的，许多比母亲年龄还要大的姑姑和阿姨们也是这样的。她们都喜欢讲这类故事，在讲这些故事和寓言的时候，她们就像是

---

① 舍尔加特（Shergat），在今伊拉克北部尼尼微省底格里斯河西岸。古称亚述（Ashur），为亚述帝国的宗教中心。——译者

家里的电视机一样，但愿当代的电视，在教育人的方面，能达到以前我们受她们教育百分之一的水平！

那时候，在客厅里，在办公室里，在家里，在亲人中间。有些男子也讲述这样的故事，以便在青年中培养勇士精神、优良传统。

聪慧的奶奶又接着讲了下去……

国王独自一人在宫中觉得心中烦闷，便走出宫去，来到城外的荒郊野地。远远的，他看到了一座华丽的宫殿。

国王及其随从便催马前行，时而疾驰，时而缓步，朝那个方向走去。按当时的计时法，约莫走了半个时辰，国王一行便来到那座宫殿。

只见那宫殿和刚离开的自己的王宫仿佛如出一辙，只是规模稍小而已。问起出入此宫之人，这才被告知，那是属于一个巨商的，他是众多王公贵族的朋友，常在这宫中举行盛大的宴会。而这片庄园及庄园中的一切，则是过去的一位国王赠送给他和他父亲的。

说到这儿，讲故事的聪明奶奶便来跟我们调侃了。她道：

"王公贵族的朋友，那些受邀赴宴的人，不都应该带有很大的头衔吗？名商巨贾、封建领主、望门权贵、寺院住持以至各大掮客……再说了，那些国王，在把人民的财产施给不属于百姓的那些人时，不是慷慨得很吗？他们不是对富人十分大度吗？孩子们，难道你们会以为，自己也能从中得到些什么？

"就这样，是一位国王把这华丽的宫殿赠给了大商人哈斯基勒。而你们呢？就像这样子和奶奶我待在这破屋里。寒冬冷风，几乎都抵挡不住；雨水袭来，只要刚打湿屋顶，就会渗漏而下……"

奶奶是笑着说这番言语的，有时甚至咯咯大笑。我们很淘气，也大笑起来，因为看见她露出了七零八落的几颗牙齿。岁月把她嘴里的牙齿这边摘下几颗，那边撅落几粒。上下牙龈上，所剩的几乎只有一半了。岁月无情，最后几乎只给她留下了牙龈和稀少的几颗牙齿。

在奶奶谈到国王、王权及王产的时候，她句句斟酌，每个字都要在口中咀嚼一时，方肯吐出。因为她自己缺少体面，没有产业，毫无能力，仿佛只有如此才能给自己的心灵一些慰藉。

她常常提起自己是如何被嫁给堂兄的，聘礼只有十头绵羊，都被父亲牵走了，一头也没给她留下。父亲甚至连一件新袍子都没给她添置……尽管这事情至少过去四十年了，但每当提起，她总觉辛酸万分！

我们提醒奶奶，让她别把国王的故事扯到自己的经历上去，她便又讲了起来……

国王听了关于哈斯基勒及其宫殿的故事，惊讶万分。但他并未进那宫殿，而是继续朝一间小小的茅屋走去。那茅屋，紧挨着哈斯基勒宫殿的外墙。哈斯基勒听说国王来了，便也骑着马追随而去。

走近茅屋，国王便命侍卫阻止哈斯基勒靠拢。只见，茅屋里走出一位美丽的妙龄女郎，名叫扎比芭。

扎比芭欢迎国王到来，以高雅的口吻，彬彬有礼地请他下马，以便邀他进屋做客。

一位年迈老者站在扎比芭的身旁，国王估计，他是和女郎一家的。

于是国王下了马……

扎比芭请国王进屋，国王却也真的走了进去。随后，女郎请国王在一张用椰枣树枝叶编成的椅子上坐下。国王发现，这茅屋里面十分洁净，一切东西都摆放得井井有条，搭配得相当协调。

宫廷的奢华，陈设的繁杂，宫墙的厚重，怎能不让一个精神上并不贫乏的人心生厌烦？总把他束缚在毫无必要的浮光掠影之中，不是简直要窒息他的心灵，抛杀他的情感吗？而这种与大自然本色的直接联系，不是足以提高品位，产生选择相宜色彩的能力吗？就像清新的空气，足以促进人的身心健康一样！

国主向扎比芭问起他们的生活、劳作及各种情况，扎比芭一一作答，令国王十分欣喜。尤其是因为，扎比芭的答话中，涉及面颇广，使王越听越想听。扎比芭在和国王谈话、应答时，语句简洁明了，谈吐清雅斯文，令人听来心旷神怡，颇长见识。

国王对扎比芭十分欣赏……

扎比芭朴实无华，按国王的判断，天资也非常聪颖。举手投足，毫无矫揉造作之态。这不正是像他这样一个整天把自己关在宫中的人所需要的吗？他整天待在宫中，既无所见，又无所闻，岂不就是在沉闷的常规中事先设定的一个物件吗？

国王对扎比芭造访越来越频繁了，扎比芭也开始去拜见国王。终于，国王深深地爱上了扎比芭。他对具有任何一种名分的任何一个女子，包括三宫六院、情妇外室在内，都未曾有过像对扎比芭这样的痴情。

每当扎比芭起身迈步之时，国王的那颗心便从他的胸腔中跃出，紧追不舍，或为其引领保镖，或尾随以知其之所往。当她从宫中走出时，国王的心便为她化成了一把火炬、一支明烛。

但是，国王并未向扎比芭倾吐自己的爱情，他力图不让她察觉这情意，只让她知道这不过是国王和一个百姓的令人欣慰的关系而已。因为，他毕竟总受着宫墙和宫规的束缚。

虽然国王从不问起扎比芭与她丈夫之间的事情，从不问起她是如何与丈夫相处的；虽然国王并不嫉妒那男子，因为他毕竟是扎比芭的丈夫；但国王却因为扎比芭而对她所呼吸的空气、喝的水，甚至她含着的食物都产生了妒忌之情。

是啊，国王是应该为扎比芭的朱唇而心生嫉妒的。一个丈夫是应该为妻子的朱唇而醋意横生的。女子的朱唇不该是男人为之倾倒的吗？那不就是女子用来吸引或摈斥男人的特有之物吗？

一个聪明的女子，应十分注意修饰自己的双唇，利用它来作为控制男人的有力手段，使男人无法脱身。女子还应注意掩饰自己嘴唇的缺陷，使挨近的男人不再溜走。

男人亲吻女子的双唇，不是比吻她的其他任何部位多得多吗？对不是沉溺于性欲的人来说接吻不就足够了吗？一个男子，在与他心爱的姑娘相处的任何阶段，为向她证实两人的接触并非为性，而只是爱，不也仅以亲吻来表达吗？他会说，不管有无性的欲望，但亲吻却是基础。人们都是这样说的……

既然双唇具有这一特性,那么,男人不是有权利、也有义务分外爱惜他心上人的朱唇,珍爱她的一颦一笑吗?因此,母亲、奶奶们用面纱蒙住嘴唇,只在至亲面前进食,不是更可以理解了吗?《古兰经》的经文中要求女子用面纱蒙住额头和嘴唇,就是这个意思!

当时,国王确已深深地爱上扎比芭了。可他是怎样爱上的呢?且听下面道来……

国王通知卫队长,要卫兵们允许让国王的客人进入王宫中他自己的厢房。而对这位宾客的详细情况,国王却什么也没说。

卫队长觉得很奇怪,有客人光临的通知,这次竟由国王直接下达,而不是通过他去传送的。虽如此,他却并未向任何人打听事情的缘由,也未向任何人吐露自己心中的疑惑。他只是把大门口的卫兵召集起来,要他们穿上礼服,准备迎接国王的贵宾。

"两个卫兵应该一下便把两扇大门打开,"卫队长对卫兵们道,"打开门扇的动作,要快慢一致,不要一个人比另一个开得更猛更快……国王的客人名叫扎比芭……"

在他说出"扎比芭"这个名字的时候,并未表明他对此人有所了解,也想不起有关她的任何情况。

听到"扎比芭"这个名字,一个卫兵几乎要笑出声来,但忍住了。只是看到卫队长转过头去,并未面对自己时,才露出了一丝笑容。

卫队长走了,卫兵们互相笑闹着,一人道:

"今晚我想吃葡萄干呢!"①

一个卫兵问:

"你说,咱能打哪儿弄到葡萄干啊?"

---

① 在阿拉伯文中,"扎比芭"(Zebibeh)这个名字是由表示甜蜜的"葡萄干"(Zebib)一词加阴性词尾所构成。本意为"一粒葡萄干"。

另一人道：

"有的人总爱做力不能及的非分之想！"

一人说：

"哥儿们，实际办不成的事儿，难道连想想都不成吗？"

另一人说：

"不成！想入非非，自受其累！"

那人的朋友答道：

"可是，人的心灵，不能只为某一时刻力所能及之事而悸动，不能没有超越这一时段和能力的充满希望的空间。"

那人道：

"希望，是一个人在内心看到的一种可能出现的状态。或者说，是在他有能力将这种状态变为可能前的一种感受。咱们又有什么能力来设想什么是咱们的希望？咱们不是生来就这个命，就是当侍卫的料，直至被解雇？我看哪，老百姓并不喜欢宫里的官儿们，也不喜欢咱们这些个人！"

一人说：

"可是，咱们能当上国王的侍卫，不还是挺走运的吗？这会儿，好多人饿的饿死，病的病死，不就因为他们有一顿没一顿的，不能得到足够的食品来维持生活吗？可咱们呢，吃得饱饱的，还吃得好好的……"

另一人答道：

"一个人心里烦，不快活，脑子不满足，良心不安宁，光填饱肚子，这就行了吗？"

最年长的卫兵打断了他们的争论，说：

"咱们那位小哥儿梦想着能弄到葡萄干，那是不现实的。咱说的那个，是国王陛下的客人。从她的名字看，国王不会对她很看重的，也许不会为她设宴。很可能她就是咱们这一类人，也许最近走大运了也难说，咱不知道是怎么回事儿……国王为了某件事儿要见她，几分钟后，就会把她支走的……总而言之，她是扎比芭（Zebibeh）而不是葡萄干（Zebib），你要一粒葡萄干

（Zebibeh）有什么用？要是有几袋葡萄干，那就另说了，也许你所想要的，还有点儿现实意义……你们都快闭上嘴，干自个儿的活去吧！"

说着，他大笑起来。大伙儿也都乐了。

正当守卫的卫兵迈着步子在来回走动的时候，听见一阵脚步声。他朝黑暗中看去，盯着前方，只见远处出现了一个人影。他做好准备，一只手紧握着弓，另一只手从背在肩上的箭袋里抽出一支箭来，一边唤醒身边的人一边大声向来者喝道：

"站住！"

扎比芭用颤抖的、断断续续的声音喊道：

"求您了，别放箭，我是……扎比……芭，我是国……国王的……客人……"
由于十分害怕，使她话不成句。

卫兵向她跑去，惊奇地问：

"扎比芭？你是国王的客人？"

"是的。"

扎比芭十分吃力地说出了这两个字，同时用点头来表示肯定。

"请……请吧……"卫兵说，"对不起，夫人，我们不认识你……我们本来以为……"

"你们以为什么？"

卫兵们对她的尊敬，使她恢复了自信，变得能够略为坚定地进行对答了。见那卫兵没有答话，便道：

"让我来说你们本来以为什么吧！由于和你们的想象不一样，你们误认为我是来闯门儿的，或者是想溜进宫里去或对宫里的人干坏事儿的……你们本来以为我会坐着一驾由好几匹马拉着的车来到这里，或许，还会有许多车辆前呼后拥……当你们看到一个你们这类的、和你们一样的人应邀来到这王宫时，事情便出乎你们的预料了，是不是？"

卫兵们齐声道：

"是的，夫人！"

年长的那个卫兵说：

"对不住，夫人。想象也是一种能力。一种能进行想象的人的能力。想象不能太脱离实际，这样才有可能成为现实。你怎能要求我们这些人会料到，一个像你这样的，属于我们这类的平民百姓，会有幸受到国王陛下的约见呢？再说了，过去也从未发生过这种事儿啊！"

扎比芭微笑着补充道：

"还有呢，名字竟叫扎比芭，对吧？"

"是啊，夫人！"

那个老兵和他身边的卫兵们几乎都要笑出声来，但想起她是国王的客人，按礼仪，他们是不能在国王和他的客人面前发笑的。必须按照国王侍卫的传统，对他们表现得规规矩矩。

扎比芭露出笑容，甚至轻轻笑出了声，跟他们调侃道：

"你们知道是怎么回事儿吗？知道为什么我家里人给我起了扎比芭这个名字？"

大伙儿都高兴地问：

"为什么？是怎么回事儿，夫人？"

扎比芭道：

"母亲怀我的时候，正在一个大地主那儿给他打工，那块土地，是这位国王的父亲或祖父为奖励那地主而封赠给他的。奖励的原因我不清楚，我曾经打听过，也没弄明白。可是，国王把国家的土地划分给那些他们想赠予的人，或偿还给那些他们欠人家赌债的人，或割让给那些他们曾被人家征服过的人，这还需要什么明显的理由吗？"

一部分士兵十分吃惊，扎比芭的大胆和她的议论令他们很感兴趣，所以都露出了笑容。另一部分则只是默默地听着，脸上毫无表情，不置可否。

抗衡的活动，不就是以这类议论开始的吗？这样的抗衡活动，足以考验人心，了解其倾向，然后在集中了解后，按抗衡活动所制定的特别纲领，选择和发展代表人物，以推动当事人倾向于这个纲领，倾向于抗衡活动所需要的范畴和方向。

扎比芭接着道：

"我母亲害口了，那时就是想吃葡萄干。可那是我们想都不敢想的，我父母没法办成这事儿。我母亲心想，哪怕有一粒葡萄干呢！当然，她连一粒也得不到。所以，生下我后，她便给我起了扎比芭这个名字。如果生下的是女孩，女人就有权给她起名……

"就这样，通过给我起名，母亲实现了她的愿望。她本来心里想着葡萄干，可连一粒也得不到。于是，在无能为力之后，在我身上实现了她的愿望，延续了她的灵魂。愿真主保佑她，因为，她在产后便去世了……

"如果我的名字不叫扎比芭，国王也就不会选择我，不会让他中意，或至少是喜欢了。你们知道，这是为什么吗？"

不等卫兵们回答，扎比芭接口道：

"因为葡萄干是被保存在占有者和商贾的仓库里的，是被摆放在国王和富豪的餐桌上的……只要我能办得到，我会让你们尝到葡萄干的滋味的，或许，还有核桃……谁知道呢？"

扎比芭笑吟吟地说着，流露出一种喜悦的神情。这时，她已恢复了原有的光彩。虽说衣着简朴，但洗得干干净净，头发梳弄整齐，还束上了一根饰带。

[选自《扎比芭与国王》，长江文艺出版社2002年版。]

**作者简介：**

关于小说的作者，封面上标为"著述人"，使得外界对真正的作者有许多猜测和争议。该小说"序言"中是这样写的："2000年2月12日，萨达姆·侯赛因总统接见伊拉克的几位作家，要求他们写一些长篇小说……通过小说情节，解读生活事端……使小说能达到以机枪抗击敌机的水平……纳吉布·格尤尔领会了这位伊拉克总统的高论，想起……一个故事……记述下来，略作增补，成了现在呈现在读者面前的这本小说。但是，出于谦虚，他不愿署上自己的名字。"所以很多人认为作者就是纳吉布·格尤尔。然而根据书中的一些描述、中心思想的体现,不少人认为这本书的真正作者应该是当时伊拉克的总统萨达姆·侯赛因。(编者注)

# 第四篇 小说随笔

# 回忆当年天方行

## ——访盛成教授

盛成教授,生于1899年。1919年12月赴法工读,历时十年。后去中东各国漫游,于1930年回国,他先后在北京大学、广西大学、中山大学、兰州大学、台湾大学任教。1965年由台湾重赴法国,1978年10月回国定居,之后为北京语言学院外语系法语专业的教授。

盛教授著有《我的母亲》(法文)、《海外工读十年纪实》等作品,并应联合国教科文组织之邀,将《老残游记》译成法文出版。法译汉的作品,有巴尔扎克的《乡村传教士》及法国诗集十七册等。

我于1980年从也门回国后,多次听说盛教授之大名,但一直无缘直接领受教诲,最近,一次偶然的机会使我得以与盛教授攀谈。盛教授得知我是从事阿语工作的,便兴致勃勃地跟我谈起了他昔日的中东之行和同一些阿拉伯作家、诗人的交往。我听后颇受教益,当即要求盛老容我登门造访,继续恭听珠玑。盛老慨然允诺,又蒙盛夫人热情接待,使我能够在盛老的漫谈中神游天方,窥见塔哈·侯赛因、邵基、穆特朗等阿拉伯大文豪生活之一斑,聆听到了中阿友好交往、中阿文化交流史中的趣闻逸事。现将盛教授的几次谈话整理如下,供同道者一阅,冀为展延老一辈开拓的友谊坦途而共同努力。

### "眼光最远的瞽者"

那是1929年4月16日的上午,一位三十岁左右的中国作家在法国马赛港登上了开往埃及亚历山大的香波轮。他中等身材,脸庞瘦削,两只狭小的眼睛炯炯有神,在成群的欧洲旅客中,透出东方人特有的气质。他虽然昨天才从巴黎赶来，但没有一丝倦意。

埃及，那雄伟的金字塔和神秘的狮身人面像，曾引起过他多少向往！阿拉伯半岛，那迷人的天方夜谭里的故事，曾引起过他多少联想！今天，他终于要亲身踏进这天方之国了，会有些什么在等待着他？眼前万顷碧波，在阳光下变幻出无数令人难以捉摸的色彩。他感慨万分，在船上用法文写下了一首诗篇，题目"破浪"。这首诗后来发表在开罗《妇女月报》1929年12月法文版增刊上，署名"Sheng Cheng"。

Sheng Cheng就是盛成。1928年，他用法文写的小说 MA MERE（我的母亲）在巴黎出版，引起了轰动，相继被译成英、德等文字。有关出版社请他担任ORIENT（东方）丛书的主编。在他们计划翻译出版的阿拉伯书目中，除了 LES CONTES DE GOHA（朱哈的故事）一书已决定发排外，当时刚问世的塔哈·侯赛因的著名小说《日子》也是重点书目之一。为了替东方丛书组稿，出访中东是势在必行的了。盛成与亚丁楷印书局订了合同，有几家报馆约请他当通讯员，胡愈之先生也约他为《东方杂志》写稿。他一切准备就绪，便束装就道了。

在亚历山大稍事休息后，盛成立即赶往埃及的政治文化中心——开罗。在开罗迎接他的是法国作家加皮夫人的姐姐让娜·马凯思女士（Jeanne Marques），马凯思女士当时正在开罗主编《妇女月报》等刊物。盛成刚下榻，《国家报》《开罗日报》《埃及新闻报》的记者便纷纷前来采访，询问他此行的目的，要他发表有关中国青年运动和中国文化史的演讲。在他们看来，他不只是作为在巴黎主持东方丛书的主编来到埃及的，更重要的是，他是一位中国人——一位中国作家、诗人，是代表着和他们一样具有古老文明的中国，是中国文化的使者。

连埃及"妇女研究会"也来约请他去作有关中国妇女的演讲。

"你不是写了《我的母亲》吗？请跟我们谈谈你的母亲，谈谈中国的女权运动吧！"妇女研究会会长夏拉午英热情地说。仿佛领悟到对方对她那开化的装束感到惊讶似的，夏拉午英接着说："你能相信吗？十年前我还带着七层黑面纱咧!"

夏拉午英是塔哈·侯赛因的好友,塔哈·侯赛因在家里宴请盛成,便是夏拉午英陪同前往的。塔哈·侯赛因的别墅坐落在离开罗七八里的近郊,比起市区来,这里显得幽静多了。汽车刚刚在别墅门口停下,便见从里面迎出一个人来。他高高的身材,轮廓鲜明的脸上架着一副墨镜,拿着手杖,没有任何人搀扶,步态沉着地向盛成走来……

"欢迎,欢迎!我看不见你,请允许我抚摸一下……"这种特殊的见面方式使盛成感到分外亲切。一个尼罗河伟大儿子的手在一位黄河子孙的脸上轻轻地抚摸着,一股热流涌进盛成的心里。"现在,我差不多知道你长的样子了。"塔哈讲的是一口十分流利的法语。

塔哈夫人为盛成准备了一桌丰盛的酒宴。席间,谈话自然而然地转到了东西方文化交流的问题上。怎样继承东方古老的文化传统,怎样吸收欧洲先进的文化艺术?

"我认为东方文化不一定一切都好,西方文化也不是一切都坏。完全抛开欧洲文艺复兴以来的文化财富,超脱现实,单纯地到东方来疑古,是不能符合时代的需要的。"盛成毫不隐讳自己对东西方文化交流中一些偏见的看法。

塔哈对此深有同感。就在四年以前,他发表了《思想领袖》一书,全面介绍了西方思想和文化发展的各个阶段。在研究阿拉伯诗歌的文章中,他不受古人看法的影响,以古代希腊史和法国现代史为例证,重新分析了艾布·努瓦斯时代的性质,认为这是一个怀罪宗教、信仰虚妄的荒淫无耻的时代。在阿拉伯语言和语法的分析上,他运用西方的科学观点进行了革新。他向宗教界、文学界和政治界的保守势力进行了斗争。

盛成被塔哈的斗争精神深深地感动了。

就这样,盛成和塔哈成了契友。因为,他们有着同一个信念,一个要不断推动社会向前发展的信念。

在开罗,他们会晤过五六次,每次都谈得十分投机。一次,塔哈突然笑着对盛成说:

"我知道你有几个兄弟。我还知道,你的姐姐是个哑女呢!"

盛成愕然了。塔哈接着说:"因为,我拜读了你的大作,是我夫人读给我听的。那可是一本很好的书啊!《日子》和《我的母亲》简直是前后呼应的姐妹篇,都通过自己的亲身经历反映了东方两个文明古国的社会变革……"

"我这次就是为你的《日子》而来的。"盛成提出了要出版《日子》法文版的约请,塔哈夫人当即允诺由她来翻译,事情就这样谈妥了。后来,虽然因为时局的变迁,东方丛书未能按原计划陆续出版,但塔哈的形象却已深深地印在盛成的心里。盛成和塔哈的友情,也为后来中埃两国的一些文化交流起到了搭桥拉线的作用。

1932年上海中华书局出版的盛成的《海外工读十年纪实》一书中有这样一段话:"我所认识的埃及名人极多!……其中我所最佩服的是太浩须生(即塔哈·侯赛因)——眼光最远的瞽者。"(该书第320页)

当时,盛成就已经认识到,塔哈·侯赛因所从事的事业,正如他祖国的象征尼罗河和金字塔一样,是伟大的、永恒的。他在该书中又写道:"丛林全被燃起来了,可是丛林还是丛林,再也烧不熄的。这一幅旧约尼罗河上的夕阳飞动的彩色,是谁也不能超过的!那正面广座五千年的金字塔,威风犹在。昔日之三角形,今日还是三角形,明日还呈三角形……"(该书第321页)

从盛成教授当年的描绘中,我们仿佛看到,阿拉伯的文化名人塔哈·侯赛因至今仍和金字塔一起耸立在尼罗河畔!

## 诗王——人民的歌手

一辆老式的小汽车停在扎哈勒旅馆的门前,走下一位仪态端庄的长者,他就是埃及的诗王邵基。车里除司机外,还有他的一位私人秘书。诗人哈利勒·穆特朗的侄子哈里卜·穆特朗一家人都在旅馆门口迎候,可其中最引人注目的还是那位中国作家、诗人盛成。

盛成是从耶路撒冷出来后辗转来到这里的,他的那些阿拉伯朋友邀请他来扎哈勒稍事休息。美丽的扎哈勒是一个避暑胜地。这里盛产葡萄，品种极佳，味道甘美，据说对身体具有特别的滋补作用，无怪阿拉伯的社会名流都喜爱来这里度假了。

邵基曾在扎哈勒写下瑰丽的诗篇，对这个地方怀有深厚的感情。可是这次他来，不是为了怀旧，而是要和中国诗人盛成欢聚。在开罗的短暂接触中，他们间已结下了友情。

一次饭后，邵基对盛成谈起了沙漠。他说："我们阿拉伯的文化是马、骆驼、沙漠的文化，埃及人每年至少要到沙漠里去生活三个月至半年呢！"

听着这话，盛成想起了他在埃及看到的景象："大沙漠中，熏风不断地吹，骄阳不住地照。昏昏沉沉，使我高卧在美人狮下——女首狮身。千年煎炒的黄沙上，那时极目天际，看不见一棵新生的草儿。所幸那些骆驼儿来来去去。它们的影儿射在地上，好比走马灯在阳光下飞舞……"①想到这里，盛成不禁问道："你们对沙漠生活竟然这般留恋？"

邵基道："是的，没有沙漠，是无法生活的。阿拉伯人之不能离开沙漠，犹如鱼之不能离开水一样。"

盛成惊讶了，那天在一位贝都因人家里做客时，主人对他不也讲过同样的话吗？那是一位已定居的贝都因人，他的儿子是巴黎大学学生，曾听过盛成的讲课。听说他来到此地，便邀他去家中做客。一进门，只见桌上摆着整只烤好的小骆驼，两边整整齐齐地排列着四只羊羔、六只鹅、六只鸡、十二只鸽子，一齐在那里冒着热气。盛成被请到首席，作陪的还有一些开罗大学的教授。席间，主人谈起了沙漠，问盛成道："莫非你们不喜欢太阳，不喜欢空气，不喜欢沙漠里的自由？如果喜欢，为什么不住沙漠，而要去住那种监狱式的房子呢？你们这真是画地为牢，作茧自缚啊！"

盛成为主人的这种直爽、豪放的性格所打动，不禁和同座的开罗大学教授一起放声大笑起来。而今天，大诗人邵基也提出了同样的话题。看来，不理解

---

① 摘自盛成：《海外工读十年纪实》，长沙：湖南人民出版社，第321页。

阿拉伯人和沙漠的关系，是无法理解阿拉伯人的感情和他们的诗篇的！

又一次，邵基对盛成道："你知道吗，在阿拉伯语里，表示马的词有一百七八十个呢！"

盛成回答说："在汉语词典里也有为数不少的马字旁的词，但有些不常用。所以，有的已经不认识了，有的连意思都不太了解了。大概，我们离开沙漠生活太久，已经不能理解沙漠中的自由、策马驰骋的自由了。"

邵基赞许地说："是啊，策马驰骋，使人能获得更大的自由，因为，人是不能像马一样地奔腾的。现在西方人都离不开汽车，而我们阿拉伯人却离不开马啊！"接着又深沉地说道："现在人们所谓的自由，不过是一种释奴的自由，而不是与生俱来的自由。只有在沙漠里，你才能感受到这种自由。你可以静静地在那里打坐，任思绪自由地徜徉。"

盛成陷入了沉思。他想，在汉语里，把伊斯兰教的先知穆罕默德称为穆圣，这个穆字是译得很好的。这不正是沙漠中的静穆、沉穆，深夜里的肃穆的意思吗？莫非，穆圣正是在这样的环境中领悟到了天与人的关系？沙漠，永远是那么静谧，那里是天、地、人的一个大的统一体。莫非，这就是邵基诗的源泉？于是，盛成把这层意思对邵基讲了一番。

邵基笑了，说："你的看法，一般人是不了解的。"

可是，使盛成更深刻地理解沙漠和邵基诗的关系的，还是后来发生的事。

在盛成来扎哈勒的途中，曾路过布韩东村，那里的居民，有些是信奉基督教的。布韩东教堂的主教，是一位美国人，原与盛成相识。真是他乡遇故知，非邀他留下小住不可，还要请他给本地的教民们讲经。盛成不知所措了。虽然他熟读过圣经，但并不是什么虔诚的教徒，更谈不上传经布道了。可是，经不起友人的一再要求，只能勉为其难，用英文讲了半个小时，再由那位主教翻译给教民听。至于讲了些什么，连盛成自己也莫明其妙。但教民们好像听得很起劲，这也许是因为头一回听一个中国人讲经，也许是因为翻译时主教添油加醋了吧！盛成第二天便匆匆地离开了布韩东。

当盛成把这件事当作笑话讲给邵基听时，邵基也笑了，说："不过，布韩东可确实是个好地方啊！"接着又幽默地说："上次你匆匆'逃离'，没来得及细看，这次让我再陪你去玩一玩吧！"

那是一个阳光和煦的日子，邵基陪着盛成驱车前往布韩东村，同去的还有邵基的私人秘书。在歇脚处一切安排妥帖后，已是傍晚时分，他们出来在村子周围散步。村里人看见，渐渐围了上来，他们并没有认出邵基，都是来看中国人的。其中有一些曾听过他讲经的基督教徒，也有许多穆斯林。

"朋友们！"盛成受宠若惊，终于忍不住了，"你们不必围着我，还是让我来给你们介绍一下吧！这位就是你们的大诗人邵基先生！"

秘书把盛成的话译成了阿拉伯文。村民们一听，立即大哗起来，把邵基一行团团围住。人越来越多，几乎全村人都跑出来了。"邵基先生来了！邵基先生来了！"紧接着是一片肃静，男女老少，一个个都用敬慕的目光看着他们的诗王。不知是谁率先怯生生地低声吟诵起邵基的诗来：

我们是同一血统的兄弟，
说着同一语言，
有着共同的苦难经历。
……

渐渐的，声音越来越大，附和的人越来越多，全村人都沸腾起来了。那是地中海的浪花拍击岸边巨石的回响；是沙漠中卷起的狂风、狂风过后的宁静、驼队行进的铃声……

此时此刻，盛成感到，他毕生最大的憾事便是没有学习阿拉伯文。否则，他就可以尽然领略邵基诗句的优美意境了。不过，作为一个诗人，虽然语言不通，却也已听出了那铿锵和谐的音韵。这是诗，也是歌。那长短错落的平仄，那铮铮有声的韵脚，组成了一首首发人遐想的乐章！

盛成听懂了，完全听懂了。原来，邵基诗的源泉就在这里，就在这些沙漠人的心里，它是人民的欢乐，人民的忧伤，人民的理想，人民的希望！

## "阿拉伯的雨果"

盛成初到开罗时,来采访的各大报中有一家《埃及新闻报》,是诗人哈利勒·穆特朗主办的。穆特朗和盛成都在巴黎攻读过法国文学,所以他们一见倾心,很快就成了无话不谈的好友。盛成发现,穆特朗的法国文学知识十分渊博。他讲的法语,和邵基一样,不仅十分流利,而且颇有韵味,是一种用词讲究、层次分明的文学语言。

盛成这次到扎哈勒,就是拿着穆特朗的亲笔介绍信来的,盛成先去巴勒贝克拜访了穆特朗的老家,参观了那里的名胜古迹,然后便到扎哈勒旅馆来休息,和穆特朗侄子一家住在一起。

由于穆特朗除写作外,在埃及正还有一些贸易业务,所以未能像邵基那样一月来一直和盛成生活在一起,但他也常常抽空赶来和他们聚会,一起吟诗、谈心。

"你的那本《我的母亲》写得真好!"有一次穆特朗热情地对盛成说。穆特朗出生在黎巴嫩巴勒贝克的一个名门大族,母亲是巴勒斯坦人。外祖母是一位诗人,母亲也会作诗,是一位聪明能干的女人。穆特朗从母亲那里继承了作诗的才能,母亲对他的成长有着巨大的影响。穆特朗直到晚年,还一直在深深地怀念着自己的母亲。"是的,写得真好!我被深深地感动了……"每当提起这本书,穆特朗总是这样赞不绝口。

"我也读了好几遍,每读一遍都禁不住掉下泪来。"邵基在一旁插嘴说,"总有一天,我要把它译成阿拉伯文的。"可惜邵基的心愿后来未能实现,1932年,这位阿拉伯诗坛巨人与世长辞了。在缅怀知己的同时,盛成教授对随着邵基而仙逝的这一愿望至今还深感遗憾。

穆特朗是一位浪漫主义的诗人,他的作品构思、用词、比喻都十分新奇,不落俗套,而且保持了语言的典雅,不失其本。盛成听到许多人都称赞他是"阿拉伯的雨果"。

他可真是一位"阿拉伯的雨果"!他和他的朋友——《扎哈勒报》的主编

为盛成安排的一次活动十分富有戏剧性，带有浓厚的浪漫主义色彩。

由于持有穆特朗的介绍信，所以盛成在此逗留期间，《扎哈勒报》的主编一直对他关怀备至。一天，由这位主编出面，邀请邵基、穆特朗、盛成这三位诗人出席野餐。还请了贝鲁特、大马士革各大报的主编和开罗各大报的通讯记者。野餐是在一个山坡上举行的。山坡上架起了几个帐篷，帐篷前，当着客人的面按照伊斯兰的方式在宰杀肥羊。开膛后，把羊肝、羊肾生的取出来给客人下酒吃。正吃着，四周枪炮声大作，把盛成吓了一跳。

穆特朗笑了，风趣地对盛成解释说："你不是说想吃一次我们的家乡饭吗？这就是我们的家乡饭，这枪炮声就是礼炮，是阿拉伯人民在欢迎你呢！"

接着，一位壮实的阿拉伯少年又端上一个大盘子，盘里盛着四个大得出奇的肉丸，可那肉是生的！刚才，盛成看到他们把羊肉割下来，拿去放在一个钵里捣，边捣便加麦粒和其他佐料。没想到，捣完后就这样上席了，而且是作为待客的佳肴端上来的！这生肉丸子，叫人怎么下咽呢？正为难时，《扎哈勒报》主编已给他递来了一个大肉丸，说："请！"

盛情难却，看来不吃是不行的了。盛成先呷了一口酒，然后割了一点肉往嘴里送。虽然觉不出是什么滋味，心里却好不自在。"我今天胃不好，不能多吃……"盛成喃喃地对穆特朗解释道，一面却惊异地看到，穆特朗和邵基正吃得津津有味呢！"对不起，我喝多了，要稍微走一走。"盛成找了个借口，站了起来。穆特朗又友好地笑了。

走到树丛中，盛成立即把刚吃的生肉吐了出来，心里顿总觉得好受多了。这真是一次天方夜谭式的会餐，虽然生肉丸子不对胃口，但主人热情好客，席面隆重奇妙。枪炮隆隆，鼓乐声声，使盛成把刚才这点小小的不愉快全抛到九霄云外去了！

饭后，宾主一齐信步下山，到《扎哈勒报》报社去喝茶。这时，《扎哈勒报》主编才跟盛成讲明了这次活动的意图。原来，盛成在贝鲁特时，有一家法国报纸的记者去访问他，请他谈谈对东西方文化的看法。回去后，那记者发表了一篇歪曲的报道。惹得一些阿拉伯报纸攻击起盛成来，说他是来兜售"西方文明"的。穆特朗等人想：盛成来后从未发表过这类言论啊，莫非是那位法国记者有意挑拨？于是便和朋友们商议，为盛成安排了这样一次集会，给他一个表明观点的机会。

在《扎哈勒报》报社，贝鲁特、大马士革各大报的主编，开罗各报的通讯记者，围坐成一个马蹄形，一边喝茶，一边静静地听着盛成的演讲。

"我是一个东方人，一个中国人。"盛成用法文激动地讲着，由邵基的私人秘书任翻译。"我身上长的是东方的肉，血管里流的是东方的血。对东方的文化，我怎么可能抱有错误的观点呢？东方，是我的摇篮，我无论如何是不会背弃我摇篮里的东西的……"

"不错，我接受过西方的教育，我的那本书也是用法文写的。但是，那不过是一种文字表达的工具，书的内容是东方的，完完全全是东方的。"他越讲越激动了。"西方文化，最初是透过传教士传到东方来的，是带有侵略性的。你们和英、法之间签有不平等条约，我们中国人头上也有这种不平等条约。至今，西方加在我们中阿人民头上的这些不平等条约都还没有废除，我们东方人深深地感到不平等、不自由。"

"是的，我主张东西方文化交流，但首先要废除不平等条约，要平等地交流。请诸位相信，我是绝不会站在西方的立场上讲话的，因为，我是一个东方人，一个中国人！"

一片热烈的掌声。盛成看到，邵基、穆特朗，都在为他的讲话鼓掌。

接着，邵基和穆特朗也上去致了词，对盛成表示欢迎，对盛成的讲话表示感谢。他们说，他们不仅是在这里欢迎盛成，而且是欢迎中国的诗人，欢迎中国人民。他们赞扬了自古以来的阿中友谊，对盛成关于在平等基础上进行东西方文化交流的主张表示赞赏。他们还在讲话中批评了法国记者不负责任的态度。

第二天，《扎哈勒报》、穆特朗主办的《埃及新闻报》和阿拉伯的其他各大报纸都刊登了这次聚会的消息和盛成讲话的内容。不久，埃及《妇女杂志》还刊登了盛成的诗篇 Petite ame errante, Petite ame carressantep（小心灵，可爱的心灵），诗中写道：

在这光明的世界之内，
我如何能爱黑暗？
在这平权世纪之中，
我如何能代他充数？
我前进……
我打破了我的牢笼与铁索！
奋斗，奋斗！
造好了气时好飞，
造好了水时好游。
你要幸福，快造自由！

一年以后，1930年8月，盛成在归途中又路经埃及，在开罗待了一个星期。这次他就在尼罗河畔邵基的家中下榻。8月15日，正值尼罗河泛滥节，邵基陪着盛成在阳台上观赏节日的盛况。尼罗河两岸挤满了游人，河上缓缓行驶着一条条华美的彩舟。在一条高大的船上，搭着一个高台，台上站着一位盛装少女。

"那是尼罗女神。"邵基对盛成解释说，"过去每逢泛滥节，都要用活人抛在水里祭尼罗神，现在改用纸人了……"

听着，听着，盛成的思绪飞到了远方。一年前，他在这天方之国里整整度过了三个月美好的时光，足迹踏遍了埃及、巴勒斯坦、黎巴嫩、叙利亚等国。他拜谒了埃及国王、宰格鲁勒夫人和努哈斯帕夏，在埃及出版了他的诗集 La Muse Endolorie（秋水美人），结识了许多阿拉伯朋友，人们把他称之为"现代首任中国文化使节"。而在他心里留下了特别深刻的印象的，便是塔哈·侯赛因、邵基、穆特朗这几位文化名人。他望着身边的这位诗人，心想：怎样才能把阿拉伯人民的友谊带回祖国，带到中国人民中去，让它永放光彩呢？极目天际，只见尼罗河渐渐变成了一条银色缎带，尽头处，仿佛已和长江汇流在一起……

[ 发表于《阿拉伯世界》1983年第一期总第四期。]

## 一棵苍翠的雪松

——纪念纪伯伦诞辰一百周年

在黎巴嫩北部的高山上,有一片茂密的松林。一条清澈的泉水,从松林中涓涓流过。其中,长着一棵具有数百年树龄的古松,高耸入云,几个人都无法围抱。令人想起杜甫的诗句:"霜皮溜雨四十围,黛色参天二千尺。"

这便是著名的黎巴嫩雪松。

在黎巴嫩和阿拉伯人民的心中,也生长着这样一棵黛色参天的雪松。它那刚劲的英姿、清新的芳香、不畏严寒的品格,引起人们无限的联想,给予人们深刻的启示。

雪松,是黎巴嫩的标志、黎巴嫩的骄傲,也是黎巴嫩近代著名作家、诗人、艺术家纪伯伦·哈利勒·纪伯伦在阿拉伯人民心中的形象。

如果你能透过"霜皮",数一数,便会发现,这棵生长在人们心中的雪松,已经有了一百个年轮。

啊,你这苍翠的雪松,哪一块土地,是你扎根、萌芽的地方?哪一条甘泉,你曾从中吮吸过琼浆?你曾在哪里沐浴大自然的雨露、阳光?你又从何处摄取了生命的滋养?

啊,你这苍翠的雪松,你那树干上,伸展出多少根枝丫?你那枝头上,抽发出多少根青针?你那青针中,悬挂着多少个松果?你那松果中,又包藏着多少颗籽粒、多少个故事?

就在那片松林的附近,就在那条名叫卡叠什的泉水旁边,坐落着一个古老的黎巴嫩村庄——卜舍里村(Bsharri)。这个村庄,在中世纪,曾是一个部落的中心。但是,到了19世纪,当年的繁华已经消失得无影无踪。

19世纪初,阿拉伯国家一方面仍处在土耳其奥斯曼帝国的残暴统治下,另一方面，又面临着西方殖民主义势力的大举入侵。在叙利亚和黎巴嫩，农民们除了要向土耳其苏丹缴纳繁重的赋税外，还要负担各种徭役。为了防止农民逃跑和反抗，土耳其政府在农村中建立了连环保制度，一人有罪，株连保甲。在一次对农民暴动的镇压中，土耳其统治者残酷地命令他的近卫兵，割下俘虏的肢体，一块块地烤来吃。其残忍恐怖，不可名状……

与此同时，西方资本加紧了对叙利亚、黎巴嫩地区的掠夺。1841年，法商和英商相继在黎巴嫩开办了纺织厂，使当地手工业遭到了严重的打击。1863年，法国公司又承建了从贝鲁特到大马士革的公路，为进一步进行经济掠夺铺平了道路。在奥斯曼帝国的统治者和西方殖民主义者的双重压迫下，这一地区的阿拉伯人民生灵涂炭、民不聊生，纷纷被迫出走，流落到美洲大陆去谋生……

> 看到亲人们在此受熬煎，
> 他们挥泪决定离开家园。
> 迎风劈浪，泛舟而去，
> 痛苦燃炽着心田。
> 并非是他们甘心把你离弃，
> 只因为这里生路已断。

这是一位黎巴嫩诗人在描述19世纪末叶祖国的悲惨生活时所写下的诗句。

卜舍里，和所有黎巴嫩的村庄一样，呈现出一片凄凉的景象。只有马尔·萨尔基斯寺院仍然威严地屹立在怪石嶙峋的山冈上，象征着信仰，象征着权力。这信仰，虽是穷苦村民的信仰，而权力，却只是封建贵族的权力。

1883年12月6日的晚上，寒风凛冽，税务员哈利勒·纪伯伦的家里，生下了一个小男孩。

"咱们叫他什么？纪伯伦！和他祖父的名字一样……"哈利勒喝得醉醺醺的，望着躺在床上的妻子卡米兰，高兴地说。

听到新生儿哇哇的哭声，母亲流下了两行泪水，不知道是欢乐，还是忧伤。是的，这是她与哈利勒婚后所生的第一个孩子。六年前，她和前夫流落到巴西，在生下一个男孩布特罗斯以后，丈夫便死去了。孤儿寡妇，返回卜舍里村，被哈利勒收养了下来。今后的生活又会怎样呢？哈利勒工资微薄，又抽烟，又喝酒。这幼小的婴儿，能养得大吗？这娇嫩的幼芽，能经得起狂风暴雨的吹打，茁壮地成长吗？

门外，北风一阵紧似一阵，卡米兰的脸上又添上了一层愁云。她这时还没想到，在今后的四年里，小纪伯伦又要有两个妹妹来与他一起分食家中仅有的一点口粮。贫困与饥饿，已经像北风似的逼近了他们的家门……

"纪伯伦，不要在学校也读书，在家里也读书，出去玩玩儿吧！"母亲说。

出去玩？和谁玩？和那些穿着破烂的衣服，光着两只脚的中国孩子一起玩吗？到哪儿去玩？这里，一间间破旧不堪的房子紧紧地挤在一起，在两排房子之间，只有一条狭窄的通道。路上，堆着一堆堆垃圾、瓜皮，引来一群群嗡嗡地叫得让人心烦的苍蝇。每走几步，就会遇到一摊发臭的水潭。刚洗完的衣服、裤衩晾在从窗口伸出来的竹竿上，一滴滴水珠，无情地向行人的头上滴下来……

这里，便是波士顿的华人区，也是波士顿的一个最穷苦、最肮脏的贫民窟。从中国、爱尔兰、叙利亚和黎巴嫩来的移民都聚居在这里。

卡米兰带着长子布格罗斯、次子纪伯伦和两个小女儿从黎巴嫩移居到这里来已经两年了。刚到这里时，纪伯伦才12岁。

"你一直要到美国去，是我阻拦了你，现在，我想了许多，知道你是对的。这里，再也活不下去了，也没有你的出路……"1895年的一天晚上，当布特罗斯回到家时，听到母亲这样跟他说。

那时，布特罗斯是一个刚满18岁的青年。他深信自己年轻，强壮，只要肯出力，可以挣钱寄回来给父亲抽烟、喝酒，可以供养弟弟纪伯伦读书，可以让母亲和妹妹过上较为宽裕的生活。

现在，两年过去了，他们一直和这些穷苦的华人一起住在这贫民窟里。为了让一家人吃上几顿饱饭,为了让弟弟能够上学,布特罗斯和其他移民一样,在艰辛地挣扎着……

  多少次,我逡巡在凄凉的荒原,
  背上的包袱,几乎把我的腰折断。
  多少次,我挨户叩打门环,
  历尽辛苦,顾不得酷暑严寒。
  多少次,黑夜里投宿密林,
  没有阳光,没有明月,只有闪电。
  多少次,我头枕胳膊、石块,
  胸上怀着我的那柄短剑。
  ……

这是一位阿拉伯侨民诗人对当时侨民生活的真实写照。

似这样的生活,什么时候才能熬出头?纪伯伦的目光躲开一群在窗外混战的中国、阿拉伯、爱尔兰的孩子,又低下头去看起书来。

"你在读什么书?"母亲问。

"《汤姆叔叔的小屋》……"

"英文的还是阿拉伯文的?"

"当然是英文的!"

"才两年你就能读这样的英文书了?"

"我们的英文老师很喜欢我,这本书就是她给我的……我告诉您我们美术老师的事儿了吗?今天,她带来一个人,是个画家,看了我的画,说我是个当画家的材料,约我明天去呢!"

"你去吗?"

当然去,纪伯伦多么爱画画啊!他要画汤姆叔叔的小屋,他要画这些穷苦的中国人,他要画黎巴嫩的苦难生活……

可是，母亲和哥哥却决定把他送回父亲的身边去，让他在黎巴嫩继续学习阿拉伯文。

1902年4月4日，巴黎的上空春光明媚，塞纳河上吹来了一阵阵初春的和风。一位从黎巴嫩返回美国途经巴黎的异乡青年，独自坐在巴黎圣母院附近的一张椅子上，陷入了沉思。

年轻人衣着朴素，但显得十分整洁。从那洋溢着青春的脸上，可以看出他约莫才20岁的样子。青春，宝贵的青春，应该怎样才不致虚度？意大利的著名画家米开朗琪罗（Michelangelo）、波提切利（Botticelli）、提香（Titian），荷兰的画家伦勃朗（Rembrandt），美国的诗人伦纳德（Leonard），他们又是怎样度过了自己的青春？

米开朗琪罗，他既是雕刻家、画家，又是诗人，愿他能再生人世，请求他收自己作为门生，学习艺术。

可是，钱，哪来的钱能继续供他读书？为了让他能回黎巴嫩去学习，哥哥工作得更加辛苦了，两个小妹妹也开始用手中的针线来谋生。

四年了，就像现在这样，在贝鲁特希克马特学校的冷板凳上坐着。不，不像现在这样！现在，眼前是充满活力的生活，是埃菲尔铁塔，是塞纳河；但在希克马特学校里，眼前永远是一块漆黑的木板。

词法，句法，修辞，韵律……在四个学年里，每个月，每个星期，每天，每节课，都得反反复复地听着这些枯燥无味的课程。什么时候才能迎来一年一度令人兴奋的暑假呢？假期里，他照例可以回到卜舍里村，回到那松林中、泉水旁去，回到那放牛的牧童中去，听他们吟唱：

爱情的路上花鲜艳，
迷恋着你啊难回返。
迷恋你，路遥远，
倒不如分手断思念。

学校的老师为什么不讲一讲这些诗句里的词法、句法、修辞、韵律？莫非，民间的情歌就不能进入神圣的课堂？

啊，爱情！就在这四年里，他尝到了初恋的甜蜜和痛苦，他看到了心灵的泪水和笑靥。但是，当他像一只鸟儿飞回波士顿时，却已经无力鼓起那折断的翅膀了……

暑期，纪伯伦在卜舍里村度假时，遇到了当地封建贵族扎希尔家的侯莱小姐。侯莱比他大两岁，言谈高雅，丰姿秀逸。两人一见倾心，来往甚密，成了一对恋人。

1901年，学期结束了，纪伯伦照例从贝鲁特返回乡村去过暑假。回家后的第一件事，便是去看望侯莱。但是，他俩那过分密切的关系被侯莱的哥哥察觉了。一个贫穷的小税务员的儿子怎能高攀贵族家的小姐？侯莱再也不能出来会见纪伯伦，纪伯伦也再不能踏进扎希尔家的大门了。

纪伯伦痛苦极了，向侯莱提出：

"咱们远走高飞吧！"

侯莱答道：

"一颗生涩的果实于你无益，摘下它却会使树木感到痛楚。果实，只有成熟后才会自动落下。"

纪伯伦去找马尔·萨尔基斯寺院里的神父，向他诉说此事。不想，反被神父训斥了一朝，怪他不该妄想娶贵族家的女儿。

无奈，纪伯伦和侯莱相约，在村旁的松林中作最后的话别。见面时，纪伯伦送给侯莱一只戒指和一只装着他泪水的小瓶子，侯莱回赠纪伯伦几块自己精心刺绣的手绢。黄昏时分，两人十分痛苦地分手了……

这件事，在纪伯伦的心里留下了深深的创伤。他懂得了，爱情并不能逾越门第和权势，而宗教，只是贵族手里的一个工具。在这样的社会里，爱情只是一只被权贵和神父折断了翅膀的鸟儿，失去了自由，失去了欢乐，失去了蔚蓝的天空，再也飞不起来了。

……

坐在巴黎圣母院附近一张凳子上的那位青年，想着这一切，心中十分惆怅。十年以后他在纽约出版的著名小说《折断的翅膀》，现在已经在脑海里有了一个初步的构思。

他站起身来，准备给最小的妹妹去买一件礼物。可是，他并不知道，就在这天，小妹妹因患肺病，已经永远地离开了他们在波士顿华人区那贫困的家庭……

肺痨，肺痨……华人区里，病菌在污浊的空气中飞速地传播着。多少个中国人、阿拉伯人、爱尔兰人因为劳累、饥饿、贫困染上了肺病，病死在波士顿的华人区里！

1902年4月4日，小妹妹苏丹娜死于肺病；1903年3月12日，哥哥布特罗斯也死于肺病；1903年6月28日，肺病又夺去了母亲的生命。

"快离开这个地方……"哥哥临死前对纪伯伦说。

可是，到哪里去？哪里是他们的安身之处？何处有他们的生计？只剩下妹妹玛尔娅娜一个亲人了。哦，玛尔娅娜，玛尔娅娜，她的眼睛和手中缝制的东西凑得越来越近。为了她，为了自己，纪伯伦又能做些什么？

把这几年自己画的画收集在一起，他举办了一个画展，希望能卖出几幅作品，换回几个钱。就在这个画展上，他结识了一个美国女诗人玛丽·赫克斯利（Mary Huxley），改变了他的整个生活进程。

是玛丽·赫克斯利答应每月资助他75美金，让他去巴黎美术学院学习。在那里，他结识了他的导师——法国著名雕刻家奥古斯特·罗丹（Auguste Rodin），阅读了大量英国著名画家、诗人威廉·布莱克（William Blake）的作品。由于纪伯伦刻苦学习、勤奋创作，被罗丹誉为是20世纪的布莱克。

是玛丽·赫克斯利的资助，使他能在巴黎学习期间遍游罗马等欧洲大城市，大大地增长了见识和阅历。

是玛丽·赫克斯利帮助他修改每一篇用英语写成的作品，使它在语言上更加完美。

又是玛丽·赫克斯利拒绝了他的求婚，致使他直到离开人世，仍然孤身一人。

玛丽比纪伯伦年长十岁，但在纪伯伦看来，她仿佛是自己的守护天使，只有她，才是自己最合适的配偶。在他内心深处，也还怀着另一种想法，仿佛只有与玛丽结合，才能报答她对自己的恩情。他对两种可能的结果都估计到了，什么结果，都会使他觉得心安理得。

可是，完全出乎他的意料，当他提出了这一要求以后，玛丽却拒绝了。但他们一直保持着良好的友谊，直至在纪伯伦临死前的最后一个晚上，陪伴在他身边的也只有玛丽一人。

1905年，纪伯伦发表了他的处女作《音乐》，1906年和1908年又分别发表了他的两个短篇小说集《草原的花朵》和《叛逆的灵魂》。在1903—1908年期间，他以《泪水与笑靥》为总标题，在《侨民报》上陆续发表了五十篇散文诗。

据说，《泪水与笑靥》的题名，来自纪伯伦对侯莱的回忆。一次，当纪伯伦去看侯莱时，发现她正在流泪。看见他来，她立即破涕为笑。纪伯伦问：

"你这是怎么啦？"

"这便是泪水和笑靥。"

纪伯伦在《泪水与笑靥》的一些篇章中，的确倾诉了爱情的欢乐和失恋的痛苦。但是，他远远没有局限于个人的情感，而是想到了广大民众，想到了黎巴嫩的苦难、华人区的贫困、战争的创伤、人间的悲痛。

《泪水与笑靥》，代表了典型的纪伯伦文风。这种风格，深受阿拉伯文和英文版《圣经》的影响，既不同于西方作家的作品，又有别于东方作家的文体。人们以后把这类文体誉之为"纪伯伦体"。纪伯伦的这些散文，诗意洋溢，在内容上有突破，在形式上有创新。人们称他是一位"用心灵的血滴和灵魂的汁液来写作的诗人"。他的这些作品，以及他在这以后所写的散文，在现代阿拉伯文学中产生了很大的影响。

1914年，《艺术》杂志的主编纳西布·阿里德汇集了这些文章，仍以同样的标题，为纪伯伦出版了他的这本影响深远的散文集。

1919年，纪伯伦的长诗《行列》的单行本由一位犹太出版商经手，在纽约出版了。

六十年以后……

1979年夏日的一个晚上，英国电台的阿拉伯语节目里播送了一个动人的故事：

几个阿拉伯的侨民，坐长途汽车出门。中途经过一个商业点，汽车停下休息片刻。

"诸位请下车随意喝点什么，二十分钟以后开车，过时不候！"汽车司机对乘客们说。

这几个侨民下车走进了一家咖啡馆，坐下后每人要了杯咖啡。当店主听说他们是阿拉伯人时，问道：

"你们带着什么好听的阿拉伯歌曲吗？把录音带借给我们放一下，让大家欣赏欣赏天方的音乐……"

磁带？正巧有人随身带着一盘，便交给店主。音乐声起，咖啡馆内顿时鸦雀无声。人人都屏住了呼吸，被这动人的歌声带到了远方。这是一支什么歌曲？谁演唱的？歌词都说了些什么？

"请给我们解释一下歌词大意吧！"在最后一个音节结束后，大约沉默了一两分钟，一位顾客这才低声地恳求道。

一个阿拉伯侨民自豪地站了起来，迎着四周一对对热切的目光，谨慎地用英语翻译着歌词，一字一句地念道：

给我笛儿你歌唱，
万物奥秘歌中藏，
纵然一切都消逝，

笛声低吟仍回荡。

你可曾和我一样,
宁把森林作宫墙。
踏溪水寻觅源泉,
踩岩石攀登山冈。

你可曾沐浴芳香,
用阳光拭干脸庞。
从太空的杯中吮饮!
那晨曦便是琼浆。

给我笛儿你歌唱,
最美的祷词歌中藏。
纵然生命已消逝,
笛声低吟仍回荡。

你可曾和我一样,
傍晚坐在葡萄藤旁。
葡珠低垂一串串,
似金灯高悬一行行。

你可曾夜卧草地!
把蓝空盖在身上。
悠然不思未来事,
往事朦胧皆遗忘。

给我笛儿你歌唱,

忘却病疾与药浆。

人们好比书中字,

清水写就难辨行。

话音刚落,众人齐声问道:

"谁的诗篇?这是谁的诗篇?"

"纪伯伦。"

"旅美的黎巴嫩诗人纪伯伦·哈利勒·纪伯伦?"

是的,当然是的,这便是他1919年在纽约出版的长诗《行列》中的几个片断。1964年,这几段词由黎巴嫩著名歌唱家费鲁兹在"雪松联欢节"上演唱以后,引起了整个阿拉伯世界又一次轰动。

可是,那几位阿拉伯侨民突然慌张起来,二十分钟早就过去了,汽车已经开走,他们赶不上自己的"行列"了。

怎么办?

"请把这首歌再放一遍吧,我们将用小汽车送你们走!"几个声音一齐喊道。

六十年前……

纪伯伦看着手里这本刚出版的、装帧精美的诗集,嘴边浮现出一丝苦涩的笑容。这本集子,是他自筹资金出版的。在现实生活中,他并不能像诗中描写的那样超脱。现实是无法逃避的,人并不都一个个清净如水,更不是全都良莠难辨。当纪伯伦瘦削的手拿起这本诗集的时候,出版这诗集的犹太商人正在心满意足地抚摸着他的钱囊……

1920年4月20日晚上,在纽约阿拉伯文杂志《旅行者》编辑部里,几位文学青年正热烈地讨论着阿拉伯新文艺的一些问题。

他们本来都是纳西布·阿里德主办的《艺术》杂志的撰稿人,但随着第一次世界大战的爆发，杂志停刊了，于是便转而在阿卜杜·曼西海·哈达特主办的《旅行者》周围会集了起来。

《旅行者》是一份半周刊，它不同于《艺术》杂志，不是纯文学的，但由于主办人哈达特也是这批志同道合的文学青年的一员，所以这份刊物自然而然地变成了他们的讲坛和号角。《旅行者》编辑部也成了他们经常聚会的一个地方。

"为了推动和发展阿拉伯的文学事业，我们侨民作家为什么不成立一个协会呢？"那天晚上，不知是谁提出了这个建议。这一建议，得到了纪伯伦等人的热烈响应。为了进一步讨论协会的组织办法和章程，决定4月28日晚上在纪伯伦家里继续开会。

28日晚上，"笔社"正式成立了。选出了当时已颇负盛名的纪伯伦为"笔社"主席，米哈伊勒·努埃曼为顾问。

"笔社"成立后，《旅行者》陆续发表了成员们的作品，每年还加印一期文学特刊。1921年，《笔社诗文选》在纽约出版，收集了纪伯伦、努埃曼等人写的散文、诗歌共约四十三篇。这些作品的问世，以它鲜明的主题和新颖的风格引起了人们的注目，成了阿拉伯文坛上的一个重大事件。阿拉伯各国的报刊纷纷进行转载，发表评论，给予极高的评价，使"笔社"很快蜚声阿拉伯世界和海外的各个侨乡。

作为"笔社"主席的纪伯伦，做出了特殊的贡献。就在"笔社"成立的当年，埃及新月出版社又出版了他的另一本散文集《风暴》。

"笔社"成立以后，纪伯伦在用阿拉伯文创作的同时，试着用英文进行写作，写下了许多使他名噪欧美的作品。他的英文作品有：《疯子》*The Madman*、《先驱者》*The Fore-runner*、《先知》*The Prophet*、《沙与沫》*Sand and Foam*、《人子耶稣》*Jesus the Son of Man*、《大地诸神》*The Earth Gods*、《彷徨者》*The Wanderer*、《先知的花园》*The Garden of the Prophet*，共八个集子。

其中最负盛名的，便是《先知》。

亲爱的华生小姐：

是的，尼采是个无与伦比的伟人。每读一遍他的作品，你都会增加对他的热爱。也许，在当代人中，他是最活跃，享有最充分的自由的。今天我们认为十分伟大的许多作品将会销声匿迹，而他的著作却将永存。我希望你，希望你在可能的时候读一读《扎拉图斯特拉如是说》。因为，在我看来，这本书是历代最伟大的作品之一。

最近来我这儿一趟吧！咱们一块儿谈一谈尼采。

哈利勒·纪伯伦

这是纪伯伦在纽约给他的一位女友写的信。自从读了德国唯心主义哲学家尼采的作品以后，纪伯伦被那种"超人"哲学深深地吸引住了。对于上帝，纪伯伦早就产生了怀疑，但是，又找不到能解除人间痛苦的途径。于是便深信，只有"超人"才能创造历史。

扎拉图斯特拉就是这样的一位"超人"。那么，谁又是纪伯伦的扎拉图斯特拉？先知！这就是纪伯伦1923年用英文发表的一本著作所用的书名。

《先知》和《扎拉图斯特拉如是说》从构思、布局到某些内容都有很多相似之处。

尼采的"扎拉图斯特拉"本是一位波斯圣人的名字，他就是先知，就是预言家。

纪伯伦给他的"先知"取名为"亚墨斯达法"，这也是一位圣人的名字。

尼采的扎拉图斯特拉，厌倦了十年独处的寂寞，要到"在最遥远的海上没被探险过的国土"上去。纪伯伦的亚墨斯达法，在城中等候了十二年，"等他的船到来，好载他回归他生长的岛上去。"

扎拉图斯特拉在告别朋友时说：

"现在我教你们丢开我，自己去寻找自己，当你们皆否认着我时，我将向你们回转。"

亚墨斯达法则说：

"但等到我的声音在你们的耳中模糊,我的爱在你们的记忆中消失的时候,我要重来。"

扎拉图斯特拉临行前登上高山,面对大海,说:

"哎呀,这下面的浓黑忧愁的大海!哎呀,这暗夜底有孕育的郁怒!呜呼!命运与海洋!现在我必下降于你们了!"

亚墨斯达法则说:

"还有你,这无边的大海,无眠的慈母,只有你是江河和溪水的宁静与自由。这溪流还有一次转折,一次林中的潺湲,然后我要到你这里来,无量的涓滴归向这无量的海洋。"

米哈伊勒·努埃曼在他所写的《纪伯伦传》中,早就敏感地指出了这种形式上的雷同。但是,在内容上,纪伯伦的《先知》有许多创新,包含了许多东方的哲理。文字瑰丽、动人,产生了极为感人的力量。

《先知》获得了极大的成功!

教堂、学院把它排练演出了。

原罗马尼亚皇后给她的美国朋友写信,向纪伯伦致意。

美国科罗拉多州州立学院院长致函纪伯伦,请求他允许他们把《先知》中的一个名句刻在学校钟楼的一口大钟上。这个名句是:

"昨日只是今日的回忆,明日只是今日的梦想。"

《先知》被译成了许多种语言,阿拉伯世界震动了!

尼采曾对《扎拉图斯特拉如是说》一书有过一段自白:

"我以这著作,给人类以空前伟大的赠礼。这本书,声音响彻了千古,不单是世界上最高迈的书,山岳空气的最真实的书——万象、人类遥远地在它之下——亦且是最深沉的书,从真理之最深底蕴中产生;这是一种永不枯竭的泉水,没有汲桶放下去,不能满汲着黄金和珠宝上来!"

这里,尼采清楚地表明,自己便是扎拉图斯特拉,便是"超人""救世主"。

同样,纪伯伦也假托"先知"之口,宣传了自己的"超人"哲学。

所以,1931年,纪伯伦逝世以后,有人在他的墓地里立了一块碑。上面刻着：

"我们的先知纪伯伦安眠于此。"

"我们"是谁？当然不会包括那些信仰真主的穆斯林和信仰上帝的教徒，也不会包括那些认识到只有自己才能解放自己的人民。

于是，到了1932年，人们再去扫墓时，发现墓碑上的字句改成了：

"我们的儿子纪伯伦安眠于此。"

在阿拉伯文里，"先知"和"儿子"两个字的区别，只在于更动一下两个小圆点的位置。但是，小圆点的一上一下，却把纪伯伦从缥缈的空中，放回到现实的世界，并使他在人民的心中享有了一个更高的位置。

《先知》发表以后，纪伯伦又相继写了《人子耶稣》《先知的乐园》等作品。随着名声的增大，他在经济上终于独立了。

纪伯伦的家搬出了波士顿贫困的华人区……

家，哪里还有什么家？在肺病相继夺去了妹妹、哥哥和母亲的生命以后，父亲又在黎巴嫩去世了。波士顿的华人区便成了纪伯伦的家，妹妹玛尔娅娜便是纪伯伦唯一的亲人。

哦，玛尔娅娜，玛尔娅娜！为了能让哥哥回黎巴嫩去求学，当你还是一个少女时便开始用针线缝啊，缝啊，以便为家里多挣几个面包。

哥哥到巴黎去学画，你已经是一个该出嫁的姑娘了，但还是缝啊，缝啊，好为哥哥挣几个零用钱。

哥哥的作品在纽约发表了，但是，阿拉伯文的文章又能换得几个钱？你只得仍然留在波士顿贫困的华人区里，继续缝啊缝……

今天，哥哥终于要把你接出这贫民窟了！

最近几年，纪伯伦虽然因为工作的需要，长期住在纽约，但他每年都要回这家里来看望他的妹妹，看一看他少年时代生活过的地方。邻里中的华人，是否还保持着他们抽水烟的习惯？少年时经常在他家门外玩耍的中国孩子，现在又在哪里当苦力？

共同的命运,把这些中国人、阿拉伯人聚在了一起,聚到了波士顿这个最贫苦的地方。今天,他要走了,波士顿华人苦难的生活将永远记在他的心里,他们是否也会记得他这个黎巴嫩的儿子?

会的,当然会的!就在他们迁出华人区的那一年——1928年的春天,在北平,一群中国青年男女正在悉心地阅读纪伯伦的《先知》,并在冰心的指导下尝试着逐段翻译成中文。

这本书,是1927年冬天冰心在美国朋友处读到的,那满含着东方气息的超妙的哲理和流畅的文辞,给了她极深的印象!可惜,那个"习作"班同学的译稿,并未收集起来。

1930年3月,在病榻上,冰心又拿起了纪伯伦的《先知》……

"工作是眼能看见的爱。

"倘若你不是欢乐地却厌恶地工作,那还不如撒下工作,坐在大殿门边,去乞求那些欢乐地工作的人的周济。

"当你的朋友向你倾吐胸臆的时候,你不要怕说出心中的'否',也不要瞒住你心中的'可'。"

重读了一遍之后,冰心想:"这本书实在有翻译的价值。"于是,她拖着病体,逐段把它翻译了出来,并从4月18日起,逐日在天津《益世报》的文学副刊上发表。只是,那副刊不久就停止了,冰心的译述也就没有再继续下去。直到第二年的夏天,冰心才重新把它译完。

1931年8月23日,冰心为这个译本写了一个前言。《先知》的汉译本,终于在中国出版了!

被肺病和肝癌夺走了生命的纪伯伦,是否能想得到,他离开人世四个月以后,少年时代在波士顿华人区里一起相处的中国孩子的故乡,已出版了他的书籍?他又是否会想到,在他诞生一百周年的时候,在中国,将出版更多的他的作品?

什么是最好的纪念?纪伯伦的知己、与他齐名的阿拉伯侨民文学家米哈伊勒·努埃曼说得好:

"纪伯伦不需要别人用石雕、铜像来纪念他,作为一个人,他比石雕、铜像都更为不朽!最好的纪念,便是在人民中传播他的文学、艺术作品!"

纪伯伦生前,和另一位十分著名的阿拉伯侨民文学家艾敏·雷哈尼之间一直存在着一些意见分歧。1931年4月10日晚,纪伯伦在纽约逝世后,雷哈尼立即消除了一切个人成见,怀着极大的悲痛,写下了深情的悼词:

"纪伯伦,我的兄弟,我的同志,我的亲人。

"盛名一时,悲痛一时,余者全献给了黎巴嫩,献给了这可爱、尊贵、慈祥的山岭。

"它今天拥抱了你,明天也将把我搂入怀中。

"明天,我在法里凯村的黄土,将向你在卜舍里山谷的坟地倾诉衷情。

"穿过那覆盖着我墓地的松林,微风将朝朝夕夕带着香吻,送到雪松荫下你的坟茔……"

纪伯伦的坟地,设在卜舍里村,马尔·萨尔基斯寺院的旁边。

在离卜舍里村不远的地方,有一片茂密的松林,一条清澈的泉水,从松林中涓涓流过。其中,长着一棵苍翠的雪松。它已经伸展出无数根枝丫,抽发出无数根青针,悬挂着无数颗松果。微风吹来,松涛翻滚,把松果中所包藏的无数颗籽粒,吹送到全世界的各个地方,让它们在那里萌发出新芽……

杨孝柏<br>1983年8月于北京

[选自《折断的翅膀——纪伯伦作品选》,江苏人民出版社1984年版。]

## 阿曼河畔春意浓

十月的北京，已是金风乍起、霜叶透红的季节。但我们踏上阿曼国土时，迎面飘来的却是一阵阵浓郁的春花馨香。

阿曼首都马斯喀特，三面环山，一面临海。花岗岩的山坡，从两侧缓缓伸入海中，把这里变成了一个风平浪静的天然良港。相传，《一千零一夜》中的航海家——阿曼人辛迪巴德，便是从这里启程驶向中国的。而中国的航海家郑和也曾多次率领船队在这海港停歇。怪石嶙峋的山坡，几乎没有一点绿色，在浅蓝色的天幕下显得那么严肃庄重。泥土，在这里是十分珍贵的。即使如此，人们还是不惜代价，从远处运来一方方黑土，埋在庭前屋后，栽上各种奇花异草。海风穿过花间枝头，带来了醉人的芳香。

"这里的一幢幢楼房都是近年建设起来的。这些公路也是近年铺设的。"在驱车前往旅馆的路上，去机场迎接我们的阿曼教育部留学生与对外关系司司长穆萨·贾法尔自豪地说：“这几年教育发展得更快。在老君主统治期间，阿曼全国仅有3所小学、909名学生、80名教师，1970年卡布斯执政后，实行对外开放和现代化政策，大力发展教育事业。到1981年，全国已有公立学校393所，学生人数已达到106932人。目前，中等教育已不能满足国家建设的需要，我们正在加紧筹建卡布斯大学！”

多么惊人的发展速度！无怪联合国教科文组织认为阿曼是第三世界发展教育的典范了。几年前，卡布斯曾说过："我确信，各国人民要进步，要兴旺发达，没有科学是不可能的……科学是我们通往新社会的大道。"为了建设新阿曼，他大力提倡科学，提倡教育，教育经费几乎年年增加。1971年阿曼的教育经费仅占国家预算的2.24%，一到1980年便增加到8.35%。1981年又比1980年增加，使每人平均达到48万里亚尔（1个阿曼里亚尔=人民币5.45元）。

充裕的经费为教育事业的迅速发展提供了雄厚的物质基础，新型的中小学雨后春笋般地建立了起来。马斯喀特市鲁维区男子初中是三年前才建成的一所模范中学，我们到达阿曼的第二天，在拜会了教育大臣叶海亚·麦赫富兹后，便去参观了这所中学。

我们一边参观崭新的校舍和设备齐全的实验室，一边听着校长的介绍："学校的一切活动都是免费的，走读生每天有车接送，住读生吃住免费。每个学生每月发给17个里亚尔的零用钱，边远地区学生回家过节度假的旅费也由学校负担。"

"阿曼所有学校都这样吗？"我很感兴趣地问。

"都这样，师范学校的零用钱还要多些。在阿曼，不仅上中小学是免费的，将来到国外深造，也全部由国家负担。"他接着又回忆道："不过，我们也是从一条艰苦的路上走过来的。七十年代初，我们没有校舍，只能在大树下、帐篷里学习或借用清真寺来讲课。只是在近几年，才建起了大量的学校。"

说着，他领我们走进了一个初二班的教室。教室里正在上英语课，可是在黑板正中，却端端正正地用中文写着"中国"二字。教师告诉我们，这是一个学生为欢迎中国教育代表团而写的。这个叫易卜拉欣的约莫十四五岁的学生，站了起来，腼腆地说："写得不好，我是仿照一个商标描的……"我看到他眼中闪烁着充满友情的光芒。

之后，我们参观了一些学校，我们发现阿曼缺少自己的师资。目前阿曼中小学教师大多是外籍人。据1981年统计，外籍教师共有4904人。其中埃及人最多，占70%—80%。阿曼教师只占教师总数的11%。怎样才能逐渐培养起自己的教师队伍呢？我们带着这个问题参观了马斯喀特市古尔姆区中等师范学校。这是一所三年制学校，从二年级开始分专门化。学生人数逐年增加，三年级20多人，一年级三个班已达120多人。校长是一个健谈的青年，当我们问起师范教育发展如此迅速的原因时，他回答说："为了鼓励阿曼学生报考师范学校，政府采取了三条措施：第一，师范学校学生的生活补贴每月120里亚尔，比普通学校高七倍，使学生除负担自己生活外，还能资助家庭，没有后顾之忧。第二，中师学生毕业后允许考师范大学或普通大学教育系继续深造。第三，毕业生的工龄从考入师范的日期算起。由于采取了这些措施，所以报考师范的学生越来越多。"

校长一边介绍，一边请我们去语言实验室参观，在语言实验室的墙上，挂着各种文字的手书。教师请我们用中文写下了"中阿友谊万岁！"几个字，立即挂了起来。实验室里的学生都是即将毕业的十七八岁的高班生。有一个叫赛义德的青年来自边远的山区，我问他毕业后有什么打算，他直爽地答道："回老家。山区教育落后，非常需要教师，我要回那儿去工作。"从赛义德的身上，我们看到了阿曼教育的未来。

在发展师范教育的同时，阿曼政府也十分重视职业技术教育，1978年卡布斯下令成立教育与职业训练委员会，以协调两者间的关系，培养阿曼的中等技术人员。新建的职业学校有社会事务和劳动部所属的几所中等技术学校，还有农业部所属的中等农业学校。这所农校位于阿曼中部地区尼兹瓦省，我们去参观时正值大部分学生在农场劳动，校长带我们参观了整齐清洁的校舍，校园里种满了花草，十分美丽。

"这校园是学生自己动手修建的。"校长像我们所遇到的所有阿曼人一样，穿着白色的大褂，十分纯朴。"阿曼不能只靠石油，还要发展农业。我们现在的大米还是进口的，我们要试种水稻，要学习你们中国的先进经验。"校长对农业教育怀有热忱，他认为阿曼的自然条件适合很多作物的生长，问题在于需要培养大批农业人员去研究、试验、推广。

在图书馆里，我们看到墙上挂着许多伊斯兰教先知穆罕默德训词的条幅，其中一条是："求学莫辞中国远。"我指着这条幅对校长说："欢迎你派贵校学生来我国学习！"他立刻说："要派，一定要派的。中国是一个农业大国，有许多宝贵的经验。如果有机会，我自己也想去学习！"

六天的访问就像六个小时那样的短暂，但阿曼教育事业春意盎然的景象已深深印在我的心中。卡布斯大学的工程正在夜以继日地进行，大学筹委会主任的话仿佛还在我的耳边响着："届时，欢迎你们派学生来学习！"是的，让我们加强交流，互相学习吧！让我们在辛迪巴德和郑和开辟的友谊航道上扬起更多的白帆，中国和阿曼的青年将一起驾舟在科学的大海上远航……

［选自《世界青年剪影》，广东人民出版社1985年版。］

## 尼罗水沏苏丹红

克尔克迪是一种用苏丹特产的植物制成的冲剂,加糖沏成饮料酸甜适口,呈玫瑰色,我国称之为苏丹红,据说含有大量的维生素。在苏丹教育指导部部长奥斯曼·赛义德接见我们时,每人面前便放着这样一杯苏丹红。这是用尼罗河水沏成的,它那殷红的颜色象征着苏丹人民的热情好客。

"中国和苏丹之间不是一般的朋友关系,中国的形象在苏丹人民心目中是伟大的。他们是辛勤劳动的典范,是苏丹人民学习的榜样。中国援建的友谊厅,是中国在苏丹的'万里长城'。"苏丹教育部长奥斯曼的语气十分真诚。"从中国毕业归来的苏丹学生水平很高,在我国建设中起了积极的作用。中国在苏丹的留学生学习都很努力,取得了最好的成绩。希望贵国教育代表团的这次访问将进一步加强我们两国间文化教育的交流。"

"我们是来学习的。"我们异口同声地说。我们也确实学到了许多东西。

在喀土穆大学校长办公室里,副校长费萨尔教授向我们详细介绍了苏丹大专院校发展的情况。喀大、恩图曼伊斯兰大学、开罗大学分校是首都地区几所比较老的大学。为了发展其他地区的高等教育,已于1977年分别在内地建造了朱巴大学和吉齐拉大学。1981年政府决定,为适应苏丹经济文化的发展,还要兴建四所大学,正在物色着手筹备了。

"欢迎你们派能讲英语或阿语的专家教授来我校及其他大学讲学,希望能加强我们两国间的学术交流。"费萨尔教授笑着说。他不过四十来岁,精力很充沛。谈话间,他给我们端来了饮料——克尔克迪,还是那象征着热情的苏丹红!

"你当副校长几年了?"

"四年了。我们这里校长、副校长都是校务委员会推选的。任期四年,如需要可再延长两年。系主任任期两年,如需要可再延长一年。我已经干了四年了,也不准备延长了。"

"那你准备干什么?"

"还当我的教授,教书去!"他笑着回答。

多么好的制度,多么好的风气!我呷着苏丹红,觉得那味道更浓了……

从喀土穆驱车前往吉齐拉地区,路上要走三个小时。为了避开炎热的太阳,我们一早就出发了。公路两边是平坦的旷野,偶尔掠过由三五成群的低矮房舍组成的村落。树丛错落有致,穿着白色长袍缠着白头巾的村民已在田间劳动。清晨的阳光柔和地洒向大地,织出了一幅典型的阿拉伯农村的画面,我联想起著名苏丹作家塔依卜·萨利赫小说里描绘的景象,便随口问道:

"塔依卜·萨利赫先生有新作吗?"

"有,他正在写一部新作。"陪同我们的教育指导部对外司司长穆罕默德·伊萨答道。"在苏丹,也有一些人反对他。一个人成了名,便会有人捧场,有人反对。不过,他确是一位杰出的作家。"

在吉齐拉,我们除访问了吉齐拉大学外,还特别去参观了一所女子师范学校。一进门,便听到一片清脆的呼声:"欢迎中国客人,苏丹向中国致敬!"学生们为我们表演了团体操。结束时,两名学生展开了一条红色的横幅,上面用仿宋体写着"欢迎中国教育代表团"九个大字。一位十五六岁的姑娘还为我们演唱了一首优美的苏丹歌曲:《阿宰,我爱你》。

这首歌我们来苏丹后已是第二次听到了,第一次是在喀土穆参观音乐戏剧学院时,一位声乐教授曾为我们演唱过,他说,这是苏丹独立前的歌曲,阿宰是一个姑娘的名字,象征苏丹。中国歌舞团来苏丹访问时,有一位演员也唱了这首歌,引起了轰动。

师范学校的学生全部住校,宿舍里窗明几净,校园里除花草外还有一些鸡舍、菜圃。"我们要让学生保持她们在农村中的生活习惯,经常参加一些劳动,因为她们毕业后还要回到农村去工作。"校长说着,把我们引进了学生食堂。家政专业的学生为我们做了烹饪表演并请我们品尝。第一道便是那殷红的饮料——克尔克迪!这一杯杯晶莹的苏丹红里,仿佛已溶进了这些年轻姑娘对中国人民的友情,是那么沁人心脾,令人陶醉!我喝着,想起了我国的清茶香茗,耳边仿佛又响起刚才参观吉齐拉大学时一位教师为歌颂中国苏丹的友谊而即席赋吟的诗句:"妙哉中国茶,芳香惬人意。无酒亦酩酊,且不违教义。"

虔诚的穆斯林是不喝酒的。在中国有以茶代酒的说法,在苏丹我们频频举杯畅饮的便是这克尔克迪,真有异曲同工之妙!

代表团访问苏丹的最后一天,我们在尼罗河畔的旅馆里会见了从中国学成归来的苏丹学生。"这是龙井茶,我们请你们喝'中国绿'!"我笑着对他们说。

苏丹每年都要往外派遣学生,1980—1981年便派了20913名。其中派往埃及的有12000名,占第一位,派往英国的4001名,派往罗马尼亚的702名,派往苏联的461名,派往美国的247名,派往我国的58名。苏丹教育指导部部长告诉我们说:"他们在中国学四年,比在苏丹学五年六年还强。他们在中国学得扎实,具有理论联系实际的能力。"

由清华大学建筑系毕业的阿卜杜·拉赫曼回到苏丹不到十天,便被一个公司聘为工程师,在苏丹港负责一个大工程的施工。他说:"在中国学的东西回来都用得上,没遇到什么困难。"据他们公司反映,他的水平比在苏丹港工作的其他工程师还要好些。

苏丹教育指导部公共关系司副司长对我们说:"近几年,苏丹高中毕业生希望去中国学习的越来越多,很多学生在等待着赴中国留学的机会。"这恐怕与这些归国生的工作成绩是分不开的吧!但是,他们大部分人还想继续到中国深造,攻读硕士、博士学位。

告别时,他们恋恋不舍地拉着我们的手,一再要我们向中国教育部转达他们的要求。我们一起走到尼罗河畔，凝望着缓缓流去的河水。在青尼罗河和白尼罗河的汇合处，可以清楚地分辨出两种不同的水色，但终于渐渐地融合在一起了。这就像中国和苏丹这两个不同肤色的民族一样，将永远携手并进！

[ 选自《世界青年剪影》，广东人民出版社1985年版。]

## 沙特—中国

不记得当时的航线为什么会是那样转接的,只记得确凿无误的是,那次我们乘坐的飞机将在沙特阿拉伯的吉达机场降落,在那里停留三个小时,再转机去苏丹首都喀土穆。

哦,沙特,这可是个和我们尚无外交关系的国家,在这三个小时里我们将会遇到些什么呢?

我们还没走出机舱,便上来了几个清洁工人,一个个都是东方人的模样。据说,在沙特定居的华人相当多,这几个人会是我们的同胞吗?我刚投去一个亲切的、探询的目光,他们便都卑微地低下了头。

下机后,一位长着络腮胡子的沙特工作人员检查了我们的护照,然后,笑容满面地说:

"北京来的?欢迎!"

他请我们坐下等候片刻,便转身走了。

"不会为难我们吧?"

身边的一个同伴小声跟我说。

"不会!"我自信地回答,始终无法忘却那一圈浓黑的络腮胡子的亲切笑容。

二十分钟以后,络腮胡子又捧着笑容回来了,跟在他身后的,还有一个十七八岁的小伙子。

"给,转机手续全办好了,这是机票,这是登机卡。请这位兄弟带你们去查看一下行李,然后再送你们去候机室。听到广播后,你们就可以上飞机了。"

我几乎不敢相信眼前所发生的事情,一路上几次转机,还没有这么顺利过。感谢的话刚涌到嘴边,只听他又道:

"噢，对了，这是一张冷饮券，在候机室里，你们可以去用它要点冷饮来喝。"

"谢谢……"

"祝你们一路顺风，欢迎再来！"络腮胡子没容我多说感激的话，便又捧着笑容，去接待别的旅客了。

在跟着那位小伙子去查看行李的路上，我发现有许多人在排队签转机票。行李房那里，也挤满了人。小伙子领着我们从侧面进去，我一眼就认出了那几只皮箱。于是，他又把我们领到候机室，找了一个比较僻静的地方坐下，从我手中接过那张冷饮券，很快便送来了几桶罐装的饮料。

"请坐，跟我们一起喝一点吧！"我居然像主人似的招呼起他来。

"您是在埃及长大的？还是在埃及学习过多年？怎么一口埃及口语？"他瞪大了原本就长得很大的一双黑黑的眼睛，惊讶地问。

"不，我一天也没去过埃及，自己学的。埃及话在所有的阿拉伯国家都能通用，不是吗？"

他点点头，说："你们中国人真行！"说着，又默默指了指候机室里的几个清洁工，轻声道："他们也都是华人，是被人管着在这里做工的……"

我这才注意到，候机室的每一个角落，都站着一位清洁工人。中间站着一个领班模样的人：只要看到哪位旅客把一张纸片或一块果皮扔在地上，领班便用手一指，那附近的清洁工人便会立即过去把它扫起来。因此，候机室里，不管旅客有多少，地上却总是一尘不染的。

领班和清洁工人，的确都是华人的模样，只是脸上总没有我们那种自信的神色，而显得有一种说不出的卑微和忧伤。

我还没来得及去品味涌上心来的感慨，却听那小伙子又兴冲冲地道：

"是的，你们中国人真行，你们的足球也上来了！"

"你是个足球迷？"

"噢，太迷了！还记得1981年第十二届世界足球锦标赛亚太地区的预赛吗？那时我还小，逃了学，自己花钱去科威特看比赛的。那叫什么事儿啊！我们队硬叫新西兰破了五次门……"

我当然记忆犹新。记得,当时那位阿拉伯著名的讲解员说:

"新西兰队要净胜五个球,才能和中国队争出线权。可沙特队也不弱,让对方踢进五个球,这本是不可思议的。谁知竟成了事实,到底是怎么回事,谁也说不清楚……"

我沉思了片刻,说:

"总之,我们的技术、身体素质都还不过硬,比起几个阿拉伯球队来,还差得很多。"

"您也喜欢足球?"

"喜欢。"

"太谢谢了!"

我不知道他为什么要因为我喜欢足球而道谢。其实,我只是一个普通的观众。足球在中国越来越深入人心,比起那些狂热者来,我反倒更像是个局外人。也许,球迷们都这样,只要你说一声喜欢,也会使他高兴到感激的程度?

我想,倒是应该由我们对他表示感谢。他,还有那位捧着笑容的络腮胡子,比机场外的热风更灼热地温暖着我的心。我掏出一支自己常用的金笔来,递了过去,说:

"留个纪念吧,为了我们这短暂而又永久的友谊……"

"不,不!"他的脸涨得通红,亲切但却坚决地说。随后,又嗫嚅道:

"不过,我有一个要求……"

说着,他从衣袋里掏出一支专门用来书写大字的阔嘴塑料彩笔,又解开了外衣扣子,露出里面穿着印有"沙特"字样的足球衣,指指胸口,说:

"请您在这里,在'沙特'两字的旁边,用中文写上'中国'两个字!"

这一切,他显然是事先准备好了的。在他那颗年轻的心里,为等待一位从北京来的旅客,特别是也十分喜爱足球运动的旅客,以便请他在自己胸口写下"中国"两个字,不知已等了多久。

我的眼睛湿润了,毫不迟疑地提起笔,在他那件印有"沙特"字样的球衫上，写下了"中国"两个字。那字迹，是绿色的，是阿拉伯人最喜爱的颜色。

这时，似乎他的一切任务都已经完成了，站起身来，紧紧地搂住我，说了声：

"谢谢，再见，祝您一路平安！"

他刚走开几步，听到广播响了，便又回过身来，向我们指了指五号门，并举起两只手猛烈地挥动着，和我们告别。

我提起行李，向五号门走去，又恋恋不舍地朝着候机室望了一眼。似乎不忍看到我们离去，小伙子的身影已匆匆地淹入客流之中。却见那几个清洁工人，正痴痴地盯着我。遇见我的目光后，又默默地低下了头去。

飞机起飞了，向苏丹首都喀土穆进发。吉达机场，在机翼下缩成一团，变得像任何一个阿拉伯人的签名一样，分辨不出笔画来了。而在我的眼前，在那迎面飞来的白云中，却似乎骤然显出一片沁人心肺的碧绿，那是沙漠上空的蜃景，还是因我希冀友情而产生的幻觉？

身边的同伴打断了我的沉思，说：

"你这个人，连那小伙子的名字都没问！"

噢，是的！他叫穆罕默德还是阿里？在任何一个外国人看来，阿拉伯人的签名似乎都是一样的，你永远也辨不清其中的笔画。可阿拉伯人喜爱的绿色，不也正是你所喜爱的生命的颜色吗？

我眼前的绿色，已经连成了四个大字：沙特—中国，还有在那几个大字下面跳动着的一颗沙特青年的心！

［选自《异国见闻录》，贵州人民出版社1988年版。］

## 绿色的梦幻

在我卧室的窗台上,摆着一盆心叶万年青,那是一种适宜在室内盆栽的热带植物。心形的叶片如常年翠绿欲滴。时而还夹杂着一些嫩黄的斑点,衬得那绿色越发娇艳。在我到过的许多阿拉伯国家的机场、宾馆里,到处都摆着它。在阿拉伯也门,它更是属于那种珍奇的花草,十分受人宠爱。

大概是在两年多以前吧,我工作所在的这所也门中技校里的两个学生伊斯梅尔和欧勒菲,不知从哪儿给我弄来了这种植物的两根枝条,居然插活了,并开始抽发新叶。

"那是我们的一片心。"伊斯梅尔和欧勒菲每人指着一片心叶,对我说。

"老师,等我们毕业后,我们便把心留在您这儿了!"伊斯梅尔又深情地补充了一句。

望着这两年多来已长得十分茂盛的一片片心叶,我用颤抖的手打开一封刚收到的伊斯梅尔寄自北京的信。

"老师,来到你们这个美丽国家的首都已经几个月了。原谅我还不能用中文给您写信。但我想,以后一定会的。在北京,我到处都能看到绿色,绿色之中,更有许多斑斓的鲜花。告诉您,'十一'我去天安门了,那里是花的海洋,我一生都没见过那么多鲜花啊!

"我想,我改学园艺是对了,虽然这要在学完一年中文以后才能正式定下来,但我已跟使馆方面谈了我的决心。使馆也答应到时候帮我和中国政府联系。我现在才理解您对我提出的这个建议。虽然您教我的是建筑学,却建议我到中国后改学园艺。是的,我明白了。在中国,建筑和园艺是分不开的。

"老师,多么希望您还在我身边啊!以前我太年轻,总惹您生气。可在我心里,您永远是我最敬佩的老师、最亲爱的兄长、最知心的朋友。看到你们这里一片片绿色的树丛，总使我想起以往的日子，想起我们留在您窗台上的心——那一片片绿叶。老师，我请求您……"

写到这里，信突然断了。下面的签名，字迹歪歪扭扭的，看得出那手是在发抖，我明白了他的意思，心一下紧缩起来。

两年前，当伊斯梅尔在我那盆心叶万年青前说出那番深情的话来时，他和欧勒菲已经是这所中技校房建专业即将毕业的学生了。两人的学习成绩都不错。

伊斯梅尔常被同学唤作"混血儿""哈比西"（即埃塞俄比亚人），这几乎和汉语里的"杂种"是一个意思。的确，他长得黝黑，可能是有一点儿非洲血统。那一对黑白分明的眼睛，大大的，总含着深情。性格也极其温顺。

而欧勒菲则完全是一个从也门山区部落里来的典型的阿拉伯人的样子，粗犷、健壮、倔强。他酷爱体育运动，是一个足球迷，踢球的时候，从来不穿鞋，把裙子撩起来系在腰里（也门的男孩子，有时是穿裙子的），赤裸着两条粗壮的大腿，满场飞跑。

他们俩住在一个宿舍。上课的时候，只要我不制止，还会把椅子挪到一起，挤着坐一张课桌。平时出来进去，总形影不离。只有在踢足球的时候才分开，一个上场，一个则坐在看台上睁着两只大大的眼睛微笑着欣赏朋友的球艺。

一天，那是阿拉伯国家的周末，星期四的傍晚（要知道，所有的阿拉伯国家，以至所有的伊斯兰国家，一周的休息日是星期五），我正在校园里散步，突然，身后传来一辆摩托车刺耳的刹闸声。回头一看，欧勒菲捏着车把，嚼着卡特的嘴似裂非裂地正冲我傻笑。后座上的伊斯梅尔，一手抱着一小捆卡特，一手搂着欧勒菲的腰，文静地问候道：

"晚上好，老师！"

"晚上好！"

我一面答应着伊斯梅尔，一面冲欧勒菲瞪了一眼。

"你这孩子，开车小心点，吓了我一跳。"

"没事儿，老师，这是我的小毛驴，从小就驯服了的。"

欧勒菲还是那样憨笑着。

"他开车野着呢！一边开，一边嚼卡特。兴奋起来，车开得像飞似的，连我坐在他身后都害怕。"

听伊斯梅尔这么说，我正想再提醒欧勒菲几句，他却根本没有听的样子，大声道：

"老师，今天晚上一定到我们宿舍来，咱们聊聊，好吗？周末嘛，反正您也没什么地方可去！"

伊斯梅尔热烈地接口道：

"您一定得来。瞧，今天我们去郊区买来一捆很便宜的卡特，够嚼一个晚上的。您也来亲自尝尝，入乡随俗嘛！"

他说话的时候，总爱用那双深情的大眼睛盯着你，叫你不得不为他的诚心所感动。我终于点了点头。

"许诺如雷，践约似雨。老师，我们等您啦！"

两人高兴地大声送我一句阿拉伯谚语，发动摩托，突突地飞走了。

在也门，嚼卡特已经是一种人们无法摆脱的嗜好了。据说，嚼卡特能使人兴奋，使人产生种种幻觉，看到你所向往的东西，使你沉醉在一种如痴如迷的境界中，忘却一天的劳累和不快，于是，下班以后、收工以后、放学以后，大家便都把卡特那绿色的嫩叶送到嘴里，嚼着嚼着，从缓缓咽下的绿色汁液里，去寻找绿色的梦幻……

"老师，您快请进！"

门敞开着，伊斯梅尔和欧勒菲已经在门口候了多时，我真该早些来才对。

宿舍打扫过了，在靠窗的一个角落，两块泡沫塑料床垫合并着铺在地上。我刚在垫子上坐下，一只粗壮的手便递过一枝卡特来，而另一对大大的眼睛，又那样深情地盯着我。

我不忍再像往常似的拒绝，便接过来，学着他们的样子，选鲜嫩的摘下，用右手捏着甩两甩，再用左手去理一理，然后放入口中咀嚼起来。

那味道先是苦涩的，渐渐生出一丝甘味，恰如你咀嚼橄榄一样。但不仅没有橄榄的那种芳香，倒有一种我怎么也无法习惯的怪味。也许，那种使人兴奋、使人麻醉、使人由于心境各异而仿佛能产生种种幻觉的类似可卡因的物质，就蕴含在这怪味之中？

"老师，您想知道卡特的故事吗？据说，古时候……"

伊斯梅尔很认真地讲着这段我早就知道的故事。我却借此放下了手中的卡特，深信再嚼也生不出什么幻觉来，只觉得心中沉沉的。

"你们真觉得没它不行？"我试探着问。

欧勒菲反问道：

"像我们这种年轻人，周末不嚼卡特，又能干什么？"

于是，我想起了也门报纸经常刊登的读者来信。写信的年轻人要求建造公园和娱乐场所，为他们提供休息和娱乐的地方。

"不过，卡特挺贵的，家里也不容易……"

我坚持着，但十分谨慎地寻找着合适的词句。

"老师，我也知道，嚼卡特没什么好处。辛辛苦苦赚来的钱，全这样嚼没了。可是，多少年留下的习惯，要改，也真难……"

"这全得怪我！"欧勒菲打断了伊斯梅尔的话，说："他家里困难，自己又要强，本来是从不碰这东西的。您别不信，这一代的也门青年，已经有很多不嚼卡特的了。要不，怎么说社会在一天天进步？可我每次买来，总拉着他一起嚼。他有时过意不去，便也去买一些……其实，现在的政府和人民，都在致力于发展经济和建设，想把我们的国家建设成一个美好的乐园。只是，许多事情不能一下子改变过来罢了。"

我默默地望着欧勒菲，觉得他忽然变得十分成熟了。

"老师，您在课堂上让我们设计的房屋，四周总有那么多花草树木，像一个花园一样。要是在我们这儿建造起许多花园该有多好！我们年轻人可以结伴去散步、休息。不用闷得发慌地咀嚼卡特了。"

说着，伊斯梅尔放下手中的卡特，两只眼睛睁得更大了。我不知道是否卡特的作用已使他产生了梦幻，他仿佛确实已看到了什么，自言自语地接着道：

"是的，我们的国家在古代就被称作是绿色的也门，但现在却只剩下许多荒山秃岭。我要奉献出自己的血汗，去浇灌这荒芜的土地。愿山坡上都长满苍翠的树木，愿山谷里都种上碧绿的庄稼，愿到处都开出斑斓的鲜花，而不是卡特，不是卡特……"

我被这也门青年的心声深深打动了，说：

"如果你能去中国留学，改学园艺吧，这和建筑学也是有关的。"

欧勒菲亲热地搂住了伊斯梅尔的肩膀，伊斯梅尔则紧紧地握住了我的手……

不记得从那以后又过了多久，一天，走进教室，只见他们两人的座位都空着。其他同学全寂静无声，谁也不抬起头来看我。我感到气氛异常，急切地问：

"出什么事儿了？他们呢？"

一个学生轻声道：

"欧勒菲撞车了，伊斯梅尔刚赶去医院……"

我不知道那两节课是怎么上的，只觉得在画出楼面的每一根钢筋时，都仿佛看到那上面有一辆摩托车在飞奔。车上的人一手扶把，一手在往嘴里塞卡特。当画到钢筋的弯起部分时，那摩托便飞了出来，和我的粉笔一起跌落到地上。

下课后，我匆匆赶到共和国医院，只见伊斯梅尔把脑袋埋在手中，蹲在医院门口的一个墙角里，仿佛一切都已经结束，就等着我的到来。

我把他叫起来时，他满脸泪痕，神志迷惘。终于费力地辨认出是我，这才一下扑到了我的怀里，放声大哭起来。于是，我也就一切都明白了。

在我俩相互搀扶着往回走的路上，他哽哽咽咽，时断时续地跟我叙述了事情的经过。

昨天傍晚，欧勒菲想去郊区买卡特，伊斯梅尔因为作业没有做完，便独自留在了宿舍里。买到卡特后，欧勒菲可能想在天黑前赶回来。一边嘴里嚼着卡特，一边一路飞驰。在山路的转角处，压着中线急速地多拐了个小弯，被对面驰来的卡车撞出路界，滚下了山坡。伊斯梅尔昨夜等到十二点，以为欧勒菲可能在路上遇到哪个朋友，去他家投宿夜谈了，便独自睡去。等清晨有人来敲门报信，赶到医院时，尸首已经运走了……

"我昨天跟他一起去就好了……"

伊斯梅尔悲痛地一遍遍重复着这句话，神色还是那么迷惘。哦，伊斯梅尔，你心里在想些什么？是以为昨天你俩若在一起，欧勒菲不致那样急驰疾飞，还是想宁愿和好友一起翻落山坡，回归到其真主的身边？

"我昨天跟他一起去就好了……"

伊斯梅尔依然那样喃喃着。

欧勒菲的尸体被埋在萨那公墓一个不引人注目的角落里。这公墓，除了一圈围墙外，再没有别的标志。平坦坦的地面上，竖满了一块块长形的黑色石头。在欧勒菲的墓前，伊斯梅尔从衣袋里掏出一把卡特，郑重地放在了那块作为墓碑的黑石旁边，我俩便默默坐下了。

远处，努格姆山在铅灰色的天幕下，没有一点绿色。山上那灰色的石头，灰色的沙土，又被正在压来的一大片乌云泼上了许多墨迹，与这墓地竖着的一块块黑石遥遥相连，成了一片死寂的海洋……

从那以后，伊斯梅尔整个儿都变了，更加沉默寡言。黝黑的脸庞，竟也显出了十分的苍白来。只有那两只大眼睛，还闪着十分深沉的光。

他已经不再嚼卡特，连烟也戒了。比任何时候都用功起来，成绩飞速提高，超过了班上所有的同学。他经常跟我借一些阿拉伯文的《中国画报》和《中国建设》杂志，特别热衷于阅读那些有关中国园林、名山胜景的报道。有时，他会指着某一张画片惊呼起来：

"哦，老师，这哪里是园林，这简直是天堂呢！"

全国毕业统考中，他得了建筑专业的第一名。只要服一年兵役，便可以优先挑选去美国、西德、苏联等任何一个国家学习。但他却悄悄地对我说：

"老师，我要去中国！"

我不知道已经是第几遍读伊斯梅尔这封寄自北京的来信了。"老师，我请求您……"是的，我明白了他的意思。

放下这封信，带上窗台上那盆已长成十分茂盛的心叶万年青，我独自来到了墓地里那个孤独的角落，把它放在了那块黑色墓碑的旁边……

我也曾闪过一个念头，是否要带一把卡特来？但终于带来了这盆心叶万年青。"老师，我请求您……"这就是伊斯梅尔的愿望，我想。因为，那上面有欧勒菲的一片心，有伊斯梅尔的一片心，也有我的一片心。不，那上面还有千千万万个也门青年和许许多多热爱也门青年的中国老师的心。

我深信，将会有许多像伊斯梅尔那样的年轻人，把这心叶万年青之类的植物种遍也门的每一个角落，使努格姆山变得一片碧绿，使绿色的梦幻变成绿色的现实，使也门又成为绿色的也门……

[选自《异国见闻录》，贵州人民出版社1988年版。]

# 阿拉伯人汉语情

（北京语言文化大学[①]　1999年7月·北京）

四十年前，我偶遇一位阿拉伯朋友，两人各用对方的语言进行了一场有趣的谈话。我对他道："中国有许多年轻人学习并能讲阿拉伯语，因为我们热爱阿拉伯人民，希望加强彼此间的友谊。中国有句老话：爱屋及乌。意思是说：若对某人敬重，关爱必涉及与之相连的一切。我们尊重阿拉伯国家悠久的历史、古老的文明、灿烂的文化古迹，必然会尊重阿拉伯人所用的、《古兰经》借以降示的语言。因语言是传播文化表达爱心的载体。我可以说，中国人是十分珍视阿拉伯语的……"说着，我用手指向自己的胸膛。

他说："阿拉伯有句类似的老话：爱一及众。蒙昧时期的诗人穆纳海勒·叶什库里有句诗说：我爱她，她爱我，两人的骆驼也相爱慕。差不多也是这个意思。既然爱心根植于我们两国人民的胸怀，又怎能不热爱并努力去掌握对方的语言以进一步培植友谊的花朵呢。你说中国人珍视阿拉伯语，我则要说阿拉伯人钟爱汉语……"说着，他把手按在了自己的心上。

这是1959年在北京大学与一位埃及青年的对话。他当时是北大的学生，是于1957年、1958年相继来华学习汉语的首批阿拉伯学生之一。那批学生来自埃及、伊拉克、叙利亚等国，总数达40余人。1960年，35名索马里学生和两名苏丹学生来北京语言学院学习汉语。1961年，30余名也门学生来到北京，就读于当时的对外贸易学院。此后，阿拉伯学生纷至沓来，难以数计。他们首先在北京语言学院（即今日之北京语言文化大学）学习汉语，随后去北大、清华、同济等中国各地的大学学习专业，有的还在中国取得了硕士、博士学位。

---

[①] 文中的北京语言文化大学、北京语言学院，均是现在北京语言大学的曾用名。

1973—1998年这25年中，来北京语言文化大学学习汉语的阿拉伯学生共1503人。他们分别来自伊拉克、约旦、科威特、黎巴嫩、巴勒斯坦、叙利亚、也门、阿尔及利亚、埃及、毛里塔尼亚、摩洛哥、索马里、苏丹、突尼斯、阿曼、利比亚、沙特、巴林等18个阿拉伯国家。

北京语言文化大学还派自己的教师去阿拉伯国家讲授汉语。1969年，中国政府在也门援建了第一所萨那中等技术学校，汉语被列为学习的课程之一。在埃及，1957年开罗高等语言学校首次开设汉语课。暂停一时后，该校成为艾因·夏姆斯大学的语言学院，1977年恢复中文系，中文教学延续至今。目前该系已由中国老师培养出30余名埃及教员，其中一部分调入开罗大学，准备于今年在开大建立中文系。此外，在其他一些阿拉伯国家也设有中文系。如突尼斯布尔吉巴大学语言学院中文系和毛里塔尼亚努瓦克肖特大学中文系等。

阿拉伯学生能讲一口流利的汉语是毫不奇怪的，如同我们彼此都是一家人一样。因为，他们是按穆圣的教导"求学莫辞中国远"而来华学习的。来华之前，已从851年起古代阿拉伯学者所撰写的著作中对中国有所了解。这些学者有胡尔达宰白（820—913年）、苏莱曼·希拉费（9世纪）、叶阿古比（？—879年）、伊本·法基·哈姆托尼、伊本·鲁斯泰、马斯奥迪（？—957年）、伊本·杜莱夫·扬布伊（？—1000年）、沙伊德·安德鲁西（？—1070年）、伊德里西（1100—1166年）、伊本·贝达尔（？—1248年）、盖兹维尼（1203—1283年）、伊本·赛义德·马格利比（1214—1286年）、迪马什基（？—1327年）、艾布·费达（1273—1331年）、伊本·瓦尔迪（1291—1349年）、伊本·白图泰（1304—1378年）、伊斯泰赫利（10世纪前叶）、盖勒盖襄迪（1353—1418年）等。

马斯奥迪在书中写道："（中国）国王凭公理事。因公正为天道，唯其公正，方多善举。"伊德里西说："中国人凡事不离公道与公平。"马斯奥迪还称赞中国人道："他们是主所创造的最好巧手，精于雕刻、工艺。一切工作，其他民族中绝无可超越者。"沙伊德·安德鲁西说："他们所具备的胜过其他民族的学识，便是精通工艺，擅长丹青。他们最能吃苦耐劳，旨在精益求精。"伊本·白图泰说:"其丹青之精美,罗马人或其他人中无可相提并论者。他们于此确能巧夺天工。"伊本·瓦尔迪概括道:"中国人最善谋略,最讲公道,最精手艺,能世人所不能之事。"

阿拉伯古诗中,也提到了中国的这些特色。如,阿拔斯王朝诗人艾布·谢勃勒·白尔吉米因心痛其灯盏跌碎,作诗吟道:"痛失灯盏当悲恸,曾几何时送光明。中国瓷器精心作,高手画师绘丹青。"

在阿拉伯古诗人眼中,中国皇帝是高贵、威严的象征,故在对埃米尔的颂赞诗中,便把他们描绘成比中国皇帝更强,以求夸张之效。赛义德·希姆叶利在对阿拔斯王朝第二任哈里发曼苏尔的颂诗中写道:"至高主无与伦比,已赋君世权教权。主授权永不失效,中国王亦来谒见。"

阿拉伯学生对学习汉语之重视并力求精通,不仅由于他们对上述情况的了解,不仅由于他们对增进双方文化与经济交流的渴望,同样也由于他们深深懂得,中阿人民自古便有着类同的伦理道德与价值观,要借助钻研对方的语言,将其发扬光大。

如,在求知方面,主叮咛曰:"真主将为你们中信道者及具学识者提升数级。真主是彻知你们行为的。"①穆圣曰:"求知为每个穆斯林男女之义务。"又曰:"自生至死,求学不止。"孔子曰:"学而时习之,不亦乐乎。"又曰:"三人行,必有我师焉。择其善者而从之,其不善者而改之。"现今世界,每三四个人中必有一中国人或阿拉伯人,可从其善,尤其若通其语言。

在以善待人方面,真主曰:"你当以善待人,一如主之待你以善。"②。穆圣曰:"莫以你右手伤你左手。"孔子曰:"己所不欲,勿施于人。"教长阿里嘱其子哈桑曰:"己之所爱,方可予人。"

这一切,都说明在中阿古老的文明中存在着相通的传统伦理道德与价值观,应将其在我们今日的生活中加以演绎实践,使之在每个人心中开花结实。

---

① 出自《古兰经·辩诉者章》第11节。
② 出自《古兰经·故事章》第77节。

这一切，都促使阿拉伯学生学好与阿拉伯语并列为这世上最难学的汉语。

汉语特别是其书写再难，对阿拉伯人来说也比其他外国学生要容易一些。因阿拉伯人是最重视书写、最精于书写艺术的民族之一。真主崇尚笔与书写，在《古兰经》中多次提及。主曰："你应宣读，你主最为尊贵，他教人书之以笔。"①主还曾以笔发誓道："努奈。以笔和他们之所书盟誓……"②穆圣道："所获之知，必录以笔。"盖勒盖襄迪说："字与话，同具表意之功。"又说："笔为思之舌。"还说："笔尖为又一舌尖。"伊本·赫尔顿（1332—1406年）在其名著中提到，书写"是绘画，是描形，表达可闻之心声，在语言功能中处于第二位，是一种高贵的技能"……

阿拉伯人的这种高贵技能闻名于世，其精美技法，不仅表现在各种行云流水般的字体上，还表现在各种铜器、石壁、木雕的花饰中。德国著名诗人歌德（1749—1832年）为之叹服道：

你无终，这是你尊贵的奥秘。
你无始，这是你的一个标志。
你是回旋的歌，若苍穹无异。
终与始，常相似。
由中间通向终点。
那即是始，因你是完美整体！

这便是阿拉伯的书写艺术及他们对其之重视程度。那么，汉字再难写又怎能改变阿拉伯学生掌握它的决心呢？

外国人学习汉语的困难，可能还在于一个字音的四个声调上。声调不同，则字意有别。这恰好形成了汉语韵律抑扬顿挫的特点。但阿拉伯语的抑扬韵律

---

① 出自《古兰经·血块章》第3、4节。
② 出自《古兰经·笔章》第1节。

也毫不逊色于汉语,阿拉伯人民本是个能歌擅诗的民族。据说,"1、2、3、4、5、6、7"七个音阶,分别是由阿拉伯语相应的七个字母名称演化而来的。那么,汉语的声调变化再多,又怎能动摇阿拉伯学生领悟它的意志呢?

阿拉伯学生努力学习和掌握汉语,说得十分流利,恰似生命之树上夜莺的歌声那样动听。

因此,四十年前我与阿拉伯朋友各用对方语言进行交流便毫不足怪了。也许你能听到,今天的中阿青年正在用两种语言同唱一支歌曲,歌唱这世上的两大古老文明,歌唱人间的友谊与爱情;也许你能从他们青春洋溢的脸上,看到闪烁着希望的光芒,希望明天的世界充满和平和正义,希望明天的生活充满幸福和欢乐,希望明天我们的两种语言以其铿锵的音律优美的韵味响遍全球,坦诚地晓谕着真谛……

明天更加美好!

明天即将来临!

## 欲挽天河洗膏血

### ——试析萨达姆式的爱情小说《扎比芭与国王》

（2001年·北京）

2000年11月，往日冷清的巴格达书市忽然一下沸腾起来。一家家书店都推出了一本装帧精美、依然散发着油墨幽香的新书。封面上，丛林中耸起一座古巴比伦拱门。一轮红日，于拱门远处冉冉升起。拱门前，站着一位绝色女郎。手持鲜花，身穿蓝裙，飘逸的长发，轻拂着一个裸露的肩头。头发上，还系着一根令她更显妩媚的饰带。一群洁白的飞鸽，绕着那女郎翩翩起舞。封面的下端，题有《扎比芭与国王》这一醒目的书名。而右上角作者的名字，却只写着"著述人"三个字。

随着这本书的上市，伊拉克的各大报刊仿佛都已经事先有了准备，立即登出了一篇篇对这部小说大加颂扬的文章。人们纷纷抢购，一时竟有供不应求之势。与此同时，这部小说在海外阿拉伯人较集中的侨乡，也立即蔓延开来。在伦敦街头一些阿拉伯书商开设的书店门口，竟然挂起萨达姆的巨幅头像，来作为销售这本小说的广告。更有甚者，人们都在传说，这本书的作者就是伊拉克总统本人！

于是，这本小说终于把美国中央情报局的官员都惊动了。2001年3月，他们派遣专人赴伦敦秘密采购这本小说，又汇集一批精通阿拉伯语和心理学的专家，对这本书进行了长达三个月的潜心研究，甚至据说还调动了高科技手段，要从字里行间挖掘出哪怕一丝一毫有关萨达姆当前的心态。美国中央情报局一位长年负责收集伊拉克情报的官员说："我们搞到的伊拉克情报，连自己都觉得有愧。所以只要是有关萨达姆的东西，中情局都要研究！"这就足以说明，他们在得到这本据传为萨达姆亲笔所书的小说后，自然如获至宝。经过三个月的研究，他们终于有了一些结论。对小说的作者、立意、主题以及某些情节所映射的事件和对象，都有了自己的看法。

其实，只要翻开小说，一页页地耐心阅读下去，以上提到的一系列问题，都是可以一目了然的。

首先，关于小说的作者，封面上题的是"著述人"三个字。可打开书来，在首页以第三章身份所写的"序言"上，却道出了一个人的名字。"序言"中是这样写的："2000年2月12日，萨达姆·侯赛因总统接见伊拉克的几位作家，要求他们写一些长篇小说……通过小说情节，解读生活事端……使小说能达到以机枪抗击敌机的水平……纳吉布·格尤尔领会了这位伊拉克英杰的高论，想起……一个故事……记述下来，略作增补，成了现在呈现在读者面前的这本小说。但是，出于谦虚，他不愿署上自己的名字。"本来，读到这里，对小说写作的背景、立意、甚至是小说的作者，都已一清二楚了。可是，接下来的另一句话，又让读者坠入迷雾。那句话是这样说的："他就像是伊拉克所有伟人一样，奉献出自己生命中最宝贵的一切，却不愿谈及自己的伟业。"在伊拉克，当今有哪个作家，可以和这个国家历史上的伟人相提并论？莫说"纳吉布·格尤尔"只是个普通的阿拉伯名字，可能会有许多人用这个称呼，即使此人真是本书作者，也绝不可将之与伟人媲美。因此，序言中的这一提法，更使人认为只是关于作者问题的第二层包装！

这本小说的作者，之所以会引起人们的猜测，还在于围绕此书出版的其他一些神秘的色彩。这本书，既无出版社的名字，也无书号、印数、出版日期、定价等一般书刊必须标明的项目，更未注出版权的归属，似乎可以允许任何人去翻版、加印、转译。封底上，印有"本书收益归属贫民、孤儿、穷苦人、需求者及慈善事业"几行大字。下面用极小的字体写着：国家印刷厂、阿拉伯印刷厂设计监制。而根据我们通过有关途径了解，负责这本小说有关事务的，却是萨达姆总统的儿子乌代。所以，很多人认为此书为萨达姆所著，或至少是由萨达姆组织人力并亲自督导所写成，这一猜测并非无中生有。此外，美国中央情报局根据他们所掌握的材料，认为小说中的某些语句，直接引用了萨达姆的原话。

整篇小说，作者是以幼时听到一位"聪明奶奶"所讲的故事的形式叙述的。作者和这位奶奶住在伊拉克北部底格里斯河东岸支流小扎河河畔的一个乡村里，与这个村落遥遥相对的，便是伊拉克的一座著名古城——舍尔加特堡。约于公元前3000年，那座城堡名为亚述，是亚述帝国的宗教中心。作者所描述他幼时居住的地方，从方位看，正是萨达姆的出生地提克里特（Tikrit）附近，这应该不是一个偶然的巧合。

小说中的那位国王，被称为"当代之王""四方之王"。小说中唯一提到邻国的名称是"埃兰国"，而小说中所使用货币的名称则是"谢克尔"。从这三点可以推断，小说所假设的时代背景，应在公元前3000—前2530年之间。因为，在苏美尔—阿卡德时期，曾有多位国王自称为"四方之王"。"谢克尔"则正是亚述王国时代的货币名称。埃兰国是在约公元前2530—前2450年征服苏美尔的，故事中提到埃兰人的阴谋，显然应该是在他们入侵之前。

故事所发生的地点，是否就是作者和讲故事的奶奶所居住的北部这并不重要。总之是在今日的伊拉克地区。而且在故事中也多次提到伊拉克这个名称。但故事所发生的年代，与人物的性格、语言，甚至故事发展的情节，反差极大。作者借古喻今的目的，是十分明显的。

整部小说的情节与结构，并不复杂。古时，一位国王，爱上了一个见多识广、足智多谋的民女。遂时时召入宫中，促膝谈心。纵论治国方略，畅谈处事之道。宫廷倾轧、外族觊觎、权贵肆虐、生灵涂炭，种种政事，无不由一个名为扎比芭的民女向国王一一指点剖析。后扎比芭被其夫强奸，随后她立即率民众击败内外勾结的反叛阴谋，自己以身殉国。扎比芭的精神受民众广加传扬，并在此精神的感召下，召开"人民会议"，控诉君主制度的种种罪孽。此时宫中消息传来，国王殡天，君主制不战而终。这就是故事的梗概。

全书原文共160页，其结构基本可分为四个部分。第一部分为第1页至第2页，是作者的独白，其中讲述了伊拉克的光荣历史；"犹太复国主义肆虐横行，与其令人憎恨的同盟者美国一起大发淫威"；"伊拉克跨上战马，身佩利剑"奋起抗争等。

第二部分为小说的主体,从原书的第3页至第101页,主要是国王与扎比芭之间的对话,其中包括一节扎比芭与王后的对白和一些她在与国王议政时先后三次有人欲谋害国王的情节。这部分对话约占全书容量的50%,内容涉及面甚广,与我国先秦散文中《曹刿论战》《子贡问政》等颇有些相似之处。在阿拉伯古代文学中,有源自印度公元4—6世纪的《卡里来和笛木乃》一书,是借两只狐狸之口纵论治国处世之道的。美国中央情报局认为,这部小说近似寓言,其来由便源于此。但是,我国先秦散文中这类文字,记录的是士大夫和著名先哲的名言;《卡里来和笛木乃》是国王达卜谢里姆向哲人贝德巴讨教治国之道时后者所讲的寓言;而扎比芭却是一个民女,其言论与身份相悖之处,是显而易见的。但作者所要表达的,是这些论述和见解本身,并不拘泥于文学要求的逻辑。

第三部分为原书的第102页至第125页。从扎比芭被丈夫强奸开始,直至在率领民众抗击敌人中以身殉国。这一部分,美国中情局最感兴趣,认为是最近中东局势的翻版。读者可见仁见智。书中将扎比芭牺牲的日子定为1月17日,并以此日作为她的死难纪念。每年此日,人民都来她墓前献上玫瑰和月桂花圈,并对入侵者和叛国贼投石诅咒。小说这一情节的设计,自有用意。因为,美军1991年首次轰炸伊拉克首都巴格达,正是1月17日!

第126页至全书结尾,场景均集中在"人民会议"上。每个章节,都是由发言人所讲述的一个故事组成,有长有短。用的是《一个零一夜》中大故事套小故事的手法,结构上与前面的几个部分略有不同。其中对本国权贵富商与犹太人及异族勾结的讨伐,部分反映了海湾战争中伊拉克内部的一些矛盾。

从小说的语言风格看,颇有政治家的特点,可以说并非出自一般文人之手。爱情故事只是个框架。虽然书中也谈到了许多爱情哲学和婚姻之道,但政治内涵始终是一条主线。所以,即使在相当一段时间内不能断言这就是一本萨达姆写的爱情小说,但仍然可以肯定地说,这是一本萨达姆式的爱情小说。

书中有这样一段对话:当国王发现扎比芭情绪不佳时,问道:"你是对我会永远爱你放心不下，还是对自己还不放心？"扎比芭道："我只要一想到这种幸福，便深觉不安。因为，我们所达到的程度……（已到了）任何人也未曾且不能达到的顶峰……"听了这话，国王道："保持抵达顶峰状态的基础，是要用一些有力的言词和信号，去使之达到更高的顶峰，已不能用将它送入原有高度的那些东西。如不能取得更大的胜利，那么依靠原来使之达到顶峰的那些因素，对其活动加以支持并使之持久，也可能保持处于顶峰的状态！"扎比芭道："您关于胜利抵达顶峰的这番话，已是在使用军事语言了！"

　　这段对话，典型地反映出作者通过分析激发爱情的方式，指出应如何去一次又一次激起民众和战士的斗志。这里的"信号"一词，若非用于谈情说爱的场合，更应该译为"口号"，伊拉克长年处在战争和受制裁的状态之中，为鼓舞人民和军队的事情，领导人不断提出新的口号，新的对策。应该说，这便是这本小说创作的主要背景。萨达姆明确提出，要让小说"达到以机枪抗击敌机的水平"，要让"小说的中心思想"在群众中广为传扬。也就是说，他要求文学作品成为打击敌人、激发人民和军队斗志的手段。而这本小说，就是一个新的"信号"，要使人民的斗志达到一个新的"顶峰"。

　　美国中情局曾感到疑惑，作为"人民女儿"、代表"人民良知"的扎比芭，为什么在这本书中，显得比国王更为突出？其实这是不难理解的。书中多次喊出"人民万岁""军队万岁""扎比芭万岁"的口号，便是为了突显人民和军队的作用，鼓舞他们的斗志。

　　我国北宋诗人张元幹于1129年秋在浙江湖州乘舟夜泛，惊闻金兵大举南下，激愤地填下"石州慢"词。其中有一名句道："心折。长庚光怒，群盗纵横，逆胡猖獗。欲挽天河，一洗中原膏血。"在《扎比芭与国王》这一部萨达姆式爱情小说背后，作者的用意，恐怕也在于欲挽天河洗膏血吧！而作者已用明白的语言指出，这条"天河"，便是军队和人民。

## 爱心，中阿诗歌之魂

（北京语言文化大学　2010年·北京）

中国和阿拉伯的古老文明，恰似浩瀚无垠的大海，其内涵之丰盈，难予言表；其意义之深邃，无以度量。在那碧蓝的海水下，蕴埋着光辉的宝藏；在那汹涌的浪涛中，闪现出明亮的珠玑。诗，便是在中阿文化的海洋中一颗光辉璀璨的明珠；爱心，便是中阿诗人的共同诗魂！

早在公元前11—前6世纪，古代的中国百姓便开始用诗歌来表达他们的感情。孔子（前551—前479年）从中收集了三百零五首，汇编成中国的第一部诗集，名为《诗经》。其中除有关狩猎、农耕及民间疾苦的内容外，有三分之一的诗篇是歌颂爱情与婚嫁的。如在题为"关雎"的《诗经》首篇中写道：

关关雎鸠，在河之洲。
窈窕淑女，君子好逑。

在另一首名为"静女"的诗篇中写道：

静女其姝，俟我于城隅。
爱而不见，搔首踟蹰。

静女其娈，贻我彤管。
彤管有炜，说怿女美。

自牧归荑，洵美且异，
匪女之为美，美人之贻。

中国古诗中所洋溢的这种爱情，同样也充满在阿拉伯蒙昧时期悬诗的字里行间。乌姆鲁勒·盖斯便曾以诗倾诉道：

法特玛，且慢如此娇嗔，
决意分手，也请待以柔情。

莫非我的挚爱反使你骄矜，
因为我的心总对你百般依从？

若我有过，令你只恨，
且让你衣襟旁消失我的身形。

你的泪水只能是快箭利刃，
刺穿了我那颗破碎的心灵。

安塔拉·本·舍达德也曾吟道：

对哪块遗址诗人们尚未吟唱？
而迷惘的你啊，可认出情人的故乡？

告诉我，这就是阿卜莱家的院墙，
祝故园早，愿你安然无恙。

安塔拉生活于525—615年间，此后，他的爱情悲剧又一次次在其他几位阿拉伯诗人身上发生，如：加米勒·本·穆阿迈尔、盖斯·本·札利哈及以"莱依拉的痴情郎"闻名的盖斯·伊本·穆拉维哈·阿米里等。于是，他们都为自己的心上人吟出了美丽的诗章。

加米勒曾吟道：

啊，朋友，若可能我本应意冷心灰，
却情丝难断，只觉自馁。

哦，布赛娜，此生只要想你一回，
心儿便会迸裂粉碎。

仅只能长吁短叹，低下愁眉，
为她抛洒涌流的泪水。

诸如此类的诗句，阿拉伯的诗歌中不胜枚举。由于中阿社会存在的共性，阿拉伯诗人遭受的爱情悲剧在中国诗人陆游（1125—1210年）身上同样上演着，他毕生写下了约九千三百首诗篇。有爱国和爱情的题材，也有对农村风物和民间疾苦的描绘，充分表达了他对人民、祖国和生活的热爱。

年轻时，诗人与其表妹相爱，并娶之为妻。但母亲事后却逼其离婚，正如盖斯的母亲把盖斯与其心上人鲁卜娜拆开一样。虽然两人以后都另行婚配，但旧情始终难忘，惆怅长留心中。1155年，一日诗人来到沈园，追忆往年与表妹的恋情。却见因悲伤而华容憔悴的表妹唐琬与其夫赵士程亦在园中。"唐以语赵，遭致酒肴，陆怅然久之，为赋《钗头凤》一词，题园壁间。"

红酥手，黄縢酒，
满城春色宫墙柳。
东风恶，欢情薄。
一怀愁绪，几年离索。
错、错、错！

春如旧，人空瘦，

泪痕红浥鲛绡透。

桃花落，闲池阁。

山盟虽在，锦书难托。

莫、莫、莫！

此后不久，唐琬因过度悲伤去世。陆游则依然多次去沈园凭吊吟诗，直至晚年。

这些诗篇所流露的丰富情感，是中阿诗人和中阿人民所共有的一种崇高的人情和爱心。真主曰："他的一种迹象是：他从你们的同类中为你们创造配偶，以便你们依恋她们，并使你们互相爱悦、互相怜恤。对于能思维的民众，此中却有许多迹象。"（30：21）①

中阿人民都是善于思维、富有爱心的民众。中阿诗歌中所薰然洋溢的，不仅有洒向伴侣与亲友的爱的甘露，更有对祖国与人民、自由与正义、生活、大自然和造化万物的一片爱心。

从穆泰纳比到邵基，从中国古代的李白到一些现代诗人，不管用浪漫主义的手法还是现实主义的笔触，许多中阿诗人都写下了一首首充满爱心与情谊的诗章。其中不乏一些可与日月同辉的不朽名句，即使用一千零一夜也难以尽述。

爱心，不仅是中阿诗歌之魂，也是中阿文化传统所体现的一种崇高精神。曾有人问孔子什么是仁，孔子答曰："仁就是爱人。"可以说儒家思想就是仁爱，伊斯兰就是仁爱，真主就是仁爱。《古兰经》中曾多次提到真主的仁爱。曰："我赋予你我的慈爱，令你在我眼前培育。"（20：39）曰："信道且行善者，至仁主必使其相亲相爱。"（19：96）又曰："你等当求主宽恕，向主忏悔。我主确是至慈至爱的。"（11：90）

---

① 此为《古兰经》章、节数，下同。

因此，崇尚爱心，是一种信念，是中阿文化的一种宝贵传统。一旦爱战胜恨，善战胜恶，友情战胜仇隙，正义战胜暴虐，人们心胸便会充满愉悦，人间大地便将遍布欢乐。可以听到，目前每一个中国人几乎都在唱着一首动听的歌曲，那响彻云天的歌中唱到：

这是心的呼唤，
这是爱的奉献，
这是人间的春风，
这是生命的源泉。

再没有心的沙漠，
再没有爱的荒原，
死神也望而却步，
幸福之花处处开遍。

只要人人都献出一点爱，
世界将变成美好的人间！

让我们中阿人民将此曲同唱，继承我们优秀的文化传统，以诗歌，以行动奉献出一切爱心；让我们携起手来，并肩跨进一个繁荣昌盛的新世纪；让世界充满爱！

# 原创小说——尼罗河之恋（节选）

## 一、尼罗河偈语

飞机从曼谷机场缓缓起飞。

"再降落时，便是开罗了。"我想。

空姐在忙碌了一阵以后，陆续退到机舱后面，去稍稍歇一口气。安全带已经松开，飞机平稳地在茫茫无边的云海上向西行进。我闭上眼睛，希望能在沉睡中度过这高空中漫长的旅程，希望在再睁开眼时便能发现，自己即将抵达日夜思念的尼罗河畔。

我并不习惯坐着入睡，无论是在飞机或长途汽车上，坐着睡眠对我来说都是一件难事。我很羡慕那些不管处于何种姿势，只要一闭眼就能睡着的人所独具的本领，但我却始终无法学会。每次出差，只要有可能，我总会选择火车。让那车轮飞转的节奏和车厢轻轻的摇晃，把躺在卧铺上的我，渐渐送入梦乡。

我摁动按钮，把座椅的靠背放下一个角度。那只是一个很小的角度，并不足以舒展我的躯体。经济舱前后座位间的那点距离，自然也容不得我伸直双腿。我知道，不管多么希望，我无论如何是无法入睡的。从隔座传来的一阵阵谈话声，更令我不能静下心来。

那是两位刚从曼谷上机的旅客，带着一个孩子，正用我十分耳熟的埃及方言，兴奋地交谈着他们在泰国的见闻。谈话集中在"人妖"的话题上，在探讨"人妖"的"情商"，及他们可能会有的"生活"。看来，他俩显然想不到会有人听得懂这种速度飞快又带着浓重亚历山大地区口音的阿拉伯语，所以，说话间竟还夹杂着一些或许只有在小两口的枕边才适合交流的私情。

这是一对年轻的夫妇，衣着入时，看来属于埃及比较有钱且又有闲的阶层，大概是去泰国度假后返回开罗的。

"艾米娜，别闹！"忽然，那女子中断了与丈夫那番令两人都十分兴奋的谈话，娇嗔的一声呵斥，牵过去周围的许多视线。原来，她怀里抱着的小女孩儿，竟淘气地把她母亲的头巾扯落了下来！

艾米娜！听见这恐怕我一辈子也无法忘怀的名字，见到那孩子扯落的头巾，我心中猛地一震，十分惊恐地瞪大了眼睛。

我觉得，自己似乎看到，那女子裸露的额头上，仿佛斜横着一条使整个姣好的容貌一下变得扭曲的深深伤痕；似乎听到，那孩子因突然受到惊吓，发出了一个令人悚然的凄厉喊声。我的心在悸动，我的手不自觉地摁了一下扶手内侧的那个按钮，椅背立刻反弹回来。我直挺挺地坐着，目不转睛地看着身旁的景象，手心已沁出了汗珠。

不，一切都没有发生，那不过是我的一种幻觉。年轻的母亲只是把为自己的淘气行为反觉十分得意的孩子递到丈夫膝上，又重将自己的一头乌发连同光洁的前额严严实实地包裹起来，只留下那张姣好的脸庞。

艾米娜！这个可爱的小姑娘，居然也名叫艾米娜。莫非，在阿拉伯世界，所有美丽的姑娘，都叫艾米娜？或者，所有叫艾米娜的姑娘，都长得那么美丽？那是一个约莫才三岁的小女孩儿，见我看她，便瞪着两只又黑又亮的大眼睛，向我投来好奇的目光。这一刹那的对视，使我刚欲平静的心又急剧地跳动起来。

是的，在埃及，在阿拉伯世界，名叫艾米娜，而且也长得十分美丽的姑娘，应该是很多很多的。但足以撞击我心灵的，却是深藏在记忆中那个叫艾米娜的同班女生和她那双美丽得无法描述的眼睛。她那眼中的秋波，仿佛总在我面前闪烁，至今依然难以从心底抹去。

不知为什么，每想起那双眼睛，就会让我回忆起尼罗河清澈的流水；而每想起尼罗河，又会让我立刻记起那双明亮的眼睛。哦！尼罗河，自古便成为埃及生命之源的尼罗河，碧波荡漾向浩渺的地中海奔流而去的尼罗河，当它从我的心中流过时，每一朵浪花，仿佛都闪烁着艾米娜眼中的波光。而她那眼睛——那双深邃莫测、晶莹闪亮的眼睛,每当我怯生生地与之对视时,仿佛又总会感到自己被卷进尼罗河的浪涛,使我那颗迷茫的心,随着它的碧波一起荡漾……

尼罗河,碧波荡漾的尼罗河,如今你是否仍是旧时模样?

埃及有一句俗语:"谁曾饮于尼罗河,定会重返河边来。"这句像是偈语一样的话,是否源自法老的密宗,具有神秘的引力,对任何人都灵验?

## 二、去埃及

1965年5月,我和我那胜似兄弟的好友上官明从开罗留学归国时,确曾想过,有朝一日,这句话或许也会在我们身上应验,我俩今生或许还会有机会回到那美丽的尼罗河畔。这句话,不知和法老是否有关,但它至少发自埃及人民的心田,足以显示尼罗河的魅力和埃及人民的好客与友善。

在埃及,我们整整度过了五个春秋,把青春和我隐隐萌生的爱情,以及那突如其来的初吻,全留在了尼罗河的波涛之中。那里可以说是我们的第二故乡,是我曾经的心上人居住的地方。也许,真会有法老的神灵佑助,让我们能再次前去探望?让我们和故友重聚一堂?

谁知道,十年动乱,用它那无情的沉重铁掌,把这美好的梦想击成碎片,早已飘散于云霄之外。如今,上官明已经走了,刚在人世间度过二十八个春秋,便悄无声息地走了,带着曾有的梦想,永远地离我而去。

也许,他的灵魂已多次返回那条河边,去波涛中把逝去的青春祭奠?而我,此时此刻,却竟会意想不到地又独自向尼罗河飞去,得以再度凝盼它那椰树倒影中的粼粼波光,吮饮它那弥漫着莎草馨香的湿润气息。是梦,非梦?阿明,我的好兄弟,冥冥中,你是否依然会伴随在我左右?我俩是否还能挽手去到尼罗河旁,漫步于椰枣林中,歇息在绿草坡上?是否还能并肩坐在金字塔下,眺望沙海烟波,聆听驼铃叮当?

那天,我接到人事处小刘的电话,下课后便去师资科找他。心想,大概西北的某个大学又要我去做学术报告吧！类似的课题，我已经去兰州、西宁、甚至乌鲁木齐及喀什等地讲过多次。由于那些地方都比邻着古丝绸之路上的一个个驿站，或者，本身便曾经是早年阿拉伯驼队经由的地方，所以那里的青年学子，对古代中国和阿拉伯天方动人的文化交流故事，都怀有极浓厚的兴趣。

"于老师，教育部来通知，要我们学校派一位教授，去开罗语言学院中文系任教，据说是要为研究生讲授中阿比较文学之类的课题。学校决定委派你去，不知道有什么困难没有？"

小刘热情地请我坐下，随后便忙不迭地说出这番话来。没等我回答，又道："按协议，工作期限是一年，从1991年9月到1992年8月。明年暑假，就可以回来了。你家里……"

小刘一下便把话打住，他清楚地知道，我至今孑然一身。本与我同住的父母，已于前几年相继过世。所谓的家，便是作为教授，学校安排给我的那套三室一厅摆满书籍的房子。

我沉默着。因为，这对我来说太突然了。莫非，时过二十六年，又将回到那曾让我的心深深坠入其中的尼罗河去？又将让我去直面它那碧绿如蓝之水，明亮似镜之波？又将让那河水把我卷进既有欢乐又有痛苦的回忆之中？其实，我知道，这是一个很多人都想得到的机会，也是一个始终埋在我内心深处的愿望。只是，经过这么些年的波折，我已完全没有再次去面对往事及故人的勇气和心理准备。

"于老师，你不是有一个关于旭烈兀西征在埃及文学中反映的研究课题吗？趁此机会，也许可以在那儿收集到一些材料吧！"见我一直默不出声，小刘好心地提醒说。

"现在已经是三月底了，手续还来得及吗？"

我终于说。我知道，埃及方面办理手续是很慢的。要等这里把我的材料寄去，有关部门审批后，再把邀请函和机票寄来，然后才能办护照和签证。我们这儿似乎动作也不是很快，等什么都办妥，往往需要好长时间，不一定赶得上开学。

"放心吧，我们会给你把一切都尽快办理妥帖的。"小刘意识到我已经同意，高兴地说。

手续进行得意外顺利，八月下旬，邀请函、机票、护照全备齐了。埃方为我订的是泰国航空公司的班机，从北京飞曼谷，在机场停留两个小时，然后换一个航班直飞开罗。这应该说是一条很简捷的航线。

我自然知道，开罗的冬天不是很冷，而且只有一年的时间，所以，除必备的书籍外，不必带很多衣物，整理行装十分简单。外甥女蕾兰去年大学毕业，眼下就在城里长城旅行社工作，到时肯定会到机场去送我的。只是，走之前还必须去一趟延庆八达岭下的上官屯，看望我妹妹于霏并跟她道别，这却使我颇费踌躇。三月底接到人事处通知后，还一直没把这事告诉她。一方面说不定这期间会有什么变化，没拿到机票和签证前，一切还只能算是个未知数；另一方面也不知道该怎样跟她说，怎样才能不触动她那永远无法愈合的伤痕，不因我此行而又令她想起往事，引起她无限的伤感。

妹妹的家是山坡下一栋新盖的白色小楼，在上官屯并不显得特别惹眼。农民都富起来了，屯里几乎家家都盖起了楼房，妹妹差不多还是最后一个盖的。她一直住在上官明父母留下的几间旧瓦房里，因为那里的每一件东西都能唤起她对阿明的回忆。直到前年深秋，房子都有坍塌的危险了，这才不得不考虑拆除重建。她本来想把新的房屋盖得小一些，自己简朴生活惯了，女儿蕾兰大学毕业后肯定会留在北京城里工作，也就难得回来一次，一个人住栋楼干什么？那年寒假，我们一起在老屋议论此事时，蕾兰撒娇地对母亲说："妈，有条件了，干吗不盖得大一些！咱们屯里几乎家家都盖楼房了，咱也盖栋嘛！以后，我和舅舅常要回来住的，城里上哪儿找这么清净的环境啊！再说……"蕾兰突然住口，似乎还有什么理由，但却又觉得不太好说。

于霏显然知道女儿心里的一点小九九，不以为然地看了她一眼。蕾兰一下变得有些不自在起来，立刻低下头去，不再作声。我不知道她们有什么事情瞒着我，但蕾兰的话，对我倒是一个提醒。

"霏霏，"我一直像妹妹小时候那样叫她。"这几年我攒了点儿稿费，给你添上，盖大一些吧！有可能的话，我自己就想要一间卧室、一间书房。每年寒暑假回来过，好写些东西，这儿环境太幽静了！"

去年春天，新房在老屋原有的宅基地上依山建起。楼后面的山坡上，挺立着三棵高高的银杏树，与洁白的楼房相映衬，更显得碧绿苍翠。那是上官明母亲去世时，由我们全家人帮着他种在老屋后山坡上的。一棵最大的种在他父母合葬的墓地后面，右前方一棵树下埋的是他母亲生前始终收藏着的他哥哥上官晖少年时的衣物，左前方的第三棵树，他当时就准备将来留给自己。那时，他还不满19岁。没想到，仅仅又过了九年，这里竟真的成了他的埋葬之处。

到妹妹家的时候，见门锁着。我知道她很忙，她现在已是上官屯小学的校长，就是在暑假里也没有许多空闲。我用自己的钥匙打开门走了进去。虽然平时这小楼只有妹妹一个人住，可却总是收拾得那么整洁，几乎一尘不染。不一会儿，她回来了，进门一见，便高兴地说："见门开着，我就知道不是兰兰就是你回来了。哥，你不是说，这个暑假要在城里忙一阵子吗，怎么又有空回来？又有什么东西要写，到这儿来找清静了吧？"

"我要离开一段时间，出国任教一年。"

顿了顿，我又说：

"去埃及。"

于霏一听，立刻沉默了。方才的一脸笑容，顿时消失得无影无踪。

一阵微风轻轻吹过，远处仿佛传来银杏枝叶拂动的瑟瑟声。于霏转过身去，凝视着窗外远方，似乎在聆听树叶的细语。我一时不知道该说些什么，室内凝结着一片寂静。

## 三、龙马初相遇

机舱里早就安静下来，主灯全已关灭，只留下几盏暗淡的辅灯，为时而还在前后穿行的空姐提供一丝光明。那个埃及小姑娘已在母亲的怀里睡去，年轻夫妇也不再出声，互相偎依着闭上了眼睛。迎面的电视屏幕上闪现出飞行高度、里程、时间等不断变化的数据，随后出现的航行图上，一个带箭头的光标在由东往西慢慢地移动，越过波斯湾和阿拉伯半岛上空，向尼罗河畔的开罗指去。

坐在我前面长着一头蘑菇云似卷发的年轻男子，按亮了召唤乘务员的顶灯，一位空姐立刻轻轻走来，悄声问："我能为您做些什么，先生？""没什么，我只是无意中触动了那个按钮。"

蘑菇云毫不在乎地说，两道贪婪的目光死死黏在那个俏丽姑娘的脸上，连谢谢也不说一声。

空姐大度地报以一个甜美的微笑，伸手帮他将灯关灭，这才转身轻轻离去。

那不是三十一年前，在也是从北京飞往开罗的飞机上，我看到过的一个类似的笑容吗！可那回，我确是在无意之中摁下那按钮的。见人家来问，觉得自己的脸一下便红了。幸亏机舱内很暗，谁也没有看见。身边的上官明却轻轻地捅了我一下，低声道："于霆，别给咱们中国人露怯了。坐飞机还不老实，瞎鼓捣什么！"

那年，我和上官明还只是刚上了一年大学的小青年，是公派去埃及留学的。第一次出国，从来都没坐过飞机，一切都觉得十分新奇。座位上下的那些按钮机关，对我来说，还真不知道都有什么用。不把它们一个个都试遍，我那只闲不住的手是不肯停下来的。

其实，这时表面显得较为沉稳的上官明，也就比我大一岁，更准确地说，只比我大几个月。他是1941年11月生的，阴历辛巳年，属蛇；我是1942年5月生的，阴历壬午年，属马。可也许因为他小小年纪便受过太多的磨难，所以似乎比我更成熟些。还记得，我俩刚认识不久，当互相知道对方的年龄后，他便仿佛很认真似的在我耳边轻声说：

"于霆，我比你大，你该叫我哥呢！知道吗，我属蛇，就是小龙，而你属马，咱俩把学习的劲头攒在一起吧！来一个龙马精神，好吗？"

后来，我俩的关系便一直很好。但即便是亲哥儿俩，有时也难免会拌几句嘴。抬起杠来，他那条小蟒蛇便会稍稍咬我一口，我这匹犟马驹也少不了轻轻呛他几蹶子。可每次吵过，我俩都会后悔不已，关系反变得更融洽，对相互间的友谊更加珍惜。

有一次，我俩课后在校外散步，见两个七八岁大的男孩儿，似乎刚打完架，都哭着在指责对方。我们正想前去把两人劝开，不料其中一个，边哭边大声对他的小伙伴道：

"那你说，还跟不跟我好了？"

"不跟你好我是小狗！"那孩子哭得更凶，"你呢？"

"我也跟你好……"

说着，两人又抱在一起，呜呜咽咽地大哭起来。上官明会意地冲我微微一笑，拉着我走开了。从此，我俩心里又多了一层默契。

我们是在上高二时才认识的。高二那年，班里来了个插班生，那就是上官明了。老师把他的座位安排在我身边，与我同桌。说是让我帮他适应学校的教学进度，而谁知，结果反倒是他在学习上帮了我不少忙。加上他还会拉二胡，我又喜欢吹笛子，许多方面的共同志趣，使我俩很快就成了知己。

上官明个子高高的，宽阔的额头下，长着一对炯炯有神的眼睛，很精神。他一来，同学们就跟我开玩笑说：

"于霆，这下班里可来了个长得比你更帅的，你还牛什么牛！"

"于霆，还别说，你俩还真有那么点儿像！要较真儿，他可能比你还壮些！"

虽说我从来也没觉得自己有多帅，但当时心里却并不是很服气。我俩除了个子一般高、都长得轮廓分明外，其他地方也并不很像。他还带着点儿土气，毕竟是个农家子弟，跟我们城里人还是有点儿不一样。衣服倒总是干干净净的，只是较旧，还有几个缝得很精细的补丁。他说话带着一种北京郊区老农的味儿，一时还改不过来。虽然看着似乎比我结实些，可看那脸色，明显缺乏营养。

后来才慢慢知道，他来自延庆八达岭下一个叫上官屯的小村。八岁的时候父亲就去世了，家里只有母亲和一位表婶。母亲日夜操劳，一直供他读书。小学毕业后，竟考上了延庆中学。在延庆中学，他又成了出名的高才生，年年得奖。校长惜才，刚上完高一，便通过关系，把他转到我们这个北京城里的重点中学。那时，我校的住校名额并不多，但还是接纳了他，而且免收食宿费，只是让他在课余兼做一些学校图书馆里的工作。就这些，便表明要么两个校长的关系非同一般，要么这个同学确有一些不同寻常之处，使学校能破例为他敞开大门。

几周以后，他的超常智商便表现出来，不仅赶上了我们学校的进度，而且成绩竟一下就超过了班上的所有同学。那时，高二还不分文理科，他文史特别优秀，数理化也很拔尖。每次测验，总是门门一百，我不得不对他刮目相看了。

由于跟他同桌，而且老师一开始就指定我俩为一个学习小组，所以我们总在一起做作业。有时，见我在某一点上略有迟疑，他就会好像很不经意地给些提示，使我恍然大悟。他的语言模仿能力极强，只两三个星期，口音便改得跟我们一模一样了。英语课上，老师总把他叫上去跟自己对话，为大家做示范，把我们这些只会哑巴英语的同学羡慕得不行。一句话，入学不久，上官明就成了各科老师的宠儿，全体同学的榜样。入学时因校长给他特殊待遇而在师生中悄悄传播的那些微词，顿时一扫而光。开学初感到他身上的那种土气，在我眼里也很快就变成了敦厚朴实。除了星期天他要在学校帮工，平时放学回家前，我俩几乎总在一起。

我不自觉地处处去仿效他，连字也练得跟他写得一模一样，老师改作业时，有时竟以为是上官明在为我代笔。幸亏我本来学习就不错，问明缘由并当面看我书写后，老师这才不以为怪。我不仅学习更加突飞猛进，甚至生活上也有了许多变化，起码不再像这种年龄的孩子那样讲究衣着。

其实，我虽然是个城里人，但家境并不富裕，也讲究不起。不过，有时会为了赶时髦，闹着让父母给买件海魂衫什么的。那时，像我这样的半大小子，穿件蓝白条相间的海魂衫，外面套白衬衫或浅灰色中山装，把领子的纽扣故意敞得很开，就觉得神气得不得了。自跟上官明交友以后，穿着母亲给洗得干干净净的旧衣服，和他一块儿打球、学习、散步、谈心，感到一种从来没有的随意，再也不会去羡慕别人的蓝白条了。

父母也觉察了我的变化，却始终没说什么，只是暗暗地觉得欢喜。期末考试时，我各门功课的成绩没有低于98分的，在班上排名第二，仅次于上官明。拿到成绩单，父母高兴得几乎合不拢嘴，说道：

"霆霆，这半年你变化不小啊！到底是长大了，懂事多了，再不用我们操心了。"

于是，我跟他们讲起了上官明的故事。

"这孩子真不容易，"母亲感慨地说，"他妈一个人把他拉扯大，又是在延庆农村这样的一个穷山区，还不知吃了多少苦呢！你能交上这么个好朋友，也是我们的福气。"

父亲道："他家住在延庆，生活又比较困难，肯定不能每周都回去。星期天你怎么不把他叫家来，让你妈给他包顿饺子，也好改善改善。"

母亲接口道："是啊，霆霆，这事儿你可一定给我记住了。要不，下礼拜就叫他来家，你们不是马上就放寒假了吗？"

"妈，他星期天要在学校帮工，放寒假又得马上回去，家里还有活儿等着他去干呢！下学期，只要你们不嫌烦，我每礼拜六都把他带咱们家来！"

我父母都是老老实实的工人，心眼儿特别好。从高二下学期开始，几乎每星期六下午一下课，我就逼着上官明跟我回去度周末。晚上就住在我家，和我挤一个铺。星期天一早，他再回学校去工作。母亲每星期六晚饭都给我们变花样：包素饺子、烙韭菜馅儿饼、蒸菜窝头、炒疙瘩、擀面条。有时难得买到几条一毛八分钱一斤的带鱼，就烧带鱼、炖白菜豆腐、吃米饭。虽说都是些粗茶淡饭，但一家人亲亲热热地围在桌边，吃得甭提多有味儿了。上官明开始还很拘谨，见我父母都那么诚心、实在，慢慢也就变得自然了。他一来就紧帮着干活，把我母亲喜欢得不行，日子一久，好像也成了我们家里的正式一员。从那以后，他嘴里虽然不再要我叫他哥，但对我却真的已经情同手足。而在我心里，也觉得他的确像我亲兄弟一样。我们这一龙一马，从此连半句嘴也没有拌过。

邻居们见了，都说："于霆妈，你真好福气，有两个这么有出息的儿子！"母亲听了，心里别提有多高兴了。

但最高兴的，其实还是我妹妹于霏。那年她刚14岁，正是满脑子充满幻想的时候。星期六晚上，我们反正不学习，家里又没有收音机，于是，她就总缠着上官明讲故事。阿明看的书多，满肚子都是故事，中国的故事我早就给她讲过许多了，所以，他就给于霏讲《天方夜谭》。

到阿明嘴里，那些稀奇古怪的故事，变得更引人入胜了。不仅我父母陪在一旁听得津津有味，连我也被他带入了梦幻之中。巴格达的渔夫、古埃及的宰相、飞毯、魔瓶、石头城里的王子和中了魔法的公主等，情节跌宕起伏，令人怦然心动。那时我就想，什么时候，我也能和阿明一起飞向那神秘的天方，去寻访故事中那些人物的美丽故乡？

五一节前的一个星期六晚上，在园林部门工作的父亲下班后，兴冲冲地从外面回来，在我们面前打开一个纸包。那是两件一样大小蓝白条相间的汗衫。

"海魂衫！"我惊喜地叫了起来。

上官明的眼睛顿时湿润了。

## 四、桃之夭夭

那年暑假，上官明带着我和妹妹于霏到他家乡上官屯去住了两个星期。

那是1958年的夏天，全国各地都在搞运动，发生了一些我当时还完全无法理解的事情。虽很热闹，但又感到一切都似乎变得十分无序。可是，当我们这三个少男少女一到上官明的家里，便觉得恰似来到了世外桃源。

上官屯地处八达岭山区的边缘地带，家家户户都住得非常分散。阿明的家又在上官屯的最西头，不要说外面的事情传到这屯里来不很容易，就是屯里的居民互相串门也得沿山路走上一阵。所以，不管当时外面搞得多么轰轰烈烈，山里却依然十分平静。

这里的乡亲们几乎都姓上官，外姓人极少。按代代相传的说法，他们的祖上是唐初著名诗人、宫廷大臣上官仪。他曾经写过许多诗，其中有一首题为《入朝洛堤步月》，写道："脉脉广川流，驱马历长洲。鹊飞山月曙，蝉噪野风秋。"

当时那些朝中的官员看了，齐声赞叹道：此诗"音韵清亮，望之犹神仙焉"！可见，上官仪曾经如何备受称颂。

　　由于上官仪的诗写得既婉媚绮丽，又对仗工整，很适合宫廷中应承逢和的需要，所以，朝官们都纷起效尤，并将这种诗誉为"上官体"。据说，他的这种格式，对后来律诗的形成还颇有些影响呢！所以，这位先祖也可算得上是一个值得后人骄傲的人物了。

　　不想，664年，据说把武则天捧上后座的唐高宗，又因对武则天大权独揽而心有不满，便与上官仪密谋废后。武则天闻讯，立即采取对策，将上官仪打入大牢，并处死于狱中。族人为避株连之祸，纷纷逃离。有的被半途抓住，便就地处死。这一个分支却幸免于难，辗转来到八达岭下，并在这里定居下来，繁衍生息，算来已有一千多年了。

　　上官明的母亲却居然是江南人，出生在长江岸边。她从小给人家当童养媳，受尽欺凌。逃出来后，又被人贩子拐骗过江，卖到北方这个偏僻的山村。当时，阿明父亲付给人贩子的，是族人为他凑起来的二两银子。后来，不同辈分的人们便分别叫她"二妹子""二嫂"或"二婶"，原来的姓名却被人故意忘记了。她自己记得，小时候在家乡，人家都叫她阿桃。刚成亲不久，阿明父亲也曾叫过一阵她这小名。

　　可是，有一天，屯里来了个算命先生，悄悄对阿明父亲道："阿桃这名字你们可叫她不得。古诗云：'桃之夭夭，灼灼其华。'桃、逃同音，后来人们就说成'逃之夭夭'了。她本是逃出来的，你们再叫她阿桃，不怕她还会逃走吗？"

　　最后，又哐啷一声甩出句偈语般斩钉截铁的话来，说："要想留得牢，别再叫阿桃！"算命先生心知肚明，这笔买卖能赚多少，全在最后一句话的分量上了，所以，他几乎是大声喊出来的。

　　也许，阿明父亲的钱并没白花，算命先生也没白费吐沫，他那话确是很灵验的。再也听不到别人叫自己本名的阿桃，终于并未逃走，牢牢地留在了上官屯里，还为丈夫生下两个儿子。但在为他们起小名时，却执意要依她江南家乡的习俗，把大的叫阿晖，小的叫阿明。可能，这便是她对老家留下的唯一念想了。

本来，日子是可以这样一天天平静地过去的。但灾难这无情的妖魔，竟也会闯进深山里这个贫苦的家门。

1948年深秋的一个早晨，寒风飒飒，阿明15岁的哥哥上官晖挑着担柴火到八达岭镇去卖，从此便一直没有回来。那天是阿明的七周岁生日，哥哥去卖柴就是为了给他换回点糖果糕饼来的。天黑了，还不见哥哥回家，阿明蹲在门口，一声声哭喊着："哥，你快回来吧，阿明不要吃糖了！"

但他听到的，只有从远处山谷里传来的凄凉回声。父母都急疯了，满山遍野地去寻找，一连找了几个月也没有下落。一年后，劳苦过度、心力交瘁的父亲便撒手而去。阿明和母亲把他埋在屋后的山坡上，一同埋葬的，是这家人曾有的一点欢乐。

为照顾孤儿寡母，阿明的一个远房表婶不久便搬来和他们同住。岁月也像是一个不请自来的过客，更换着衣衫年复一年地频频来此探望，逐渐化解着扭结阿明妈眉心的凄凉。她整日里辛勤劳作着，已把生活的全部希望，寄托在阿明一人身上。

这一切，都是后来断断续续听上官明讲起家中变故，我才慢慢知道的。当时刚到他家，这些悲惨往事自然不会有人提起，我因此也还一无所知，只觉得一下换了个环境，什么都十分新奇。山上草木葳蕤，嫩绿青新；天边白云舒卷，徜徉于碧海之中。湛蓝的晴空下，耸立于山脊上蜿蜒向远方驰去的长城，显得分外雄伟壮观。

他家的几间小屋，便盖在这山下，虽破旧，却收拾得很整洁。房前屋后，种满菜蔬瓜果。几只乖巧的油鸡，在豆架瓜棚下钻来扑去，觅食小虫。篱笆墙外，星星点点的野花，像一个个娇小的精灵，从碧绿的草地上，向阳光仙子仰起秀丽的脸庞。我这时自以为已体会到，陶渊明写下"采菊东篱下，悠然见南山"的诗句时，在他眼前展现的是一幅怎样的美景。却自然还无法理解，诗人在表面悠然的神情下，胸中却涌动着对炎凉世态的无限悲愤。

最令人难忘的，便是随阿明爬上古长城的那一刻。在学校组织的春游中，我曾登过一次长城，可这回的感受，却是完全不同的。那天清晨，阿明背着他母亲和表婶一早准备好的一包馒头、几块咸菜和一大瓶水，带我们沿山麓走了好几里路，终于来到一个山上的城墙有些坍塌的地方。阿明顺着缺口，灵巧地爬了上去。然后便伸下一只手来，让我托着于霏，把她也拉上了城头。

轮到我时，他还要伸手来拉，我说："行了，我自己来吧！""小心些，于霆，千万别踩坏城砖！"阿明说。直至看到我像他一样轻快地爬上去后，他这才放下心来。

这真是一种无法用语言描述的景象！古老的长城上，只有我们三个少年男女，天地之间，仿佛也只有我们三人。长城内外，起伏的山峦连着莽原，一望无际；脚下的城墙，自东北向西南延伸，似乎一直伸到了天边，不知何处才是它的尽头。四周静悄悄的，远处树丛中的知了，仿佛也不愿惊扰我们，窃窃私语般地压低了声音。

"明哥，这里也是八达岭长城吗？"于霏轻轻问，兴奋得声音都有些变了。

"这座山其实叫军都山，老百姓也叫它南口山，八达岭只是它的一座山峰，海拔很高，大约有一千多米吧！山上的城墙和烽火台都经过修缮，为游客开放，所以这一带都以八达岭而闻名了。"阿明耐心地解释着。"北京周边的长城，听说一共有六百多公里，其中绝大部分还没修整，是属于自然状态的野长城，很具有一些古朴的风韵呢！"

"野长城！"我兴奋地叫了起来："这儿离八达岭主峰已经很远，也就是说，咱们是登上了野长城？"

阿明肯定地点了点头，看着我，似乎想起了什么，眼神突然一下变得十分忧郁，并立刻背过了身去。我很惊讶，正待要问，只见他又转过身来，已抹去一脸愁绪，两眼放射出一种异样的光芒，用充满自豪的声音说："在这个世界上，最伟大的建筑，就数我们中国的长城和埃及的金字塔了！"

是啊，如果这长城能和金字塔连在一起，如果一直走去便能抵达金字塔的顶尖，这该有多么神奇！

我们的目光，不约而同地沿着长城的走向，极目西方，放眼无尽的蓝天。

在那遥远的天边，可以看到一道道若隐若现的金光，分明在阳光下闪耀，那是否就是古老的金字塔放射出的光芒？哦！金字塔，威震四海的法老居住的神秘地方，你是否也正在向我们的长城遥望？是否已识破我们几个少年的梦想，欲赠予法老那雕有蛇首的权杖，让我们骑着它飞到你的身旁？我和上官明紧紧地互相搂住了肩膀，我们的心，仿佛已被一条神秘的魔毯托起，升入云天，凌空翱翔，向着在阳光下光芒四射的金字塔飞去。

## 五、库巴宫旁新来客

飞机终于在开罗机场降落了。

我和那位埃及男子同时站起，去取行李架上的提包。见他忙不过来，便顺手帮着递了一下。

"谢谢！"他用英语说。

"不客气！"我说的是阿拉伯语，并且带着纯正的埃及口音。

"你会说阿拉伯语？是中国人？以前来过埃及？"

他吃惊地提出了一连串问题，似乎根本没去想刚才他们夫妻俩的私房话是否有可能被我听见，十分热情地问起我此行的目的。知道我是来教书的，便立刻递过来一张名片。我礼节性地扫了一眼，只知道他叫欧麦尔，并未来得及细看，便收了起来。随即表示歉意，因为我并无名片回赠。

对于名片，我总有一种难以把自己与之联系起来的感觉。在我看来，它似乎和可以随意更换的服饰一样，未必都能十分准确地说明穿戴者的身份和本来面目。或者，它只是某种商品的一个标签，未必就一定能代表那东西的实际内涵和价值。再说，我整天在学校里教书、讲课，总跟学生在一起，很少能接触到那种一碰头就要互换名片的热烈场面，所以也就从来没有想过要印那东西。我曾经自嘲地想，什么时候老师与学生在课堂上见面时也要互递名片，那就不得不印了吧！对这一想法，自己也觉得十分可笑。

"哈哈，那没什么！"他像任何一个埃及人那样爽朗地笑着。"我知道那所学校，开罗也只有一个中文系，还怕我找不到你么！""欢迎你到语言学院来。我姓于，叫于霆。"

"认识你太高兴了，于老师。我还要跟你学习汉语呢！我对中国历史和中国文化，有深厚的感情。明年休假，如果有可能，我想带夫人和孩子去北京旅游，看看你们伟大的长城，那是和我们的金字塔一样举世闻名的建筑啊！听说，你们中国有一句名言，叫作……噢，对了，叫作'不到长城非好汉'，对吧？哈哈哈……"

一边往外走，欧麦尔一边跟我继续交谈着。

埃及人的谈兴，完全可以用汉语里的一个"侃"字来形容。因为，这个"侃"字，左边是个"人"，右上角一个"口"，下面一个"川"，整个儿是个口若悬河的样子。不过，他们在侃的时候，往往还会因为很小一个我们看来可能并非十分可笑的话头而引得大家都哈哈大笑起来。笑得那么爽朗，那么痛快，那么尽兴，似乎要把一天的疲劳、烦恼和忧虑，随着牵动全身的大笑，一股脑儿地抖落得干干净净。在宽大的阿拉伯长袍下，在众多男女丰腴、富态的身躯里，积淀的仿佛全都是豁达和乐观。

我和上官明在开罗留学期间，为了了解民风和学习一些"马路语言"，有时也会到街上的咖啡馆里去坐坐。那是一种几乎所有的阿拉伯男人在工作之余都喜欢去待着的休闲场所，可以在那里喝咖啡、红茶，抽那种带一根长长皮管的水烟。或者，一边喝茶、抽烟，一边下棋、接龙。而最主要的项目，就是侃，以及边侃边纵情狂笑。一次，我们在那里喝茶并努力用耳朵捕捉着他们用方言交谈的内容。突然，不知谁说了句什么，大家全都大笑起来，那笑声，几乎震得顶棚上的吊灯都晃动了。阿明问他身边的一位埃及朋友：

"刚才那人说了句什么？"

这位朋友竟道："不知道，我没听清。"说罢，又哈哈大笑起来。仿佛，在他看来，为什么笑无关宏旨，而只有放声大笑才是最重要的。听着欧麦尔爽朗的笑声，知道他显然也具有这种乐天派的本性。

没等我来得及回答，欧麦尔又大声道：

"对不起，忘记给你介绍了，这位是我夫人，这是我的女儿，叫艾米娜！哈哈哈……"

这回，我的心却被他的笑声刺痛了。也许，他只是因为提到女儿而高兴地发笑。但在我心中，艾米娜这个名字，是永远不能和这种无谓的笑声联系在一起的。我紧紧地皱起了双眉，幸好没被他看到。

各自取罢行李，向出口处走去时，欧麦尔特意过来，热心地问：

"我有车来接，要送你吗，于老师？"

知道我也有人接，他这才跟我告别而去。

看着他走去的背影，我突然觉得，这个人似乎曾在哪儿见过。他长着一身运动员般的健美身材，举止十分潇洒。尤其是两条浓眉下那一双特别明亮的眼睛，酷似埃及的一个著名影星——欧麦尔·谢里夫。在开罗留学的那几年里，我和阿明、艾米娜以及她的表哥哈桑，还有一个叫霍妲的女同学，一起去看过许多由他和他当时的夫人——埃及影后珐逊娜·哈玛蔓合演的电影。每一部电影故事，都曾深深打动过我们年轻的心灵。但那位后来打入好莱坞的影星，早就垂垂老矣，而眼前的这个人，却是一个约莫才三十岁左右的青年。也许，只因为他有一个名字也叫艾米娜的美丽女儿，才使我多了一分关注？或者，因为他和那个演员有某些相似，使我又回忆起和艾米娜漫步在尼罗河畔，评说影片中爱情故事的难忘时光？莫非，时隔多年，再次踏上这片尼罗河滋养的土地，埃及的一草一木，一人一物，依然能让我生出纷繁的联想？我怀着一颗悸动的心，推着行李车，慢慢向外走去。

机场门口，教育专员老韩已经在那里等候。发现我神色有些苍白，想必是旅途过于劳累，没再多说什么，把我一接上车，便向市区飞驰。

老韩熟练地开着他那辆奔驰，见我依然沉默，便关心地跟我说：

"于老师，累了吧？住下后，好好休息一下，把时差倒过来就没事儿了。"又道："已经在库巴宫旁的一条小街上为你租了套房子，那儿离语言学院很近，不用坐车，二十几分钟就可以走到学校。"

库巴宫？那不是埃及总统接见外宾的地方吗？我知道，那儿离尼罗河还有相当一段距离，但随着汽车的行进，却仿佛感到尼罗河那独有的气息已从远处缓缓向我扑来，使我沉醉其中。朦胧中，我仿佛觉得，开车的是另一个人，而上官明正紧挨着坐在我的身旁，我俩都用好奇的目光望着车窗外向后飞奔的楼宇。那天，我们也是刚下飞机，来人接我们上车后，也没有多说什么，只是驱车径直向使馆驰去。在车上，除那些带有异国情调的景物不断闯入我们的眼帘外，首先闻到的，便是尼罗河那沁人的气息。因为，中国驻开罗使馆就坐落在尼罗河小岛上著名的扎马利克区。

那已是三十一年前的事了。

## 六、椰叶无荫

在使馆接见我们的是文化参赞，当时还没设教育处，留学生归文化处管。参赞先让人帮忙把行李搬到我们的临时住所去，然后便带我们到他的办公室里，坐下后，他亲切地对我们说："一路上还顺利吧！埃及开学晚，可能还有一个月。这段时间，你们就先在使馆住着，到时我会派人带你们去办入学手续的。听说你们在国内只学过一年阿拉伯语，恐怕，先要读大学预科，然后才能正式入系呢！"

接着，又给我们讲了一些学习阿语的重要性和必须遵守的外事纪律等。嘱咐完毕，便叫来那位开车来机场接我们的人，这时才知道，他是文化处的三秘。参赞让他先陪我们在使馆里转转，熟悉一下环境。还说他是专门负责跟我们联系的，以后有什么事可以直接找他。那位三秘很年轻，姓吴，叫吴昊，比我们大不了几岁，会讲一口漂亮的英语。一出参赞的办公室，和这个年轻的"顶头上司"在一起，我们立刻觉得随便了许多。

开罗的中国使馆，在我们眼里简直是一座宫殿。我们是刚从陋室走出来的，进入如此一栋豪宅，真令人目不暇接，眼花缭乱。大厅里陈设着一些真正的古董，有明代几位名家的书画真迹；有清朝宫廷摆设的紫檀桌椅；瓷瓶铜钵，牙雕玉饰，赫然陈列于几架之上。据说，这些东西，本属故宫藏品，都是在建馆初期，特意从国内运到这个同样也是文明古国的首府来的，足以说明政府对此馆的重视。

那一幅幅悬挂着的古老画卷，似乎已惯于领受君主大臣的恩宠和官场显贵的眷顾，正以它那苍老的容颜，诧异地面对着我们这两个才以洋装换下布衣的民间少年。搁置于墙角茶几上的古瓷花瓶，仿佛也刚被宫女仆役们细心地擦拭得干干净净，在两个稚嫩的年轻人面前，矜持地炫耀着它那数百年来始终不衰的灵光神韵。

而历尽沧桑的紫檀桌椅，依然是那样神色凝重，端庄地盘踞着大厅的显要位置，严肃得让我们几乎不敢靠近。唯有摆在侧厅里的那圈会客沙发，仿佛越过了历史的界河，终于把人们带回到一点现代生活的气息之中。但与近处的那些古物，居然也显得颇为相称。它们都谦逊地把身上的褐色，变成不那么引人注目的黝黯，似乎在表明自己虽然也出身名门，但全然与世无争。

走出厅外，映入眼帘的却是一个亮丽夺目的欧式花园。一汪池水，镶嵌在院落中央，波光中掠过几片朝舒暮卷的白云。水池旁，竖立着几座栩栩如生的石雕，那种自信的模样，仿佛向你显示它们才是这里的真正主人。各种奇花异草，殷红翠绿；数丛高树低枝，摇曳婆娑，把一个并不很大的庭院，点缀得恰似凡·高笔下绘出的迷人图像。虽无雕梁画栋亭台楼阁，却有姹紫嫣红似画意境。不知是谁随意制作的几个盆景，仿佛寄托着对家乡的无限思恋，迭现于这一异国风情的画面之中，致使整个院落情趣横生。院墙外面，却是一片阿拉伯天方特有的景色。原来，各种不同的文明，本是可以如此融洽地交汇在一起的！

只见一棵高耸的椰树，把几枝硕大的羽状叶片，凑趣地伸进了墙头，在院中投下疏落的荫影。我突然想起"徒言树桃李，此木岂无荫"那句唐诗，便顺口念了出来。上官明听了，笑道："你真行，于霆，联想得倒快。看来，《吴都赋》中所说的'椰叶无荫'，也只是一种艺术的夸张啊！"

接着，又念念有词地打趣道："不过，这椰树不是那椰树，秋来结实如串珠。"

我觉得，他这话极像是套用了《红楼梦》里出自哪位之口的一个句式，好像史湘云就曾经说过"这鸭头不是那丫头，头上哪有桂花油"之类打趣的话。一时又想不确切，便只是说："别酸了，说得人怪牙碜的。有什么呀，不就是阿拉伯世界著名的椰枣树吗？"

听我们见了棵椰枣树也这么絮絮叨叨、大惊小怪，三秘那非常年轻、却一直装作十分严肃的脸上，终于禁不住露出了笑容。或许，在他眼中，我们就像是刘姥姥进了大观园吧。于是便大动恻隐之心，热情地说："哪天我出去办事，顺便捎你们到街上去转转，也好大略看一下开罗市容。尼罗河畔的景色，真的很美呢！"

我们颇觉惊喜，忙不迭地连声道谢，从此便自然而然地把他叫作吴哥。这么一来，吴哥似乎更高兴了，又道："下星期处里要接待国内来的一个团，会带他们去参观金字塔的。我和参赞说一声，到时候可以让你们跟着一起去。"

金字塔？吴哥的话简直说到我们心里去了！莫非我们真的已从长城脚下飞到了金字塔旁？莫非我们真的即将实现少年时的梦想？我和上官明会意地互相紧握着手，都觉得痛了，这才相信自己确已到了天方。

虽然旅途十分劳顿，但那天晚上，我们还是久久无法入睡。我明显感到，上官明在对面的床上不断地翻动着身子。

"睡不着吗，阿明，想什么呢？"

"想我那屋后的几棵银杏，也不知道它们现在怎么样了。"说着，阿明长长地叹了一口气。听得出来，他似乎在尽量使语气显得平静一些。

但就这一声叹息，便难掩他内心的激动。难道，是日间所见的椰树羽叶，拂动了他的心扉，使他又联想起银杏的英姿？或者，是使馆那虽很简单、但对我们来说已十分丰盛的饮食，又令他不由自主地回忆起那些清苦的日子？我不知道说些什么才能抚平他心中的创伤，只觉得自己胸中也开始隐隐作痛。

高中毕业前，我和阿明有一个约定，都准备报考师范大学。那部名为《乡村女教师》的电影，对我们的影响实在太大了。我们甚至说好，读完师范，就一起去上官屯教书，让山区的孩子们都能受到最好的教育，让他们从长城脚下走向全国，走向世界，让他们去实现我们的梦想，把长城和金字塔连接在一起，让两个最古老的文明在当今的世界上更加发扬光大。哦，这是一个多么崇高的理想啊！可是，正要填写志愿时，校长突然把我们叫到他的办公室里，笑容可掬地说："学校准备保送你们两人去上我国最著名的大学，学习东方语言文学，为国家培养小语种人才！"

这真是一个令人无法拒绝的诱惑。

"我们以后还是可以当教师的，是吗？"我在阿明耳边轻声说。"于霆，要知道，条条道路通罗马。"阿明也悄声对我道。

就这样，我们进入了东方语言文学系，并且理所当然地选择了阿拉伯语专业。一起入学的同学都觉得奇怪，有的同学，系里动员他们报阿语还老大不愿意呢！因为，据说阿拉伯语是最难学的。文字曲曲弯弯地从右往左写，一些字母的发音怪怪的，在世界上任何语言中都没有。几个主要的元音还得依靠符号标注，而在一般的书报中是根本不印符号的。对于一个外国人来说，读起来比不加注音的汉字也容易不了多少。所以，有人说，那简直就是天书！

天书也难不倒上官明，他在学习语言上的天赋与勤奋又一次十分惊人地表现了出来。每天早晨不到六点，就悄悄把我叫醒，我俩一起到校园湖边去大声练习发音和对话。总要练一个多小时吧，然后再去吃早饭、上课。期末考试中，我俩都得了满分。后来才知道，一年级下学期开学后不久，学校就内定准备派我们去埃及留学。可就在这时，阿明家里却发生了一件不幸的事情。

第五篇

阿语私塾

# 方言解析（节选）

## 导 学

这里所说的"方言"，是指相对于"标准语""规范语""书面语"而言的"口头语"。在阿拉伯国家中称之为"العامية"（大众语），或"الدارجة"（流通语），同时也具有"方言""土语"等含义。

学习者应注意下列几点：

1．"口头语"是"标准语"的本源，"标准语"是"口头语"的规范。作为一个非本土语言的学习者，必须先精确掌握规范的"标准语"，然后才能在此基础上去了解一些"大众语"。

2．必须十分明确并善于区分两种用语的使用范围，切忌混淆。更不能在必须使用"标准语"的场合，尤其是正式的书面语中使用"口头语"。

3．既然这种"口头语"或"流通语"也可理解为方言、土语，那么，不同的阿拉伯国家、同一国家的不同地区，必然还会有所不同。

4．我们这里主要解析"埃及口语"（苏丹及所有阿拉伯国家通用）的一些特点，此外，还尽可能补充一些"海湾口语"（伊拉克及海湾各国通用）、"沙姆口语"（叙利亚等沙姆地区通用）和"北非口语"甚至"贝都因口语"中的有关词语，以便学习者能尽快融入阿拉伯各国的"大众"语境中去。

5．解析的内容，包括"方言的变异""方言的句式""方言的词语"三部分。①

---

① 本文节选"方言解析"第一部分"方言的变异"的内容。

## 第一部分　方言的变异（التغيرات فى العامية）

### 一、读音变异

1. 字母 ق 轻化为 ء，如：

قال- آل ، قلم - ألم ، وقت - وأت ، حقيقة - حئيئة ، اقعد - اؤعد ، قليل - أليل ،

قم – أم قمر-أمر ، قماش - أماش ، قرش - ئرش

但在一些特殊词语中，不发生轻化现象，如：القاهرة 不可读成 الآهرة，القومية 不可读成 الأومية；而另一些词则可以轻化，也可以不轻化，如：القانون，可以保持原音，也可以读成 الآنون。

在其他一些阿拉伯国家，ق 的轻化程度远不如埃及的口语，只是把它读成相当于英语"G"的发音。阿拉伯半岛上也有一些偏远地区，口语中依然保持着 ق 的规范读音，十分难得。

2. 字母 ج 重读为相当于英语"good""grammar"中的"G"的发音。这是埃及口语的一个标志性字母，许多埃及人即使是在使用规范语时，这个字母的读音也要发生习惯性变异，这也是埃及口语和其他阿拉伯地区口语在语音方面的一个重要区别。下面的例子中，都要把 ج 读成"g"：

جيد، جدا، جاء، جمهورية، رجل، جنيه، جاب

中国穆斯林的经堂语中有 جناح（罪恶）一词，读音为"古那哈"，显然也受到了类似的变异影响。

但在另一些国家则会把这个字母轻读，有的甚至会读成 ش，如把 جيد 读成 شيد 等。

3. ض ظ ذ ث 这几个唇齿音都发生了轻化，ذ 读成 د 或 ز，ظ 向 ز 或 ض 的读音进行异化，ض 则向 ز 或 ظ 异化，如：

ثلاث- تلات، كثير - كتير، ثمن- تمن، ثانى- تانى،

ذهب- دهب، ذنب- ديب، آذان- ودان، ذباب-دباب

但是在一些词中，ذ 的发音可变可不变，如：ذل، اذاعة، ذكرى 等。在另一些词中，则轻化为 ز，如：ذنب-زنب。

ظ 的音变例子如：

ظهر – ضهر، عظيم - عزيم

ض 的音变例子如：

ضابط - زابط، ظابط، مضبوط – مزبوط ، مظبوط

4. ء 有时异化为 ى（Y）或 و（W），如：

آخذ- واخذ، عائز-عايز، عاوز، أرني- ويريني، أذن- ودن، بئر- بير ، ذنب- ديب

但并非一律发生异化，许多时候依然保持原来的读音，如：

أنا، أرنب، أمل، مأمور، أمير، أصل، أسوء

5. 有些音变是在连读时受后面字母的影响所发生的，如：وجه 读成 وش，ارفعه 读成 ارفحه。在沙姆地区，还会把 شجرة 读成 سجرة。

6. 海湾国家及伊拉克语音中重要的变异发生于字母 ك，一般读成类似英语"china""check""cheese"中ch ( ts)的发音。这种音变甚至在一些北非国家及贝都因口语中都可以见到。

二、音符变异

1.顺口读

口语中依据轻化的规律，常把原来的合口音符和开口音符顺口读成齐齿音符，或与之相反，如：

— تصبح على خير! — و أنت من أهله !

在招呼"爷爷"或"奶奶"时，不叫 جدى 而叫 جده。总之，口语中音符的读法是很不规范的。قلت لك 是"我跟你说过了"的意思。قلت ايه 若读成降调，译为"你说呢！"若读成升调，译为"你说什么？"而这里的"你"，阴阳性皆可。发音接近于齐齿符。

这种现象也经常会发生在标准语中，如把 رغم 的第一个字母读成合口符，把 قوى 的第一个字母读成齐齿符等。

2.重音、叠音、连读、略读

（1）有的词在口语中重音发生位移，如：زملاء，规范语中重音在 لا，口语中重音前移至 ز。同样的例子还有 شركاء 等。

（2）重读的长音，有时表示阴性，如：أنا مش فاهمها（译为"我对她不了解"，重音在 فا，主语为阳性）；هى مش فاهمانى（译为"她对我不了解"，重音在 ما，主语为阴性）。

（3）动词词尾的叠音，在分解时变为软音，如：

مر ← مررت ← مريت

بصيت ← بصصت ← بصّ

صب ← صببت ← صبيت

حط ← حططت ← حطيت

又如：

你没在咖啡里加糖？　　　　　　　　　ما حطيت السكر فى قهوة؟

是的，我没放，我爱喝苦咖啡。　　　أيوه، ما حطيتش، باحب قهوة ساده.

（4）有些词在口语里略读其中某一字母，如：

حد – احد، فد – فرد، عد – عند، واد – وله – ولد

有些词则因两个相同的音连在一起读而有所省略，如：

أقولك – أقول لك

## 三、词汇变异

### 1. 通用词汇

口语中绝大部分词语和规范语是通用的，因为规范语本来就是以这些词语为基础并按一定的词法规律进行标准化的。这类通用词语只是在口语中读音略有变化而已，如：عن، فى، حتى، شارع، جامعة، مدرس، أستاذ، كتب، قرأ 等。

### 2. 专用词汇

（1）专用于口语中，偶尔见诸规范语，或与规范语语音略有出入。这类词汇一般词典中均有收录，如：

كويس（译为"好"。埃及口语），规范语中为：كيس（译为"聪明"）。

زين（译为"好"。海湾口语），规范语中为：زين（译为"美化"）。

منيح（译为"好"。沙姆口语），规范语中为：مليح（译为"美丽"）。

بخ（译为"好"，北非部分国家口语），规范语中为：بخير（译为"好"）。

此外，如：راح، جاب، شال، نده، شاف 等词语均属于这一类，为所有阿拉伯地区所通用，虽一般不见诸规范语（راح 除外），但词典中均有收录。

（2）当地特有的口语词汇，这类词，只有当地人使用，词典中不一定收录。如：一般口语中说 سكر 表示关闭，在也门，则还说 بند。伊拉克口语中，用 هواية 来表示"多"，而阿尔及利亚人则说 زيف。埃及人把西红柿叫 اوطه，沙姆地区则叫 بندورة，这就好比在我国南方叫它番茄一样。

### 四、结构变异

1. 逆序式

口语中，一些词语的结构发生了变化，如：زوج 说成 جوز，مسرح 说成 مرسح，جاء 说成 أجا，صفق 说成 صفق。这种变化，在汉语的方言中也能见到，如："月亮"和"亮月"、"螺丝"和"丝螺"、"腐乳"和"乳腐"、"熊猫"和"猫熊"等。

2. 主动式

口语中基本不用被动式动词，一些动词改用 اتفعل، انفعل 等不及物格式，如：انكتب/اتنقل/اتفضل 等。

3. 加词缀

口语中，现在式动词经常加上 ب，否定式后面则经常加上 ش 作为词缀（例句见第二部分）。

表示将来的时态，则在现在式动词前加上 ح 作为词缀（有的地区用 ش 表示 سوف）。

4. 外来语

口语中使用的外来词语，比已经纳入规范语使用范围的要多得多，如：

（1）مرسى 为法语，表示 merci 谢谢！

（2）أورفواي 为法语，表示 au revoir 再见！

（3）برافو 为意大利语，表示 bravo 好！

（4）كايرو 为英语，表示 cairo 开罗。

口语中可以将外来语完全阿拉伯化，使之符合阿拉伯语的结构，如：你做完了没有？ هل فنشت؟（finish）فنش

又如：كندش، تأتمت، تأكسد 等。

### 五、语法变异

1. 没有主、宾、属等格式的变化，或变化不明显

（1）这就是你想要找的那个人。 هو الراجل اللّي انت عايزه.

（2）我见到了你想要找的那个人。 شفت الراجل اللي انت عايزه.

（3）我到你要（找）的那人那儿去了。 رحت للراجل اللي انت عايزه.

（4）他们在里面吗？ هم موجودين جوه؟

（5）看见这学生了吗？ شفت طالب ده؟

（6）新年好！ كل عام و انتم طيبين!

（7）我们都知道，只是不乐意。 كلنا عارفين،بس مش عايزين.

（8）你怎么不给我拿三明治？ ما جبتيليش سندويش ليه؟

（9）昨儿你上学去了？ رحت للمدرسة امبارح؟

（10）见着你朋友了？ لقيت صاحبك؟

2. 双数名词及阴性复数多用阳性复数代替，即使用双数，也可以表示复数

（1）欢迎！ أهلين وسهلين!

（2）我要几样这种东西。 عايز حبتين من دول.

（3）给我点儿钱。 ادينى قرشين.

（4）她们都是好姑娘。 هم بنات حلوين.

（5）这些钱你是怎么凑起来的？ فلوس دول جمعتهم إزاى؟

（6）萨米和谢里夫在哪儿？你看见他们（俩）了吗？

فين سامى و شريف؟ أنت شفتهم ؟

3. 单数名词的阴性标志为 هاء 或 ألف。动词阴阳性双数及阴性复数均以阳性复数代替

（1）她不愿意。 هى مش عايزه.

（2）她不愿要那个东西。 هى مش عايزاه.

（3）萨米和谢里夫去学校了？ سامى و شريف راحوا المدرسة؟

（4）你们（阴、阳）怎么不吃了？ انتو بطلتو الأكل ليه؟

（5）妈妈和姑姑都早睡了。 ماما و عمتى ناموا من بدرى.

（6）女孩们在笑你呢！ البنات ضحكوا (دحكوا) عليك!

4. 确指名词加冠词的要求不严格

（1）今天（今儿个）。 نهارده.

（2）瞧见这些孩子在干什么了吗？ شفت اولاد دول عاملين ايه؟

（3）这本书没啥用。 الكتاب ده مالوش فايده . (كتاب ده مالوش فايده)

（4）你怎么在这个时候来？ ازاى جيت فى ساعة دى؟ ( ازاى جيت فى الساعة دى؟ )

（5）你说的话我可不懂。 كلام اللى قولته ما فهمتوش. (الكلام اللى قولته)

## 六、书写变异

口语的书写方式没有固定的规范，有些作者的小说中，人物对话往往使用口语，但书写方式却各有不同。

1. 按变异后的读音书写

（1）ضابط = زابط، ظهر = ضهر، ضحك = دحك

（2）ذئب = ديب، بقى = بأى، قال = آل

2. 连写，分短语连写和句子连写两种

（1）على شأن=علشان

（2）ما عليه شئ=معليهش=معليش

（3）اى شىئ عرفك = اشعرفك

（4）لماذا لم تقول لها؟ = ما قلتيليهاش ليه

（5）ليست فيه فائدة = مافيش فايده

（6）اننى قد أحضرت لها ما تريد = دانا جبتلها اللى هى عايزاه

3. 由于缺乏固定规范，所以同一个词，不同的作者会有不同的写法

（1）ايضا = برده، برضه

（2）لا يهم = معليهش، معليش

当书写为 حكون 的时候，有可能是：سوف أكون = حاكون，也有可能是：

حيكون=سوف يكون，要由语境来决定。而且，有的作者把表示将来的 ح 写成 هـ 。

  我们的例句，有些是根据影视剧中的对话记录下来的。为便于学习，在书写上尽量让它贴近"规范语"一些。某些词语的写法可能会与在其他场合看到的有所不同，但读出来则是完全一样的。

## 《美》的翻译和翻译的美

（作为评委之一，本文专为首次全国阿译汉文学翻译有奖比赛所做。此次比赛由中国阿拉伯语教学研究会、阿拉伯文学研究会和上海外语教育出版社共同发起，委托上海外语学院《阿拉伯世界》编辑部举办。——编者注）

用一篇短文对《美》文的翻译作出评论并不容易，结合《美》的翻译谈——即使是浅谈——翻译的美，就更加困难。而这种"评论"或"浅谈"又要限期完成，于是便难上加难了。

"美，是相对的"。在一定阶段，人们对客观规律的翻译即便正确，也只是"相对真理"。衡量事务（包括这次评选和这篇评论）的标准和规则，都肯定含有"相对性"，这是显而易见的。

翻译是一门独立的艺术，有它自身的一些规律。阿汉翻译中那些并不纯粹等同于语法和修辞概念的规律性东西，我们还知之甚微，有待进一步探索。下面仅就《美》文翻译中遇到的一些情况，简单谈几点在追求翻译的美这一目标时，或许可以值得我们注意的几个问题。

### 一、首先是理解

翻译的标准，除可用信、达、雅三个字来概括外，简单地说，就是理解和表达。而表达，又首先要取决于理解。在这次评选中，我们便是把着眼点首先放在译者对原文的理解上。虽然有时对个别词句曲解，会影响整体概念的表达，但理解的重点，还在于整体概念和中心思想。

《美》文可以分解成三个部分。一，论述美的各种形态。二，论述美和心灵的关系。三，论述美和爱情、幸福的关系。最后点出这样一个主题：只要你的心灵追求美，便能得到幸福。

可喜的是，参赛的译文大部分对《美》文的整体概念和中心思想的理解是正确的，表达是可取的。当然，也有些译文对原文的理解不深，遣词造句欠妥，段落归并不当，从而影响了表达。

**二、文体和标题**

不同的文体，在翻译时使用的语言会有所不同。《美》，属于一种论说体散文，译文可以采用相应文体。这次参赛的译文，有关文字过于古奥，爱用"之乎者也"之类。也有人用了"花里胡哨"这样近于口语的词句，不利于体现这种文体的风格。

标题是翻译这篇文章的第一个难点。在各国的文字中，文学艺术作品的标题多种多样。阿拉伯古代有些作品，喜欢用韵文式的标题，如قطر الندى وبل الصدى。杜甫的一首诗，题为："至德二载甫自京金光门出间道归凤翔乾元初从左拾遗移华州掾与亲故别因出此门有悲往事"，共39字，仅比正文少一个字。名著《飘》的原名是：*Gone with Wind*。流行小说 *If Tomorrow Comes* 在译成各种版本时，则有《假如明天来临》《假如有明天》《有朝一日》《来自地狱的女人》等译法。电影《魂断蓝桥》《出水芙蓉》这两个片名，也是采取意译。《一千零一夜》译为《天方夜谭》早已为读者认可。可见，标题的翻译有较大的灵活性，总的原则，是要争取译得简洁醒目，反映主题。

一般人都有这种体会，即把文章译完后，再来推敲标题。如果是这样，就可以发现，文章的第二和第三部分，都用清晰的语句做了题解。

第二部分的开端提到：

انه هو الجمال خالق الانظمة ومبدع القوانين.

第三部分则是用这样的一句话开始的：

وانه الجمال قوة خلاقة وليدها الحب.

意思是：美，是一种具有创造性的力量，它创造出法规、爱情、幸福等一切。这也正是标题所要表明的思想。

参赛的几篇译文，标题有：《造化之美》《造物之美》《创造性的美》《富有创造力的美》《美，就是创造！》《美具有创造性》等译文。前两个标题，十分简洁。但"造化"有"大自然"的意思，又有"造物主"的含义。因此还不能完全反映主题思想。改变原题的结构，译成《美，就是创造！》比较醒目。但如改成《美，创造着一切！》似乎含义上更贴近些。其他的几种译法，是忠于原文的。但见仁见智，读者当然也会各有偏爱。只要符合简洁醒目，反映主题这个标准，应该都可以接受，不必就《天方夜谭》和《一千零一夜》这两个译法去评论孰是孰非。

**三、词量的增减**

任何翻译，词量都不可能是对等的。或增或减，译者虽不一定清楚地意识到，但实际都不能随意做出取舍，而必须遵循一定的规律。违反规律的任意增减，甚至不是词，而是句子的增减，很难会忠实于原文。当然，节译和经过说明的删节，又是另一种情况。在参赛的译稿中，有的把几个较难的句子略去不译，有的加进了原文中所没有的话，这都让人难以接受。

下面谈谈翻译《美》文时与词量增减有关的一种情况，即运用"省略法"和"还原法"来翻译代名词。

汉语，是一种十分简洁的语言，代名词的使用比较谨慎。我们绝不会说这样的话："他给她写了封信，她收到它后，便把它退给了他。"而这种话，在阿语及其他外语中，则是常见的。这样一句阿语，译成汉语时，可以首先使用"省略法"，减去一个代词。译成："他给她写了封信，她收到后，便退给了他。"还可以使用"还原法"，把"他"还原成前面提到的那个小伙子或他的名字，译成："小伙子给她写了封信，她收到后，便退了回去。"如果再把第一个"她"也作了还原，那句中便只剩下一个代名词了。

这种运用"省略法"和"还原法"来翻译代名词，虽然词量有了增减，却是允许的，为修辞所需要的。

为了进一步说明这种必要性，我们再举一个《红楼梦》中的例子。

"宝玉道：'（我）有些疼，（这）还不妨事。明日老太太问，（你们）就说是我自己烫的（自己）罢了。'凤姐道：'（我们）便说是（你）自己烫的，（她）也要骂人为什么不小心看着，叫你烫了！横竖（她对我们）有一场气生的。'"

把这段中文译成阿文时,括弧中这些原文没有的代词,势必都要译出。反之,把这类句子从阿文译成中文,却很少有人敢一下省掉这么多。所以,词量的正确增减,是很值得我们注意的。

这里只举《美》中的两个例子,来说明代词翻译的"还原法"和"省略法"。

文中有这样一句:

ما اكثر الوان الجمال ! ما اشد اختلافها وتناقضها فى الصور والاقيسة والاوزان.

可译为:"美,何其多姿多态!美的千姿百态,其形,其度,其衡,又是多么千差万别,大相径庭!"

这里,"美的千姿百态",原文中只有一个代词,是用"还原法"译出的。不还原,便会认为代词所指仅仅是"美"这个总体概念。

另一句:

انه لقوة سحرية نحسها بشعورنا أكثر مما نتهين سماتها بالابصار او تتعرف وقعها بالاسماع !

可译为:"美,是一种神奇的力量。我们用感情体会,更甚于用视觉辨认其风姿,用听觉识别其韵律。"

这样,就把"它""我们"以至可能是印刷之误的"你"这几个代词全部省略了,而意思仍然是清楚的。

### 四、词义的选择

一个词,可能有几个不同的或相近的意思。哪个与文中的内容更加吻合,需要你做出选择。如文中的 عمر,有居住、长寿、充满等意思。مستور,有纯洁的、隐匿的等意思。وجدان,有存在、直觉、心灵等意思。这些含意,在参赛的译文中全部出现了。这里有一个选择是否恰当的问题。

选择不恰当的原因,可能有这样几个:

一种是不了解这个词的全部或大部分意义,无法做出正确的选择。只依靠手头的某一本词典去查对,查不到,便无所适从。一种是对作者意图的领会不够深刻,因此在翻译带有褒贬色彩的词时,容易做出不恰当的选择。一个词,既可译成"巍峨",又可译成"高傲",你选择什么?这也是在这篇文章中有的译者所遇到的问题。

另一种是知识面的局限。这是在译这篇文章反映出来的另一个较突出的问题。这篇文章，像现在的许多文学作品一样，用现代科学中的一些现象来作文学的比拟。文中提到了"宇宙线"或"宇宙射线"，提到了接收这种射线的仪器及其对射线某些功能的揭示。把像"电波""光波"那样的美的"波""微波"或"波动"比喻成为射线，而把心灵比作接受仪，以感受其"效应"。这一系列词，是只能用物理学中的精确术语来翻译的。

当然，词义的选择，还有色彩的不同、强弱的差异、雅俗的区别。这只能从中文修辞上加强修养，以不断提高选择的能力。

**五、词义的引申和转换**

在不影响原意的情况下，对词义进行一些引申的转换也是允许的。我们这里无法详细论述允许引申和转换的各种情况和规则，只把《美》文中两个比较明显的例子提出来进行讨论。

第一个例子是 المرئيات والمعاني 的翻译。这两个词所在的段落是译文中间问题较多的。而这些问题，某种程度上便产生于对这两个词的理解。这两个词简单地直译为"各种事物和概念"，未尝不可。但很多译者却对此作了引申和转换。

有一种译法，把对美的鉴赏者译为鉴赏美的"主体"，而把这两个词合译为被欣赏的"客体"。另一种译法，则把这两个词译为"具体的和抽象的事物"。这两种译法，都引入了哲学的概念。字面上似乎与原文略有出入，但整体的含义依然一致，是一种引申和转换的手法，也是可以允许的。

第二个例子是 عرائس السعادة 的译法。عرائس 一词，有新娘的意思，有玩偶的意思。عرائس النيل 是睡莲，是花；عرائس البحر 是海牛，一种地中海的哺乳动物；عرائس البحر 又是传说中的海妖，人鱼；عروس الشعر 是诗神，因而 عرائس 又可译为仙女。

所以，把 عرائس السعادة 译成"幸福的女神""幸福的天使"可以说就是一种直译。作为群体处理，后面的动词用了阴性单数。但又有一篇译文，却把这组词译成了"幸福的青鸟"，这是否是一种引申和转换？

"青鸟"一词,源于《汉武故事》和《山海经》,为传信使者的象征。李商隐有"蓬山此去无多路,青鸟殷勤为探看"的诗句,就是指的这个意思。另一个出处,是比利时著名作家梅特林克的童话剧。主人公在剧中寻找象征幸福的青鸟,以医治邻居家患病的孩子。此剧闻名于世后,"青鸟"也就成了幸福的象征。

应该说,以"青鸟"作为幸福的使者或象征,都是符合原文的,也能更好地解释为什么后面的动词使用阴性单数。既然 عرائس 可以是人、神、妖、花、牛、鱼……又何尝不能转译成为鸟?因此,这可以说是一例较典型的引申和转换。

引申和转换,只要处理得恰当,是会得到认可甚至赞赏的。反之,则有可能被认为是误译。

**六、成语的运用和反意译法**

翻译中使用成语、谚语有两种情况:一种是原文本是成语,于是用对应的成语来翻译;一种是原文所表达的含义,恰好可以用中文的某个成语来表示。两种情况,都很难做到百分之百的贴切。但只要主要意思不变,运用成语,有时可起到言简意赅,追求神似的作用。

参赛的译文中,运用成语的不少。有好的和比较好的,如:"浑然天成""璞玉浑金""巧夺天工"等。也有用得不够恰当,甚至本身便有错误的。如"耳濡目染""乐施好德""天然丽质"等。

成语是老百姓长期来习用的定型词组或短句。形式简洁、含义精辟,一般都有出处,因此不能生造。

反意译法,有两种情况,一种是肯定与否定的逆转,另一种是句子重心的颠倒。第一种情况,有时可把"对"译成"不错",把"除他以外没别人"译成"只有他一个"或"准是他"。第二种情况,有时可把"你就是那个弹琴的?"译成"那个弹琴的就是你?"运用反意译法,不损害原意,却能收到不同的修辞效果。

《美》文的翻译中,有的译者便采用了这种手法。有这样一句话,一般都译成"有雄伟、高大之美，也有单纯、朴实之美"这种格式。但却有人把句子的重心从"有"字移开，译成"雄伟、高大，是美；单纯、朴实，也是美"这种格式。重心颠倒，更突出了美的类别，更有助于表达原意。

另有一句，一般都译成"我们不能忘记那粗犷的美，犹如矿山中未经雕琢的璞玉"这种格式。如果颠倒重心，换一个格式，也可译成："另有那粗犷的美，恰似矿山中未经雕琢的璞玉，令人难忘！"这种译法，也许会显得比"不能忘记"更"令人难忘"些！

以上所谈的几个问题，不过是从《美》文翻译中引出的点滴想法。"美，无界无垠！"翻译的美，也是"无边无垠"的。但相信只要我们不断地追求，也定能引来成功与幸福的"青鸟"！

[ 选自《阿拉伯世界》1988年04期 ]

# 关于《大学阿拉伯语》课文提要

问:

老师,听说您在教课时每篇课文都给学生一个提要,为什么?您是怎样使用这些提要来操练学生的?您能否把这些提要提供给我们,以便我们能更好地学习《大学阿拉伯语》。

答:

学习外语,重点在听说,在讲解课文的同时,就要和学生互动,通过对答使同学很好地了解和掌握课文。

一般课文都有一些难点,对学生来说,理解比复述更容易,所以,给每篇课文做一个提要,把课文的内容加以概括,用现在流行的话说,做一篇"微课文"(microtext),就可以以此为基础,要求学生进行复述,练习汉阿互译,甚至加以发挥,用自己的语言来讲解。

每篇提要,一般都有四至六段,可以针对学生不同的情况,提出不同的要求,哪怕只讲述其中的一两段亦可。这样,每个学生都可以得到口头训练。多年实践下来,效果还是很明显的。

# 半变尾名词

问:

老师，فعلان 式的名词，有的半变尾，有的全变尾，词典一般都不标明尾符，怎样区别？

答:

半变尾名词的词型很多，语法书和词典（如：مورد）上都有说明，其中又可分为几类：

一、部分复数名词

1- فَعَالِلُ | رَسَائِلُ ، صَحَائِفُ ، جَرَائِدُ ، خَنَاجِرُ ، سَفَارِجُ ، بَلَابِلُ

2- مفاعِلُ | مَزَاكِزُ ، مَبَاحِثُ ، مَكَانِسُ ، مَصَانِعُ ، مَدَارِسُ

3- فَوَاعِلُ | جَوَانِبُ ، سَوَاحِلُ ، شَوَاطِئُ ، خَوَاتِمُ ، جَوَاهِرُ

4- أفَاعِلُ | أقَارِبُ ، أجَانِبُ ، أرَانِبُ ، أكَابِرُ ، أنَامِلُ ، أصَابِعُ

5- أفَاعِيلُ | أسَاطِيرُ ، أكَاذِيبُ ، أرَاجِيزُ ، أسَالِيبُ

6- فَعَالِيلُ | سَكَاكِينُ ، صَنَادِيقُ ، حَدَافِيرُ ، تَلَامِيذُ ، عَصَافِيرُ

7- مَفَاعِيلُ | مَقَادِيرُ ، مَسَاكِينُ ، مَفَاتِيحُ

8- أفْعِلَاءُ \ فُعَلَاءُ | أذْكِيَاءُ ، أقْرِبَاءُ ، أصْدِقَاءُ \ مُدَرَاءُ ، سُعَدَاءُ ، عُلَمَاءُ

二、部分专有名词

1. 阴性专名（人名，地名）

( حِمْصٌ، هِنْدٌ ) 三母中静除外，如：دِمَشْقُ، بَكِينُ، فَاطِمَةُ، سُعَادُ

2. 阳性外来专名

( هُودٌ، نوح ) 三母中静除外，如：سُقْرَاطُ، يُوسُفُ، إبراهيمُ، يعقوبُ يَنَايرُ

3. 动词性专名（人名，地名）

يَنْبَعُ، يَثْرِبُ، يَزِيدُ （地名）

4. 复合型专名

نِيُويُورك، حَضْرَمَوْتُ، بَعْلَبَكُ، بُورُسَعِيدُ

5. فُعَل 型专名

قُزَحُ، عُمَرُ（人名）

6. 词尾附加 ان 型专名

لُبْنَان، عَمَّان، شَعْبَان، رَمَضَان، عُثْمَان

## 三、部分数词

1. فُعَال 型数词

عُشَار، خُمَاس، رُبَاع، ثُلَاث، ثُنَاء، أُحَاد

2. مَفْعَل 型数词

مَعْشَر، مَخْمَس، مَرْبَع، مَثْلَث، مَوْحَد

## 四、部分形容词

1. فَعْلَاء 型形容词

زَرْقَاء، خَضْرَاء، حَمْرَاء

2. فَعْلَان 型形容词

نَعْسَان، جَوْعَان، كَسْلَان، عَطْشَان، غَضْبَان

## 五、几个特殊词型

1. 有的语法书上把缺尾名词，如 قَاضٍ، رَاعٍ 也列为半变尾名词，因为在泛指情况下，词尾只有两种变化。

2. 有的把 فَعْلَى 或 فُعْلَى 型的形容词，如：عُظْمَى، عَطْشَى，以及把词附加有 ى 型 ألف 的名词，如：ذِكْرَى، بُشْرَى، جَرْحَى، مَرْضَى 等，也列为半变尾名词，但也可认为是定尾名词，因为其词尾读音是不变的。

3. 外来语音译词一般可作半变尾处理，但现在报刊上也常能见到 مليون、كيلوغرام 这样的用法。

你要问的是 فعلان 型名词。这类词的词尾在词典上的确一般是不标尾符的。怎样区别呢？

1. 其实，这类名词除尾符外，读音有 فَعَلان、فِعْلان、فُعْلان、فَعْلأَن 等区别，其中，只有 فَعْلان 型的形容词，且词尾的 ألف 和 نون 是附加的，才是半变尾名词。如：فَرْحَان، زَعْلان، عَطْشَان، كَسْلان 等，如：

كالذي أسهرته الشياطين في الأرض حَيْرَان.

2. 其他型式，可能是词根性名词或普通名词，如：ذُكْرَان، بُرْهَان، فُرْقَان、جَيْشَان، حَيَرَان، طَيَرَان، فَيَضَان، تِبْيان، إِتْيَان، قُمْصَان، قُرْآن 等，至于这些类型的专有名词，则上面已经提到。

举例如下：

إنا أنزلناه قُرْآنًا عربيًا لعلكم تعقلون.
يا أيها الذين آمنوا، إن تتقوا الله، يجعل لكم فُرْقَانا.
إن الله عهد إلينا الا نؤمن لرسول حتى يأتينا بِقُرْآنٍ.
يطوف عليهم وِلْدَانٌ مُخَلَّدون.
أو يُزَوِّجُهُمْ ذُكْرَاناً وإِنَاثاً.
الشمس والقمر بِحُسْبَانٍ.
ونزلنا عليك الكتاب تِبْيَاناً لكل شيءٍ.
فقد احتمل بُهْتَاناً وإثما مبينا.

因此，当我们看到如下句子，且未加音符，就要注意区别了。

أنا حَيْرَانُ، وأشعر بحَيْرَانٍ، أما هو فليس بِحَيْرَانَ.

3. 有些 فَعْلان 型的词，由于词尾是该词的基本字母，那么也不是半变尾名词，如：

أ فَتَّانٌ أنت يا معاذُ. ( الحديث )
وإن يدعون إلا شيطاناً مريداً.

4. 另一类容易和半变尾名词相混的是 أَفَاعِيل 的变形，即 أفاعلة，如：

زنديقٌ ج زناديقُ، زنادقةٌ، أستاذ ج أساتيذُ، أساتذة
عملاق ج عماليقُ، عمالقةٌ، غرنوقٌ ج غرانيقُ، غرانقة

这类词的复数若为 أفاعيل 型，是半变尾的，若变为 أفاعلة 型，则又恢复成全变尾了。有的并无 أفاعيل 的过渡，直接为 أفاعلة，如：

افريقـيٌّ ج أفـارِقَةٌ، جبار ج جبابرة 这些都不是半变尾名词。

在词典上没有标明尾音符的情况下，参考以上说明的情况，也许你就可以自己做出判断了。

# 复数定语

问：

老师，复数名词也可以作形容词吗？

答：

الدول الأعضاء، الشركات العمالقة 这类定中结构短语中，就是以复数名词作形容词的。

但是，一般来说，还是要将复数名词变为从属名词，从而使它具备形容词的特点，再用于定中结构之中，如：

الحركة العمالية، الصفات الأخلاقية، النزاع الطوائفي، الاختلاف المناطقي

指物的复数名词，一般以单数阴性形容词作其定语，但也可以使用复数形容词。如：《大学阿拉伯语》第三册第237页中的 الرحاب الأراضي、第165页阿尔及利亚国歌中的：

النازلات الماحقات، الدماء الزاكيات، الجبال الشامخات الشاهقات، البنود اللامعات الخافقات

《古兰经》中也有这样的例子，如：第55章第24节提到："وله الجوار المنشآت..."，这里的 المنشآت 就是一个复数形容词，形容 الجوار 这个复数名词。

# 两种结构的异同

问：

老师，شعب الصيني 和 الشعب الصيني 有什么区别？

答：

1. 前者为正偏结构（从属式），后者为定中结构（形容词和被形容词），两者都译为"中国人民"，但用法略有不同。如：

ان شعب الصين وحكومتها تؤيد القضية العادلة للشعب العربي.

وان الشعب العربي صديق حميم للشعب الصيي.

2. 由于结构不同，也会产生意义上的区别：

الضيف الصيني：中国客人（中国人）

ضيف الصين：中国的客人（一般指外国人）

المخزن الخشبي：木结构仓库

مخزن الخشب：木材仓库

طالب جامعي. الطالب الجامعي：大学生

طالب الجامعة. طالب الجامعة هذه：该大学的学生

3. 少数情况下两者具有同一含义：

ثريات ذهب. ثريات ذهبية：金色吊灯

خاتم الفضة. الخاتم الفضي：银戒指

سكة الحديد. السكة الحديد. السكة الحديدية：铁路

## 名词作定语

问：

老师，您在《大学阿拉伯语》第三册第203页中提到普通名词作定语的问题，能否再给我们举一些例子？

答：

你可以在第四册中找到更多这样的例子。如：الدول الأعضاء（会员国）、الشركة العملاقة（龙头公司）、الشركة الأم（母公司）等。

《古兰经》中，经常提到 الحياة الدنيا。这里的 الدنيا 是名词，译为"俗世"，即 دار الفناء。在第114章中提到：من شر الوسواس الخناس，这里的 الخناس 也是一个名词，译为"恶魔"。另外，在第86章第13节中提到：إنه لقول فصل，这又是一个用名词作形容词的例子，我们还可以在其他地方看到它作为名词的用法，如第77章和第78章中多次提到的 يوم الفصل。

由此可见，名词作形容词用，古来有之。只是，我们必须遵循阿拉伯人的语言习惯，不要随意创新。

# 正偏组合的类型

问：

老师，学习中见到各种格式的意义正偏组合，您是否可以给我们梳理一下？

答：

意义正偏组合有从属式、比拟式、动宾式、名实式、同义式等多种。其中，从属式又可分为几个小类。分述如下：

一、从属式（التتبيع）：

1. 实体从属。如：كتاب محمد. صاحب الدكان. خادم الحرمين. سيارة المدرسة

2. 用途从属。如：حجرة الدرس. ريشة الرسم. معدات المساحة. سيارة الاجرة

3. 质地从属。如：باب الخشب. قلم الرصاص. خاتم الماظ. سكة الحديد

4. 时空从属。如：شمس الصباح. رحلة الشتاء. منظر الضاحية. سكان المدينة

5. 局部从属。如：اطراف الجسم. قواعد اللغة. اخبار الحادث. اقسام المتجر

6. 特性从属。如：حسن الجوار. سوء الحظ. حلاوة اللسان. ذكاء العقل

7. 极致从属。如：امير الامراء. سخيف السخفاء. غاية السرور. جد السعادة

8. 顺序从属。如：ثانى اكسيد كربون. ثالثة المدن الكبرى اول يوم. آخر فرصة

二、比拟式（التشبيه）

这类结构中，正次是偏次的比拟。如：

لؤلؤ الدمع. ورد الخد. غابة البنادق. جبل الكتب. بحر العلم. تيار الناس. ابو النظارة

三、动宾式（التعدية）

这类结构中的偏次可以理解为其正次的宾语。如：

خادم الحرمين. طلب العلم. وضع الخطة. بناء الوطن. زيارة الطبيب. مكيف الهواء 等。上面提到的 طالب العلم 等，也可作此理解。

## 四、名实式（التسمية）

1. 实体加名称。如：

مدينة بكين. سلطنة عمان. قناة السويس. سد اسوان. بحيرة فكتوريا. جبل طارق
رقص باليه. مرض السل. نهر اليانتسى

2. 实体加头衔。如：فخامة الرئيس. سمو الأمير. جلالة الملك 等。

## 五、同义式（الترادف）

这类结构的正偏次是两个同义词。如：أهبة الاستعداد. وابل المطر 等。

## 六、插入式（الاعتراض）

这是一种新出现的结构，正偏次中间插入一个形容词。该词尾音的读法有不同解释，但一般随正次读即可。如：مدير عام الشركة 等。

你如果不是老师，则不必如此细究，理解其含义就可以了。

# 字母的代号

问：

老师，阿拉伯字母有英语的替代符号，现在又出现了数字代号，您以前的网址就是chin3arab.info，能给我们大概说明一下吗？

答：

阿拉伯字母很早就有基本对应的英语替代符号，主要用于书写人名、地名、书名等。但由于几个特殊字母如：ح خ ذ ش ص ض ع غ 没有相对的英语字母可以代替，冠词、长音、叠音等又不太好表示，所以，代号的用法很不统一。

一般用h下面加一点代表 ح；用kh代表 خ；用d下面加一点代表 ذ，后面再加h代表 ض，也有用dh代表 ذ 的。ش 用sh表示，ص 则是在s下面加一点。ع 是在a的左上角加一个反写的逗号。而gh则用来代表 غ。

冠词被写成al/el/AL/EL 等不同样式，有的还在后面加一横。

长音用连写两个相同元音或在元音上加一横来表示，有人则以连写两个相同的辅音来表示叠音。

但这一切都不是固定的规则，由于加符号很麻烦，写的人觉得表达了，觉得你可以明白了，便一切从简。举几个书上的例子：

Abd al-Hamid عبد الحميد

Abd ar-Rahman عبد الرحمن

Abu-Faraj-Isfahani ابو الفرج الاصفهانى

Bahau ad-Din بهاء الدين

AL-Frazdaq الفرزدق

Hajji Khalifa حاجى خليفة

Muhammad Ali محمد على

Saladin صلاح الدين

Taha Husain طه حسين

Usama b. Munqidh اسامة بن منقذ

　　随着网络的发展、手机通信的普及，又出现了以数字作为字母代号的新形式。其中以3代替字母 ع，以7代替字母 ح 最为常见。也有在3和7的左上角加一撇来表示字母 خ غ 的，由于麻烦，较少见。另有人用2代替字母 همزة，并且与英语字母连用，写成do32，来表示阿拉伯语的 دعاء，这就是阿拉伯年轻人的创新了。我们再举几个网上的阿拉伯影片片名，来对此作进一步说明：

A3az s7ab اعز صحاب

Ga3alaTni MogReman جعلتنى مجرما

Zaman Al3agayeb زمان العجائب

Lelah mn 3omry ليلة من عمرى

lRA7AM 7OBBI ارحم حبى

AL SHABA7 الشبح

Maw3ed Ma3a El7aya موعد مع الحياة

　　从以上例子可以看出，除数字3和7以外，英语字母的代号及大小写，都是极不规则的。随着数字化的进程，此类情况还可能有进一步发展。对于学习阿拉伯语的人来说，只要大致明白就行，不必深究，因为它毕竟不是正规的语言和文字。

# 阿译汉中词量的增减

## ——高年级翻译理论讲授的一个课题

面前有一个极简单的例句:

لنذهب انا وانت .

可以有下面三个译法:

(1)咱们——我跟你——去吧!

(2)我跟你去吧!

(3)咱俩去吧!

不言而喻,第三种译法虽然用一个"俩"字代替了"我和你"这几个字,却较之前两种译法更清楚、更通俗地表达了原文的意思。

任何一种外语,在遣词造句、表达方式、修辞手段上与汉语总会有这样那样的区别。翻译时不能要求词量的对等,这是显而易见的。词量的增减是为了更忠实、更通顺地表达原文的思想内容所应采用的必要手段。但是,要做到增而不添蛇足,减而尚留完璧,恰如其分,无损原意,却是一个在翻译实践中需要不断摸索的问题。

在这方面,英、法、俄语的许多老翻译家给我们留下了大量可供借鉴的宝贵经验。阿语汉译,在很多地方可以借用从他们的翻译实践中总结出来的理论,但它也有许多自己的特点。我们试就目前出版的一些阿译汉的经文、小说、史料进行一些剖析,力图能找出一些规律性的东西来。

一、增词法

增词,是一种一般译者觉得比较容易采用的方法,当在翻译一个较难表达的句子时,往往可以增加出许多东西来。这里面当然有优劣之分、巧拙之别。大凡增得比较得体的,基本上采用了重复、还原、析义、铺垫、增补这几种手法。

1. 重复法

为了加强语气，或使译文更明确、更生动，或使一个长句变为几个短句，有时需要把前面所提到的某个关键的词语加以重复。重复法有同语重复、同义重复、近义重复（或转义重复)三种。

（1）同语重复。重复前面提到过的同一名词、动词。形容词、副词或短语。

1) اهدنا الصراط المستقيم ، صراط الذين انعمت عليهم ، غير المغضوب عليهم و لا الضالين .

求你引导我们走上正路，你所祐助者的路，不是受谴怒者的路，也不是迷误者的路。（参1）①

（比较王静斋先生的译文：求你引领我们正道；就是那一切人的道：你曾对他们施恩，不是被怒的，也不是迷误的。）

2) ان يكون الله ورسوله احب اليه مما سواها.

喜爱安拉及其使者，甚于喜爱任何事物。（参2）

3) دا حكم الهمده والحكومة .

这是村长的道道，是政府的道道。（参6）

4) يفتح ابوابه لمن شاء ، ويوصدها فى وجه من شاء .

愿意对谁敞开大门就敞开大门，愿意把谁拒之门外就拒之门外。（参8）

5) وتذكرت الصبية وحسنها ، وكيف يعاقبها هذا الملعون ، وكيف لها خمس وعشرون سنة وما جرى لها بسببى ، وافتكرت فى ابى ومملكته وكيف صرت حطابا ... فبكيت .

想到那美丽多情的女郎受到魔鬼蹂躏，想到她在囚禁二十五年后因我而遭到虐刑，想到我父亲和他的王位，想到我自己落魄而变为樵夫的经过……忍不住伤心哭泣。（参3）

（2）同义重复。出于修辞的需要，或为了加强语气，用一个同义词或意义相同的词组来重复前面所提到的词语。

6) ثم انشأنا من بعدهم قرونا أخرين ، ما تسبق من امة اجلها ، وما يستأخرون .

---

① 本文例句绝大部分引自后面列举的参考书目，故只用（参×）注明。极个别未注明出处的，则引自其他书报杂志。

在他们灭亡之后，我们又兴起别的几个世代。任何世代，都不能在自己的期限之前灭亡，也不能在自己的期限之后沦丧。（参1）

7) ولهم معاملات واموال متسعة.
他们资本雄厚，交易很广。（参3）

8) قال دمنة : " نعم ، وحقا قلت فيك ، واياك اعنى ، ايها ... السئ المنظر والمخبر ."
笛木乃说道："是的！就是说你，专指你而言。你这个……面貌丑恶，心术阴毒……的脏东西！"

9) خامسا : ان لا يتذوق التبغ او السكر .
第五，不许抽烟喝酒。

10) تكتنفه القرى والمزارع والبساتين والاسواق كنيل مصر ، الا ان هذا اكثر عمارة .
沿岸村舍衔接，阡陌园圃纵横，较埃及尼罗河沿岸的情况，人烟更加繁盛。（参4）

11) طاقة تمكنه من ان يسكر الحديد على رأس العمدة وشعبان والحكومة .
这种力量使他敢于用铁桩击碎村长和舍阿班的脑袋，使他敢于把政府打得头破血流。（参6）

（3）近义重复（或转义重复）。当我们用一个近义词或一个经过引申、转换的词或词组来重复前面所提到的词语时，可以叫作近义重复，也可以叫作转义重复。

12) فاغتم ابى غما شديدا ، ثم انه ربانى واحسن تربيتى .
家父郁郁不乐，百般忧愁苦闷。费了千辛万苦，孜孜不倦地才把我抚养教育成人。（参3）

13) وحتى اليوم ما تعلقت ، ولا عرفت من تعلق بحمار او بغل او اية بهيمة تعلقك بهذا الحمار .
可是直到今天，没有一头驴子、骡子或者任何一头牲口，会使我像对你的这头驴子这样爱不释手，这样恋恋不舍。（参8）

14) لن اخدع القارئ الى هذا الحد ، فخيالاتنا فى النهاية لا تستطيع ان تخلق الكائنات التى تمض مع الحياة ...
我绝不会欺骗你们。因为单凭臆想和虚构终归不可能在书中塑造那种随着生活前进的人物……

15) حيث كانت هموم وآلام ، وآمال شهبنا تعتمد فى رؤوس طلائعه الوطنية سواء داخل القوات المسلحة او خارجها .

人民<u>穷困至极</u>，<u>痛苦不堪</u>，<u>无以解脱</u>，他们把希望寄托在武装部队内外的先进分子身上。（参9）

说明：

（1）汉语中经常使用重叠词来作为修辞的手段。因此，把"清楚"译成"清清楚楚"，把"冷清"译成"冷冷清清"，把"考虑"译成"考虑考虑"这是极普通的现象。虽然在重叠以后，词的色彩有所不同，但仍然是一个词或词组，词量不变，故可不作为同语重复看待。

（2）翻译中，有时根据汉语的习惯，利用四词对偶的词组来译一个阿语单词。如："丰功伟绩""感恩戴德""骄傲自大""流言蜚语""奇形怪状"等。虽然每个词组本身的构成是一种同义重复，但它毕竟是一个约定俗成的词组，故我们不把它列入同义重复之中。

（3）汉语中的近义词和同义词有时并没有严格的区别，但我们这里所指的近义重复（或转义重复）在用法上与同义重复是明显不同的。如例（6中的"灭亡"和"沦丧"是出于修辞的需要，例（9中的"抽"和"喝"是出于汉语词语搭配的需要。而近义重复中的例子则不同，它们往往都是在译者意犹未尽的情况下酌情增添的。虽然在处理得好时，也能做到即使译文流畅，又不违反原意，但我们并不提倡初学者过多地采用这种手法。

2. 还原法

根据两种语言词法和句法的不同，在阿译汉时需要把阿语用代词（包括人称代词、指示代词、关系代词）表示的词语加以还原；用增加汉语的数量词及表示数量的形容词来表示阿语的复数名词。我们把在这两种情况下增加词量的做法叫作还原法。还原法有直接还原、间接还原、逻辑还原三种。

（1）直接还原。主要指用原来的名称来替换其代词，或增加表示数量的词。

16) قالت عائشة : " ولقد رأيته ينزل عليه الوحى فى اليوم الشديد البرد ، فيفصم عنه ، وان جبينه ليتفصد عرقا .

阿绮涉说："我曾见默示于严寒之日降于圣人，及他离开圣人，圣人的额部，确已流汗。"（参2a）

阿依莎说："我曾见默示在严寒之日降临圣人，当哲卜利勒离开他时，圣人额头汗水流淌不已。"（参2b）

17) فأخذ كرة خشب لها ثقب فيها سيور طوال ، فرمى بها الى الهواء ، فارتفعت حتى غابت عن الابصار .

魔术师便拿起一个木球，球上有洞，洞上系着长绳子，他顺手把球往空中一抛，球便扶摇直上，竟看不到了。（参4）

18) فحمل القفص وتبعها به الى ان أتت دارا مليحة .

脚夫顶着篮子，跟女郎走到一所……美观的屋子门前。（参3）

19) فاذا اراد السفر ، بحث عن ماله … فاذا اراد التسرى ، اشترى له جارية .

客人离去的时候，商人负责归还客人的财物……如果客人想纳妾，店主可代为购置。（参4）

20) لتخرج به حبا ونباتا … ان للمتقين مفازا حدائق واعنابا .

以便我借它生出百谷和草木……敬畏的人们必有一种收获，许多园圃和葡萄。（参1）

21) وبدأ يدخل محطات صغيرة تقوم عليها القرى ، يقذف بركاب ويلتقط آخرين .

火车在一些小站停车，站旁是一些村落。火车吐出了一批乘客，又吞进许多新客。（参6）

（2）间接还原。间接还原是相对直接还原而言。当阿文中并没有出现代词，根据词义反而把代词或代词所指的词译出；或以增加非数量词来表示复数，我们都称之为间接还原。但这两种情况都比较少见。

22) انا معكم ، انما نحن مستهزؤن .

我们确是你们的同党，我们不过是愚弄他们罢了。（参1）

23) وكذلك اعثرنا عليهم ليعلموا ان وعد الله حق ، وان الساعة لا ريب فيها .

我这样使别人窥见他们，以便他们知道真主的诺言是真实的，复活的时刻是毫无可疑的。（参1）

（比较《阿拉伯世界》上马贤的译文：就这样，我让人们发现了他们，以让人们知道真主的许约是确实的，末日是毫无可疑的。）

24) اقرأ وربك الأكرم ، الذى علم بالقلم .

你应当宣读，你的主是最尊严的，他曾教人用笔写字。（参1）

（比较王静斋先生的译文：诵读吧！你养主是至高贵的，那教以用笔的主。）

（再看马宏毅先生所译圣训中此段的译文：你念，你的至高贵的养主，是教以笔者。）

25) الا تذكرين القول القديم يا ماما : " الآباء يأكلون الحصرم والابناء يضرسون " ؟

妈妈，你不记得有句俗话这么说："父母吃青葡萄，儿女牙齿酸"吗？

（3）逻辑还原。阿语关系代词所指的事物，可能前面并未明确提及，后面也没有直接说明，可以根据逻辑推理加以增译，这类词句是很多的。

26) واذا قيل لهم آمنوا بما انزل الله ، قالوا نؤمن بما انزل علينا .

有人对他们说："你们应当信真主所降示的经典。"他们就说："我们信我们所受的启示。"（参1）

（比较王静斋先生的译文：一旦有人对他们说："你们信安拉降下的吧！"他们就说："我们信所降给我们的。"）

27) اتبعوا ما تتلوا الشياطين على ملك سليمان .

他们遵随众恶魔对于素莱曼的国权所宣读的污蔑言论。（参1）

（比较王静斋先生的译文：他们追随恶魔在苏来茫作王时代所读的。）

28) واهل الصين لا يتبايعون بدينار ولا درهم ، وجميع ما يتحصل من ذلك ببلادهم يسكبونه قطعا كما ذكرناه .

中国人在交易时，一律不使用金银硬币，把得到的金银像上面所说的熔铸成锭。（参4）

29) فحكيت لها ما جرى لى من الاول الى الآخر .

我把自己的<u>遭遇</u>从头到尾对她叙述了一遍。（参3）

(30) ذلك ما اتمناه لك من صميم قلبى يا صاحبى .

我的朋友，这正是我打心眼儿里对你的<u>祝愿</u>！（参8）

说明：

（1）独立代词、指示代词或关系代词，在用还原法译出后，有时词量并无明显增加，似乎是一种词性的转换。但由于阿语动词中都带有内含代词，还原时是一定要增加词量的，所以我们都把它归入此类。

（2）以词形变化来表示双数、复数的阿语名词或动词，在译成汉语时往往要加上数量词如："一群""一缕缕"等；或表示复数的词尾"们"；或表示多数的叠声词如："重重""纷纷"等。增加这类词语所表达的意义，是阿语原词所包含的，所以是一种还原。这种情况比比皆是，我们不一一举例。

（3）无论是直接还原、间接还原还是逻辑还原，都存在着一个对原文的理解问题。用以还原的词可以不同，但意思应是一致的。如例（23中的"别人"和"人们"。如理解上有出入，则可能还原成完全不同的词语。试比较圣训的两段译文：

احيانا يأتينى مثل صلصلة الجرس ، وهو اشده على ، فيفصم عنى ، وقد وعيت عنه .

参2a译为：有时，如铃声到于我，此乃对我最甚者。及他离开我，我确已牢记他所说的。

参2b译为：默示降临，有时如铃声，这对我最为困难，但困难一过，我便记住了默示。

再比较例（16中所用 يفصم عنى 一语，参2a译为"他"，参2b译为"哲卜利勒"。同样一个动词，同样一个内含代名词，在还原时有三种译法，其中两种出自同一译者之手。当然，如果理解得对，这是完全允许的，问题是理解得是否有出入。所以，我们认为，初学者在使用还原法时，一定要首先弄清上下文的意思，弄清语句内在的逻辑关系。只有这样，才能准确找到代词所指的"原身"。

### 3. 析义法

析义法是一种类似意译的方法，即把一些较难理解的词语或阿语中所特有的简略句型，按其所包含的意义进行翻译。析义法可分为词语析义和句子析义两种。

（1）词语析义。即对某个特殊的词或词组进行解释性的翻译。

31) يريد الله بكم اليسر ولا يريد بكم العسر ، ولتكملوا العدة ...

真主要你们便利，不要困难，以便你们补足<u>所缺的日数</u>……（参1）

（比较王静斋先生译文：安拉对你们要容易，不对你们要困难，好教你们全满数目。）

32) ليست السطور التالية مدخلا تاريخيا شاملا الى هذه الوثيقة التاريخية الثورة 26 سبتمبر 1962.

以下的简述并不是对1962年9月26日革命这一历史事件的<u>历史背景作一个全面的介绍</u>。（参9）

33) وكان مدخل الدار مظلما ، تتكسر على جدرانه الظلال الشاحبة ، ومن بعيد فى آخر الدار يشع ضوء لمبة صفيح .

门道里一片漆黑，暗淡的影子<u>映在墙上，斑驳陆离</u>。院子的尽头露出一点煤油灯的光亮。（参6）

34) ومن ناحية اخرى ، كان الدكتور البيضانى يحاول ان يثبت وجوده بأى صورة من الصور ولو على حساب غيره .

另一方面，贝达尼博士则在那里千方百计地树立自己的形象，即使是<u>牺牲别人也在所不惜</u>。

35) لا تطل علىى الكلام ، اما القتل فلا تخف منه ، واما العفو عنك فلا تطمع فيه ، ولكنى اسحرك .

别啰唆啦！不必怕我杀你，也别希望我饶恕你，我<u>只是要把魔法施在你身上罢了</u>。（参3）

（2）句子析义。句子析义不过是词语析义的一种扩张。主要是需要加以注释性翻译的词语组成的句子，或具有特殊结构（如带有比较名词）的句子，翻译时很多要采用意译，即为句子析义。由于全句几乎都具有注释性质，所以我们不再用加重号把它标出。

(36) وفى ذلك فليتنافس المتنافسون .

叫贪爱这种幸福的人们争先为善吧！（参1）

（比较王静斋先生的译文：令贪恋的人贪恋这个吧！）

(37) فالكتاب يقرأ من عنوانه .

这就像读书先读题目，就能知道它的眉目。（参8）

(38) يخيل الى احيانا انها اختى اكثر مما هى اختك .

有时我觉得，与其说她是你妹妹，还不如说更像是我妹妹。

(39) انه جاد اكثر من عمره .

他严肃得跟自己的年龄都不相称了。

(40) فمن ابصر فلنفسه ، ومن اعمى فعليها .

谁重视那些明证，谁自受其益。谁忽视那些明证，谁自受其害。（参1）

（比较王静斋先生的译文：注目的人利他自身，盲目的人害他自身。）

说明：

（1）词语析义和句子析义的分法，不过是把局部性析义和整体性析义加以区别。就阿语来说，一个动词就可以是一个句子。由于例（33和例（35中的动词的析义，对全句来说还是带有局部性的，所以我们仍把它列入词语析义。

（2）在使用析义法时必须用最简洁的句子把原文译出，不能因为是一种注释性的翻译便可以任意加上一些可有可无的词语，使译文过于累赘。

（3）析义法既然是一种意译，译者便必须对原文的含义有正确的理解，否则必然会造成误译。

4. 铺垫法

为了使译文在意义上更加完整、在语气上更加连贯，可增加少量副词、助词、语气词进行铺垫。

(41) الحمد الله رب العالمين .

一切赞颂，全归真主，全世界的主。（参1）

（比较王静斋先生的译文：赞颂安拉——众世界的养主。）

42) الذين يظنون انهم ملاقوا ربهم وانهم اليه راجعون .

他们确信自己，必定见主，必定归主。（参1）

（比较王静斋先生的译文：那般人切知自己是将遇见养主的，是必将返于他的。）

43) دعيني استرجع انفاسي يا ابنتي ... لقد غلبتني الدهشة .

孩子，让我喘喘气……我简直都要惊呆了。（参8）

44) فقلنا له :" ننتظر الرجل ." فقال :" لو قمتم عشر سنين لم تروه ... ولا تحسب انه غاب عنك ، بل هو حاضر معك."

我们说："我们还等着那位老先生哪！"那人说："你们等待十年也看不到他了……也不要以为他已经离开你们了，而他却是同你们在一起的呀！"（参4）

45) وللجرذ احجار كثيرة ، والغراب يطير ، وانت ثقيلة لا سعي لك ولا حركة .

鼠兄呢，它有洞可以躲避；乌鸦兄呢，它能够高飞。只有你的身体笨重，行动不便。（参5）

说明：

（1）在阿拉伯语里没有"呢""吧""哪""啦"等语气词，也没有"简直""居然"等副词，但这些词所包含的语气和意义，在行文中还是有的，翻译时要把它加出来。

（2）使用铺垫法，语感是一个十分重要的因素。对所译的东西，要加以诵读，体会其中的语感。对自己的译文，也要反复诵读，使它具有相当于原文的感情色彩。

（3）使用铺垫法，虽然只增加了少量的词语，但绝不是可有可无的。有的译文，从表面上看与原文一字不差，但读来十分干涩，犹如在菜肴中未放调料一样。只有适当加以铺垫，才能使文字更具有光彩。

5.增补法

原文中并没有提到或并不涉及的东西，译者根据自己的理解，增加少量词语，对原文的词义加以限定，或使其更明确，这种方法称为增补法。前面例（45中"可以躲避"四个字，便是按这种方法增补出来的。这种性质的增补，在文学作品的翻译中用得较多，但也有滥用的地方。下面我们仅举经典著作和论述文为例。

46) يسألونك عن الخمر والميسر ، قل فيهما اثم كبير .

他们问你饮酒和赌博的<u>律法</u>，你说：这两件事都包含着大罪。（参1）

（比较王静斋先生的译文：他们对于酒和赌博上问你，你说：其中含有大罪……）

（再比较《阿拉伯世界》第一期钱学文的译文：他们向你问起酒和赌博，你就说：这两者对人们……）

47) وبقيت حماعة فى عقر ديارها خاملة ، لا تستطيع ان تنتج علما ولا ادبا .

另一部分人则默默无闻地待在家里，他们再也创造不出任何科学和文学<u>成就</u>来。（参10）

48) هذا الكتاب الذى اعد منذ فترة طويلة وحالت الظروف دون نشره ، الا انه لا يفى بالغرض المقصود .

此书早已编写好，因为形势关系，未能出版，<u>今日出版</u>，仍能达到预期的目的。（参9）

49) وسأخبرك عن اشراطها : اذا ولدت الامة ربها ، واذا تطاول رعاة الابل البهم فى البنيان ...

我将告诉你后世降临的征兆，<u>它的征兆是</u>，婢女产生她的主人，牧驼的黎民，竞赛建筑的崇高……（参2a）

我会告诉你末日来临的征兆，当婢女生降她的主人，牧驼人竞相修建大型屋宇之际，末日就快来临了。（参2b）

50) فاذا لقيتم الذين كفروا فضرب الرقاب ...

你们在<u>战场上</u>遇到不信道者的时候，应当斩杀他们……（参1）

说明：

（1）增补是根据原文的逻辑推理引申出来的东西，但它是新增的，不同于逻辑还原。增补也可以是根据上下文分析出来的东西，但又不是对上下文本身的析义，不同于析义法。

（2）增补只能是少量的，十分必要，有助于说明原文。那种撇开原文，随意发挥，甚至大量增加原文中没有的东西，是十分不足取的。初学者切忌如此。

## 二、减字法

减字，较之增字来说，一般处事谨慎的译者，采用得相对少一些。但有的译者，想在一字一句上都拘泥于原文，结果有时却反而不能表达出原文的思想和风采。也有一些译者，对减字法的使用比较随便。凡是不理解或不好译的地方，未经艰苦推敲，一律减去，甚至还有大段删节的。我们不提倡随意减字，但根据两种语言的差异，在翻译中有所缩减还是必要的。大凡减得比较恰当的，基本采用了兼并、省略、紧缩、简化、删节等方法。

1. 兼并法

阿拉伯作家往往喜欢连续使用几个词或几个短语来表达同一个意思。这虽然能起到加强语气的作用，并能形成在一定时期内阿拉伯人十分欣赏的排比式的文风，但有时却无法在中文中找到能产生同样效果的单词或短语的连续排比。硬译过来，反而会使文章显得拖沓，必须进行适当的兼并。兼并法有同语兼并、同义兼并、近义兼并三种。

（1）同语兼并。当原文中同一个名词、动词、形容词、副词或短语重复出现时，在译文中可并成一个。周总理在政府工作报告中提到："统一认识、统一政策、统一计划、统一指挥。"阿文译成：الوحدة فى التفكير والسياسة والخطة والقيادة ,把同样的定语合并成一个，兼管四个中心语，这就是同语兼并。阿译汉也同样适用。

(51) فوجدنا البضائع باقية والذهب والفضة باقية على حالها ففرحنا .
见铺中的货物、金银财帛原封原样地摆在里面，大伙儿觉得快慰。（参3）

(52) وان عذابى هو العذاب الأليم .
我的刑罚，确是痛苦的。（参1）

(53) لما اصدر الوقائع المصرية ، كان يصدرها بالعربية والتركية .
《埃及时报》出版时，用的是阿拉伯文和土耳其文。（参10）

54) ان الذين حكم عليهم بالاعدام والسجن فى مصر ، افرج عنهم ... وانطلقوا مع الحياة فى الحياة من جديد .

开罗监狱里被判死刑或徒刑的人犯也都开释出狱，重新踏上生活的道路。（参6）

55) لا بأس لو كسرنا من كبريائنا ، ولا بأس لو سخرنا بأنفسنا او سخرنا الناس ، ولا بأس لو استرضينا آخر صعلوك فى الارض ، اذا كان لنا من ذلك ان نبقى على حياة ابنتنا .

要是能保住女儿的一条命，我们就是失掉体面，就是自己嘲笑自己，或被别人嘲笑，或是去讨好世上最后一个流浪汉也不要紧。（参8）

56) هيهات هيهات لما توعدون .

他们所用来警告你们的事，太不近情理了。（参1）

（2）同义兼并。即使重复的并不是同一个词语，但是两个同义词，也可按上述方法进行兼并。

57) فأغرينا بينهم العداوة والبغضاء الى يوم القيامة .

故我使他们互相仇恨，至于复活日。（参1）

58) فجهزت مركبا كبيرا وحملت فيه البضائع والمتاجر وما نحتاج اليه فى المركب .

预备一只大船，装上货物和旅途中需要的物品。（参3）

59) هكذا يصنعون دائما كلما شعروا بأن القرية تريد ان تملك الرأى او النبضات او الكلمة او الارض .

每当他们发觉这个村子想自己当家做主、想掌握自己的命脉或者土地的时候，他们就使出这样的手段。（参6）

60) هل لك ان تروح معى الى مدينة بغداد وتنظر الى العلماء والفقهاء ؟

你愿意随我往巴格达去吗？在那儿，你可以同一般学者往来结交。（参3）

61) ليتك تبكى كلما وقع نظرك على محزون او مفؤود ، فتبتسم سرورا ببكائك واغتباطا بدموعك .

当你看到悲痛和伤心的人时，也许你会流出眼泪。那你就因流泪而高兴地微笑吧！（参10）

62) ايها السعداء احسنوا الى البائسين والفقراء ، وامسحوا دموع الاشقياء .

幸福的人们呀！救济那些穷人吧！擦去他们的泪水！（参10）

（3）近义兼并。正如同义重复和近义重复没有十分严格的区别一样，同义兼并和近义兼并也没有明确的界限。只是当两个词语的意义差别比较大，但翻译时却只用一个词译出时，我们便称它为近义兼并。

63) كانت الاشعة الباهتة الهزيلة تختفى فى ظلال المساء ، والنهار يموت بين ايديهم .
这时，残霞蒙上暮色的阴影，天黑下来了。（参6）

64) فعمدت الى خزانة ، واخرجت شرابا عتيقا مختوما .
她去贮藏室里，取来一瓶老酒。（参3）

65) ومنهم ابو رشيد ، وكان من احبهم واقربهم الى الوالد .
这其中就有赖希德爹，他当年是太老爷最亲近的一个佃户。（参8）

66) ان عجلة الثورة ما تنفك تدور ، وابناءها يتزايدون كل يوم عددا وعدة .
革命车轮不断前进，参加革命的人与日俱增。（参9）

说明：

（1）兼并虽是一种比较合理的减字法，但有些译者在翻译经典著作时还是尽量不用，千方百计地把每一个词义都译出来。如在古兰经的译本中，除能找到少量同语兼并外，同义兼并和近义兼并几乎是十分鲜见的。像例（57中的译文，在同一章（《古兰经》第五章）第64节中便作了逐字翻译：

القينا بينهم العداوة والبغضاء الى يوم القيامة .
我将仇视和怨恨，投在他们之间，到复活日。

（2）兼并是一种使译文更加简练的修辞手段，而不是简化翻译工作的捷径。译者需付出艰苦的劳动，尽可能找到对应的语言表达方式。只有当兼并的效果确实胜于逐字翻译时，才采用兼并法。

（3）近义兼并的尺度有时较难掌握，稍有疏忽，便可能成为任意删节。所以，我们不提倡初学者过多采用，还是尽量把原文译出为好。

2.省略法

从广义上说，所有的减字法都是一种省略法。我们这里所指的则是一种狭义的省略法，即根据阿语和汉语的不同特点，在阿译汉中大量省略代词、连词及表示条件时间原因等的工具词。省略法有承前省、蒙后省、逻辑省三种。

（1）承前省。当一个主语在第一分句中已经出现时，后面的几个分句就可以不必再译出。这就叫承前省或后省法。我们先举一个中文句子为例：

"司徒雷登是一个在中国出生的美国人，（他）在中国有相当广泛的社会联系，（他）在中国办过多年的教会学校，（他）在抗日时期坐过日本人的监狱，（他）平时装着爱美国也爱中国，（他）颇能迷惑一部分中国人，因此（他）被马歇尔看中，（他）做了中国大使，（他）成了马歇尔系统中的风云人物之一。"（《毛泽东选集》）

67) الذين يستحبون الحياة الدنيا على الآخرة، ويصدون عن سبيل الله، ويبغونها عوجا، اولائك فى ضلال بعيد.

<u>他们</u>宁要今世，而不要后世，并阻碍真主的大道，而且想在其中寻求偏邪道，这等人是在深深的迷误之中。（参1）

68) فضحك البنات وقمن واصلحن بين القلندرية والحمال، وقدمن للقلندرية الأكل.

<u>女郎们</u>笑了一笑，站起来在乞丐和脚夫之间劝解一番，然后端出饮食招待他们。（参3）

69) وكانت صارمة الطباع، تعتز بعنصرها التركى امام زوجها المصرى، وتشعر بكبرياء لا حد لها امام الفلاحين من اهله واقاربه.

<u>这位夫人</u>性格倔强，在自己的埃及丈夫面前夸耀自己的土耳其血统，在农村亲戚朋友面前表现得非常傲慢。（参10）

70) فخفق قلبها هلعا من مفاجأة مكدرة، وهرولت الى غرفة ابنتها، فألفتها جالسة فى سريرها، وفى يدها قلم ودفتر للرسم.

<u>她</u>心里感到一阵突如其来的惊恐，于是急忙奔向女儿卧室，看见她端坐在床上，手里拿着笔和绘图本。（参8）

（2）蒙后省。有时一个句子有几个分句，前面分句中的主语可以不译，只在最后的分句中译出。这就叫蒙后省或前省法。我们先举一个中文句子为例：

"这时候，（我）看见大家也都很高兴，（我）才知道他们的意见是和我一致的。"（鲁迅《社戏》）

71) سرى عن الوالدة عندما ايقنت ان طارئا غير مستحب لم يطرأ على ابنتها.

当看到女儿并未发生什么特殊的病变，母亲便放下心来。（参8）

72) حدد فقده لبصره الطريق الذى يختاره فى حياته .

双目失明，就为他定下了生活中要走的道路。（参10）

73) ولم تعد تجلس على باب دارها فى المساء ، وتضع طشتا مقلوبا على الارض وتنقر عليه وتغنى ، ونحن حولها نرد ونسمع .

傍晚，也不再像过去那样坐在大门口，怀里扣着一只盆，边敲边唱，让大伙围着她合唱。（参6）

74) وبعد وصولى اليها بأيام ، جاء امر القان بوصول الى حضرته .

回刺桐后不几天，可汗的召命到达，让我进京晋谒。（参4）

75) فلا افعل ذلك ابدا ولو سقيت كأس الموت والردي .

纵然粉身碎骨，我也是不干这个的。（参3）

（3）逻辑省。在中文里，有时根本不出现主语（譬如某些成语和无主句），有时所省略的主语并不一致，有时可省略某些连词，但根据行文的逻辑关系，所省部分的作用仍是很清楚的。阿译汉中也可使用这种手法，称之为逻辑省。现在我们先举《红楼梦》中的四个中文例句：

①宝玉道："（我）有些疼，（这）还不妨事。明日老太太问，（你们）就说是我自己烫的罢了。"凤姐道："（我们）便说是（你）自己烫的，（她）也要骂人为什么不小心看着，叫你烫了！横竖（她对我们）有一场气生。"

②（当）我再问他两句家常过日子的话（的时候），他就连眼圈儿都红了。（省时间连词）

③（假如）叫人家知道了，我就吃不了兜着走了。（省条件连词）

④（纵然）刀搁在脖子上，我也不出去了。（省让步连词）

此外，还有省原因、结果连词的，不一一举例。

76) وكانت اقامتى بقنجنفو خمسة عشر يوما ، وسافرت منه ... ودخلت المدينة ، وهى ست مدن .

在康阳府居住十五天后，启程出发……走进汗沙城，才发现这座城是六座城池。（参4）

77) لا تطل على الكلام ، ما يبعد على قتلك ، ولكن اخيرك .

少说废话,马上就要杀你,这不过给你一个选择的机会罢了。(参3)

(78) من لم يركب الاهوال ، لم ينل الرغائب .

不入虎穴,焉得虎子?(参5)

(79) عش تأخذ غيرها .

留得青山在,不怕没柴烧。

(80) واذا قدم التاجر المسلم على بلد من بلاد الصين ، خير فى النزول عند تاجر من المسلمين المستوطنين معين او فى الفندق .

穆斯林商人来到中国任何城市,都可住在一位定居在中国的穆斯林商人家里,或住在旅店里。(参4)

说明:

(1)在逻辑省里,对于表示时间、条件等工具词(汉语中的连词)的省略我们只举了例(80一例。这是因为,在前面的例(26、(35、(44中都已运用了这种省略,可以参考。

(2)各种省略法,都不仅限于主语,也可以是宾语。比如《鲁迅书简》里有这样两段话,省的都是宾语:

①我想这些稿子,以后不必再寄(它)来由我看过(它)了。其中或有几个错字,你改正改正(它)就是了。

②有几种刊物,近来亦大肆攻击(我)了,我倒觉得有趣起来……

(3)各种省略法,我们都举了中文例子,以说明这类情况在汉语中是大量存在的。但也正因为如此,一般译者对此缺乏足够的重视。特别是承前省,觉得即使不加注意也是能译好的。其实不然,由于阿语中凡动词都含有代词,所以在翻译中会不自觉地译出来,成为译文外语腔十足的主要原因之一。要克服这一毛病,必须在译毕后反复诵读几遍,把可有可无的代词、连词一并省去,毫不足惜。

3. 紧缩法

当翻译一个包含有几个分句的复句的时候,我们可以把几个分句并成一句译出。也可把几个分句的意义加以归纳,进行翻译。这种方法可称为紧缩法或归纳法。紧缩法有结构紧缩和意义归纳两种。

（1）结构紧缩。在汉语中有一种复句的紧缩。如：

①如果你愿意去，你就去。

你愿意去就去。（或愿意去你就去。）

②即使下雨，我们也去。

我们下雨也去。（或：下雨我们也去。）

③这个人要是你不问他，他就不开口。

这个人不问不开口。

以上三对例句中的第二句均为紧缩句。紧缩句是一种很精练的表达方式，它能用类似单句的形式来表示复句的内容。这是汉语的特点之一。我们把这种方法运用到翻译中来，就是结构紧缩。

81) لم يسمح والدك بالدخول ، فلم يجتز العتبة .

你爸爸连门都没让他进。（参8）

82) لم يسمح له ؟ آه من بابا ، ما اقسى قلبه !

没让他进门？多狠心的爸爸！（参8）

83) فالتحق بكتاب ، حفظ فيه القرآن الكريم ، ولما اتم حفظه ، اخذ فى حفظ "مجموع المتون" .

他入了私塾，背诵了全本《古兰经》，然后背诵了《古文集》。（参10）

84) واخذوا يقتلعون اعواد القمح اليابسة من الحقول ، ويقدمونها للبغال .

随手拔起田里的麦子喂牲口。（参6）

85) واهل الصين اعظم الامم احكاما للصناعات واشدهم اتقانا فيها ، وذلك مشهور من حالهم .

中国人擅长制造技艺是各民族间久已驰名的。（参4）

86) فانقلبت الصبية حية عظيمة ، وهجمت على هذا اللعين وهو فى صفة عقرب .

公主也随着摇身一变，变成一条大蛇，追击蝎子。（参3）

（2）意义归纳。意义归纳相当于增词法中的句子析义，是一种意译法。如果说句子析义是用增加一些词语来解释原文的话，那意义归纳就是用减少一些词语来概括地译出原文。

87) ان الانسان اذا انقضت مدته وحانت منيته ، فهو ان اجتهد فى التوقى من الامور التى يخاف فيها على نفسه الهلاك ، لم يغن ذلك عنه شينا .

运数既尽，无论怎样防御，也是无益。（参5）

88) ثم سافرنا عن بلاد طوالسى ، فوصلنا بعد سبعة عشر يوما ، والريح مساعدة لنا ، ونحن نسير بها اشد السير واحسنه الى بلاد الصين .

离开塔瓦利西地区时，正赶上顺风。船借风力，海行十七日便到达中国。（参4）

89) من ترك الامر الذى لعله يبلغ فيه حاجته هيبة ومخافة لما لعله يتوقاه ، فليس يبالغ جسيما .

不敢冒险，怎能达到目的？（参5）

90) فقلت له ما تمطى بصلبه واردف اعجازا وناء بكلكل .

恰似巨驼舒腰身，漫漫长夜没晓天。（参7）

说明：

（1）结构紧缩重点在于结构上的变化，不仅意义不变，而且基本词语也不省译。词量的减少是由结构的变化所造成的。意义归纳则只保持主要意义不变，其中词语有省译的，分句的次序也可能颠倒。

（2）意义归纳，必须在完全吃透原文的含义后进行，使译文带有概括性。否则容易形成对原文的阉割，故对初学者不宜过多提倡。

（3）诗歌的翻译，有其本身的特殊性，需要专题论述。本文只举少量例句，作为参考。

4. 简化法

在阿文中用两个或两个以上的词搭配起来表达的一个意思，有时在中文中只要译出其中一个便可表达，这便是一种简化。在阿文中用全称表达的意思，有时在中文里可以用简称表达，这也是一种简化。

91) وبغتة ، القت الصبية الدفتر من يدها على اللحاف .

突然间，姑娘把绘图扔到毯子上……（参8）

92) وجعلنا ابن مريم وامه آية .

我以麦尔彦和她的儿子为一种迹象。（参1）

（参看王静斋先生的译文：我以麦尔彦母子作一种表征。）

93) ولد طه حسين سنة 1889 لأب مصري من قرية في صعيد مصر على مقربة من مدينة مغاغة الواقعة على الجانب الايسر للنيل .

1889年，塔哈·侯赛因出生在上埃及尼罗河西岸麦阿额城附近的一个农村里。（参10）

94) ولى حكاية لو كتبت بالابر على آماق البصر لصارت عبرة لمن اعتبر .

我的生平奇怪得很，如果记载下来，这是可以劝诫后人的。（参3）

95) الحرب بين العراق وايران .

两伊战争。

说明：

（1）简化法相当于增词法中的词语析义，词语析义是用增加词量的方法来解释性翻译词语的意思，简化法则是用减少词量的方法来概括性翻译几个词语的意思。由于简化法仅限于几个词语或一个词组，不是对全句的归纳，所以和前面所提到的紧缩法是明显不同的。

（2）对于简称，必须用约定俗成的译法，不能任意创造。特别当把此法用于汉译阿时，更需分外注意。

5. 删节法

原文中有少量词语，有点具有一定的特殊性，无法译成汉语；有的可有可无，译者认为可以不必译出，在这种情况下，可以直接删去。

96) ستوت – بفتح السين وتشديد التاء – ذلك هو اسمها .

赛图特——这是她的真名。（参8）

97) الا انهم – لا سامحهم الله – ارادوا الانتقام من الثوار .

但是他们还是要向革命进行报复。（参9）

98) ولا نصل الى سنة 1914 حتى نجده يتقدم الى درجة الدكتوراه برسالته عن ابى العلاء ، يظفر بالدرجة .

1914年，在大学里他写出了关于艾布·阿拉的博士论文，取得了博士学位。（参10）

(99) وبينا انا يوما فى دار ظهير الدين القرلاني ، اذا بمركب عظيم ...

有一天我正在"柴黑尔丁"家里，看见一只大船……（参4）

(100) قفا نبك من ذكرى حبيب ومنزل　　بسقط اللوى بين الدخول فحومل

二位稍停步，共吊情人处，

里瓦沙丘上，当年度朝暮。（参7）

说明：

（1）删节，只能用于少量的词语，大段删节是不适宜的。但在翻译界也有另一种观点。如《飘》的译者就在前言中声明，他对其中冗长无味的段落进行了删节。另外，有些出版单位，由于理解不同，或出于某种需要，也可能对译文的某些段落进行删节，这就不属于我们讨论的范围之内了。总之，我们不提倡初学者随意运用删节法。

（2）关于诗的翻译，我们在前面已经讲过，需要专题讨论。这里所引的译诗，删除了原诗中的两个专有名词，这也是有所依据的。唐安石神父在《我怎样译中国诗》一文中，提到了翻译诗中专有名词的困难。面对这一困难，他说："一是避免翻译原文含有专有名词的诗，另一个办法是对全诗含义并非必要的专有名词都省略。"他在把杜甫《望岳》一诗的头两句："岱宗夫如何？齐鲁青未了。"译成英语时，把其中"岱宗""齐""鲁"等专有名词全删除了。

当然，这是一个需要进一步探讨的问题，我们仅在删节法中附上一例，以供参考。

### 三、阿译汉词量增减小结

1. 词量的增减，是根据两种语言特点对比所归纳出的一种翻译手段，也是从前人的翻译实践中总结出来的一些经验，一定要排除增减词量的任意性。

2. 我们把增词法归纳为重复、还原、析义、铺垫、增补五种，共举例50条。把减词法归纳为兼并、省略、紧缩、简化、删节五种，亦举例50条。这种归纳可能还并不完全，在这100条例句中也可能有些不够典型，需要不断充实、修改。

3. 一个句子的翻译，可能同时使用几种翻译手段。即使局限于增减词量，也可能增中有减、减中有增。我们所举的例句，只就其中的主要手法而言，并未对其他地方均一一论述。个别例句的译文，也可能有某些不够贴切的地方，我们也不认为有必要对此一一加以评论。总的目的，是要说明词量增减的某些规律，希望对初学者有所帮助。

**参考书目：**

1. 马坚译：《古兰经》，北京：中国社会科学出版社，1996年版。

2. 2a，马宏毅译：《布哈里圣训实录精华》，北京：中国社会科学出版社，1981年版；2b，宝文安、买买提·赛来译：北京：中国社会科学出版社，1981年版。

3. 纳训译：《一千零一夜》，北京：人民文学出版社，1957年版。

4. [摩洛哥]伊本·白图泰：《伊本·白图泰游记》（中国部分），马金鹏译，银川：宁夏人民出版社，1985年版。

5. 林兴华译：《卡里来和笛木乃》，北京：人民文学出版社，1959年版。

6. [埃及]迈哈穆德·台木尔：《土地》，刘麟瑞、陆孝修译，北京：外国文学出版社，1980年版。

7. 邹裕池译：《悬诗》（片段），转引自《阿拉伯文学史纲》。

8. [黎巴嫩]米哈伊勒·努埃曼：《努埃曼短篇小说选》，仲跻昆、郅溥浩、朱威烈译，北京：外国文学出版社，1981年版。

9. [也门]艾哈迈德·拉荷米等合著：《也门革命秘录》，杨福昌等译，北京：商务印书馆，1981年版。

10. [埃及]邵武基·戴伊夫：《阿拉伯埃及近代文学史》，李振中译，北京：人民文学出版社，1980年版。

1982年3月10日
于北京语言学院

## 亦师亦友，如父如兄

——追忆杨孝柏老师

2015年初冬的一天，突然听到杨孝柏老师溘然长逝的消息，完全不敢相信，多次给老师家打电话，却始终无人接听，直到在校园中看到讣告，还是无法接受这个残酷的事实，时至今日，我仍觉得老师并未走远，时常会在清风里、白云端微笑着俯望我们。

杨孝柏老师从教五十余年，培育弟子无数，专著、译著颇丰，在阿拉伯语学界德高望重，有口皆碑。我并非杨老师的正宗弟子，当年我在北京语言大学（原北京语言学院）学习对外汉语专业，辅修阿拉伯文，当时杨老师在也门任教，无缘在课堂上直接受教于老师。我与杨老师真正的相识，是在也门，1985—1987年，我在也门萨那大学进修，那两年，杨老师也在萨那任教。我抵达萨那后的第二天，就去萨那技校拜望几位北语的老师，杨老师与我一见如故，他留给我的第一印象是，英俊儒雅，风度翩翩，温润如玉，谈吐不凡。最令我感到惊奇的是，老师讲阿拉伯语是一口地道埃及腔，而那时，他从未去过埃及，当时我不禁感叹：这是真正的语言天才！当杨老师得知我托运的行李被航空公司弄丢了，暂时没有换洗衣服时，就从衣柜里拿出几件衣服递给我说："先穿我的吧，咱俩身材差不多，肯定合适。"虽然和杨老师只是初次见面，但初到异国，举目无亲的我，当时竟感受到一种浓浓的亲情，心里暖暖的。

从那以后，每到周末，杨老师都会约我去他的住处，谈天说地，共进午餐，有时他还会给我"吃小灶"，用事先录制好的埃及广播剧当教材，让我一句一句反复听，教我在课本上学不到的"生活表达"。记得每次去杨老师那儿，他给我准备的并不是茶和饮料，而总是递过来一杯牛奶说："你平时在大学宿舍吃不好，喝杯牛奶补充一点营养吧。"老师房间里的那个黄色的NIDO

牌奶粉桶，至今仍深深地刻在我的记忆中。去年单位体检，我的骨密度指标居全学院之首，当时我还想：这检测结果一定和当年老师的NIDO奶粉有关系，补钙补得早！

杨老师虽是一派学者风范，但也不乏生活情趣，烹饪、理发、种植花草、服装剪裁无一不精。我在也门学习期间从未去过理发店，每次都是老师为我当理发师。有一次老师说我的裤子有点儿肥，穿着不好看，执意要帮我改瘦一些，恭敬不如从命，修改后，裤子果然合体了很多，从此又对老师多了一分崇拜。老师也是一把养花好手，他的房间总是被花草装点得生机无限，春意盎然，在那个黄土遍地、飞沙漫天的异乡，营造出了一个温馨的"世外桃源"。

两年很快，我在萨那大学完成了学习任务，返回北语，但我与杨老师的"也门情缘"并未终结。1990—1993年，我和杨老师同时被派到由中国援助的萨那古泰白中学任教，这一次，我们成了同事，杨老师任中国教师组副组长，主管教学，大家亲切地称他为"杨头儿"。在工作中，杨老师与也方始终保持着良好的关系，同时也最大限度地为中国教师争取到各种权益，表现出极高的管理才能和过人的领导智慧。按照也方的校规，教师有权利用教鞭击打不遵守纪律的学生，而杨老师却要求中国教师不要打骂、体罚学生，要用教学效果吸引学生，用真情实意感化学生，用自身言行影响学生……杨老师的管理理念，让也门学子深深感受到中国教师的温文尔雅和爱生如子。

由于工作需要，我被教师组安排去学车，刚拿到驾照不久的一个早上，我开车带着几位老师从宿舍前往学校上课，由于驾驶经验不足，途中与一辆卡车发生了碰撞，好在事故并不严重，车内的老师无人受伤，但从此之后，没有人敢再坐我的车，我也感到灰头土脸，精神压力很大。事故发生不久，杨老师主动要求坐我的车，在提醒我小心驾驶的同时，也劝我不要有太大的心理负担，告诉我新手出事故很正常，要放松心态，自信一些，在老师的安慰和鼓励下，我从一个战战兢兢的驾驶菜鸟逐渐成长为一个从容淡定的老司机。

一起在也门的五年中，杨老师对我在生活上关爱有加，有如慈父；有时也会就某些问题推心置腹地与我交流意见，又似兄长；当然，作为老师，他也常在业务方面对我耐心帮助,指点迷津,在老师的指导下,我完成了与人合作翻译的一部译著——埃及作家纳吉布·马哈福兹的《续天方夜谭》……那五年,因为有杨老师的存在,我生命中有了一段不可磨灭的记忆。

从也门回国后,我和杨老师的缘分仍在继续,我们两家搬进了同一栋楼,我的父母也与杨老师和他的夫人张老师成了朋友,两家常常聚会。后来,我去韩国任教三年,回国后又搬到了校外居住,与杨老师见面的机会就少了。

杨老师喜欢教学,喜欢学生,退休多年后,仍不舍得那三尺讲台,一直在为弟子们传道授业解惑。记得最后一次与杨老师联系,是约他一起去看演出,但老师说他第二天有课,那天晚上要备课,还要早些休息。万没想到那次的通话,是最后一次听到杨老师那有些沙哑、略带一丝无锡方言味道的声音。杨老师追悼会那天,正赶上我有六节课,找不到人代课,于是错过了送别恩师的机会,这是一生的遗憾。

杨老师,希望您在那边一切安好,您的学生想念您!

撰写此文,忆起万千往事,夜不能寐,有词为证:

《卜算子·思师》

冷夜不堪眠,

起身独倚栏。

哀思如水透薄衣,

西风刺骨寒。

抚今忆往事,

旧梦剩残篇。

此去夜台几多日?

再聚是何年?

常丹阳

于2017年8月

# 后　记

初次听北京语言大学中东学院院长罗林教授提起要为父亲等老教授出文集，是在父亲去世后的追思会上。可惜那时我被突如其来的悲痛打击得头脑发蒙，听懂了罗教授的每一个字，却并没有听进心里。之后在校园遇到罗教授，听他再次提起要出丛书的事情，这才认真对待了起来。

父亲走得突然，在睡梦中离世，没有留下只言片语。帮忙操办后事的大多是他的学生，面面俱到，细心体贴，没让我们多费一点心思。葬礼在早晨八点举行，参加的人数超乎想象，除了亲朋故旧，大多都是他过去教过的学生。在国内的，有从外地匆匆赶来，匆忙中，我甚至来不及向人家道一句辛苦；人在国外不能回的，有托同学朋友帮忙问候，有托自己的母亲特意来慰问；一些不曾被父亲亲自授课，只是读过他的书，或在网上有过交流的人也慕名而来；海淀区几大清真寺的多位阿訇也专程过来为父亲咏颂《古兰经》，很多人，我们甚至不知道他们的姓名，他们的职业，发自内心的谢意，通通都付给了一个集体的代号——杨老师的学生。整理父亲留下的资料、手稿，心中再次感慨。父亲一生淡泊名利，顾念的，不过是他的学生，他的学问，他的讲台，而学生们对老师的回报，也让我们感激涕零，铭感五内。

父亲去世已近三年，但音容笑貌依然清晰。从小到大，印象中的父亲总是手不释卷，无论是白天或者晚上，假期或是节日，问他，答案永远只有一个，备课。只是他的备课，看的不仅是教材、讲义，更多的时候，手里是各种各样、题材广泛的书籍，文学、历史、宗教、地理、经济、贸易、政治、文化，不一而足。有时周末回家，会发现我书架上的某些畅销书籍或流行小说被重新摆放过，而少了的那一两本，总会在父亲的床头、案边被发现。我做学生时辛苦找来的港版金庸小说，则无声无息地移动到了父亲的书架上，再没变过位置。父亲津津乐道于张无忌、小昭及明教与"山中老人"千丝万缕的联系，甚至还看了几本相关书籍，以求找到证据，可以讲给学生们听，提高他们的学习兴趣。听歌听广播剧是备课，看电影看电视是备课，体育比赛、汽车维修、曲艺戏剧……久而久之，我对父亲的所谓"备课"已经没了概念，只母亲每每感叹，父亲备课不是用笔，而是用心，全副身心。所以他数十年如一日，认认真真，孜孜不倦；所以他耐心对待学生，也愿意把自己的教学经验，传递给年轻的一辈。

父亲生前各种原创、翻译作品颇多，涉及领域也相对广泛。因为一直不曾离开过讲台，他编过教材、字典，其中主编的《大学阿拉伯语》《天天说阿语》《阿拉伯语方言土语》等系列教材自成体系，系统实用。他写过散文、小说，为了能把阿语界前辈的事迹抢救性地记录下来，他曾挨个走访过王静斋先生、纳忠先生、纳训先生等老一辈文人学者，把他们的经历和与阿拉伯语的渊源写成文章发表出来。翻译作品的题材就更多更广泛了，这次整理父亲留下的资料，甚至发现了父亲翻译完成的法律典籍。只可惜因为几次搬家，父亲的一些手稿已经遗失，再也找不回来了。

父亲治学严谨，认真谨慎，骨子里却是个浪漫色彩浓郁的人。诗词歌赋是父亲的喜好，他热心于把阿拉伯诗歌介绍给中国读者，也希望更多的阿拉伯人能够了解中国的诗词，也因此，父亲的翻译作品中，诗词占有一定的比例，仅中国古典诗词，就翻译了一百多首。父亲翻译的第一本阿拉伯文诗集，是巴勒斯坦诗人艾布·赛勒玛的《祖国颂》（作家出版社1964年出版），那一年，父亲年仅27岁。后来又陆续翻译出版了突尼斯诗人艾布·卡赛姆·沙比的《生命之歌》（中译本），前全国人大常委会副委员长铁木尔·达瓦买提的诗集《生命的足迹》（阿译本）。20世纪90年代，当父亲主持并翻译的《阿拉伯古代诗文选》（中译本）和《中国古代诗文选》（阿译本）终于出版时，父亲的喜悦和满足是溢于言表的，特意拿了两套精装本送给我和弟弟，半开玩笑半认真地说，那是给我们的遗产。这两套书，我和弟弟至今珍藏着，父亲的馈赠，我们不敢马虎对待。

了解父亲的人，总少不了用刻苦好学、多才多艺来形容父亲。使用阿拉伯语为官方语言的国家有二十多个，各自都有自己的方言土语，其中差距无异于我国南北方的方言。父亲学习语言，讲究纯粹、地道，他擅长多个阿拉伯国家的方言土语，有趣的是，他时常是先掌握了某个国家的方言，才有机会到访那个国家。外人赞扬他的语言能力，却不知他为了掌握这些方言土语所花费的时间和精力。母亲曾经提起，为了能让自己的阿语说得更地道，父亲甚至会跑去听阿拉伯妇人之间的吵架争执。

父亲爱学习，自学过多门语言，英语、法语、世界语，只要需要，他就会去学。父亲善音律，翻译了许多阿拉伯语歌曲，《听歌学阿语》是他的教学特色之一。父亲早年翻译的黎巴嫩歌曲《我吹笛儿你歌唱》（又译《芦笛恋歌》）被收录进人民音乐出版社1979年出版的《外国歌曲》第二辑。父亲会乐器，除了最擅长的笛子，比较大众化的民族乐器他都会玩两下。记得多年前家人一起去天津文化街，看见人家卖葫芦丝的摊位前没人，父亲好奇地过去摆弄了几下，便吹出了一曲《月光下的凤尾竹》，倒是替老板招过来了几位客人。父亲愿意接受新鲜事物。网络兴起普及后，七十多岁的父亲也来了兴趣，请弟弟帮忙建起了个人网站，免费把自己教学上的一些心得放到网站上，也分享一些阿语教学资源，经常维护更新，看见来自世界各地的浏览人数越来越多，父亲总是很高兴，时常提及又有哪些国家和地区的读者加入了进来。然而只有家人知道，父亲把键盘分布打印出来贴在墙上，每天练习打字的辛苦，和终于学会Word文档设置的不容易。

父亲是个低调内敛、不喜张扬的人。遇有闲暇，他更愿意和家人一起消磨时光。虽然父亲年轻时常年在国外工作，后来也经常出国，无奈地缺席了我和弟弟成长期的很长一段时间，可是我们依然和父亲很亲近。因为只要父亲在家，就会给我们做最可口的饭菜，是我们家厨房里绝对的一把手。我上中学时的许多衣服是父亲用从国外带回来的布料给我做的，款式还很新颖。父亲会带着我们用简单的装饰和绿色的植物把房间布置得温馨舒适。无论寒冬酷暑，他养的植物总是绿意盎然，摆在长长的走廊尽头，会引得住在走廊另一端的其他老师过来围观；摆在不大的阳台上，则成了全家人争相占座的"私家花园"。我的一位姑姑是南京农业大学的教授，研究植物、昆虫多年，用她的话来说，父亲把植物养成了精。当年我考上北京外国语大学阿拉伯语系，第一个学期，就收到了父亲从国外寄给我的用阿文写的信，父亲尽量用我当时能看得懂的单词遣词造句，稍难一点的单词，都细心地标出了读音和注解，体会到父亲的亲切和关爱，读信时的感动我记忆至今。父亲对我们的影响是潜移默化的，点点滴滴，哪怕他不在我们的身边，也从不曾疏离。

父亲走了，一旦想起，仍是心痛。感谢北语罗林教授的提议，使父亲的作品，有机会结集出版；感谢常丹阳兄写的纪念文章；感谢世界知识出版社龚玲琳编辑与蔡楚娇编辑对校对水平极度业余的我的帮助和宽容；感谢新天方学校师生们的热心和关照；感谢在父亲身后给予我们极大帮助和支持的各界人士，谢谢你们。

父亲曾经翻译过一首阿拉伯歌曲，叫作《思念》。我不知道这是哪个国家的歌曲，词曲作者是谁，演唱者又是谁，只是觉得歌词内容，恰合了我目前的心境。千言万语，无法一一表述，那便借这首歌词，来作为文章的结尾吧。

## الشوق

أنا مهما كبرت صغير
أنا مهما عليت مش فوق
مش ممكن يوم نتغير
دي الدنيا غروب وشروق

اليوم وأمس وبكره
في عينكم كانت فكره
شايلين في القلب الذكرى ، آه
باين في عنينا الشوق

يا عيون بالحب توافي
فاتت أيام وسنين
فاكرين العمر الدافي
شايلين في القلب حنين

مهما نقول مش كافي
في قلوبنا أنكم عايشين

## 思念

虽成长我仍年轻,
虽上升我不超群,
我们永远难改变,
日出日落即人生。

今天、昨天和明天,
曾是眼前一闪念。
让记忆留在心田,啊……
眼中充满了思念。

当目光表露爱意,
岁月却已经流逝。
总记着温情时日,
把思念深藏心底。

话倾尽意犹未尽,
您永存我的心中!

杨晔

2018年11月于北京